MW01609701

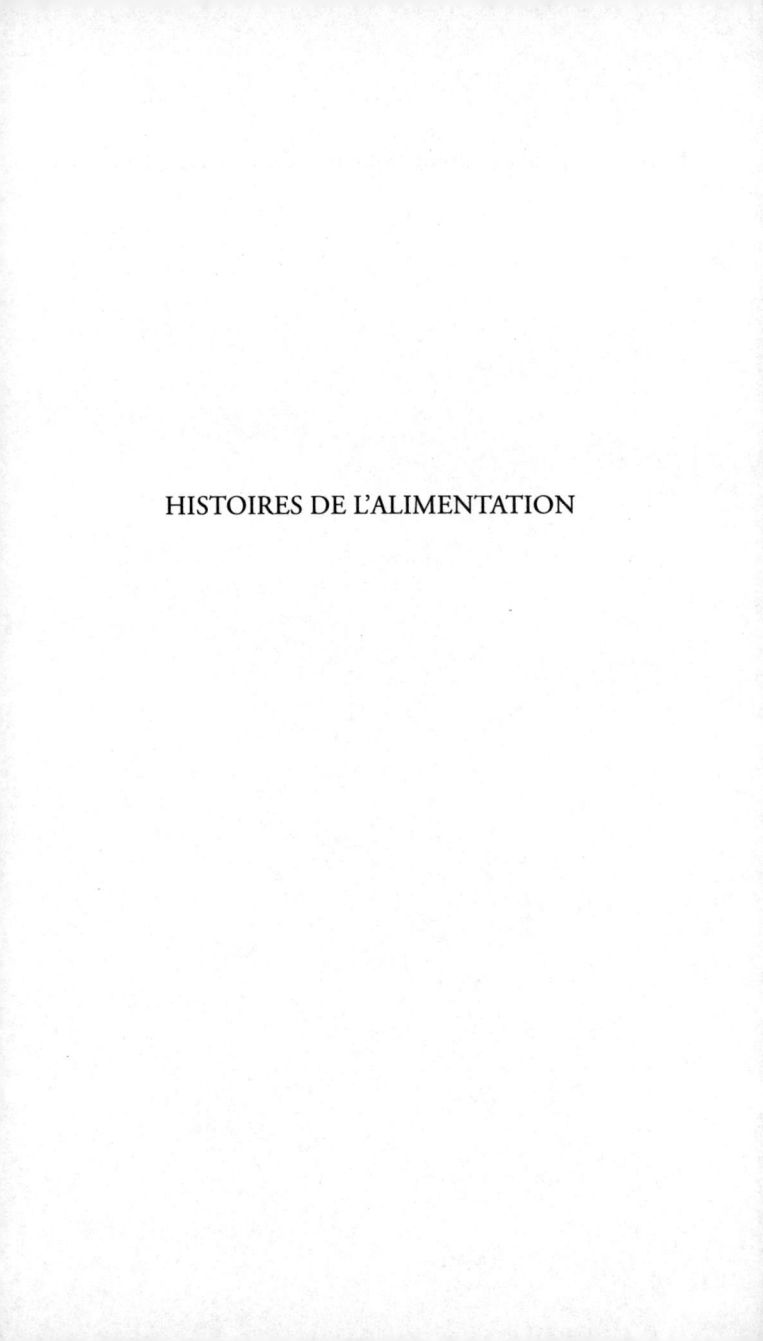

HISTOIRES DE L'ALIMENTATION

La liste des publications de l'auteur se trouve en fin d'ouvrage.

Jacques Attali

Histoires
de l'alimentation

De quoi manger est-il le nom ?

Pluriel

Cet ouvrage a trouvé son inspiration dans l'émission
« Le sens des choses », réalisée par Jacques Attali et
Stéphanie Bonvicini pour France Culture sur le thème de
l'alimentation et diffusée en juillet 2017.

www.franceculture.fr

Couverture : Delphine Delastre
Image : © Collection Dagli Orti / Aurimages
ISBN : 978-2-818-50628-8
Dépôt légal : janvier 2021
Librairie Arthème Fayard/Pluriel, 2021

À ma mère,
dont la cuisine n'était que des mots d'amour

Introduction

J'aime le temps passé à partager un repas avec des êtres chers, à profiter de ces moments pour refaire le monde, à débattre des heures de telle ou telle recette, tel ingrédient ou fournisseur, à découvrir de nouveaux restaurants, à voyager virtuellement dans les cuisines d'ailleurs et du passé, à en parler à l'infini. J'aime tant ces dîners interminables entre amis, pendant lesquels on refait le monde, on rit, on se dispute, on se réconcilie. J'admire les cuisinières et les cuisiniers ; qu'ils préparent des repas chez eux pour leur famille ou qu'ils opèrent dans les grands restaurants pour de riches convives ; artisans ou artistes, humbles génies ou narcisses absolus, bourreaux de travail, soucieux de donner du plaisir à des gens qu'ils ne connaissent parfois pas et qui passeront rarement plus d'une heure à consommer ce qui aura été pensé, rassemblé, préparé pendant des jours ; et même des milliers de jours, si on compte le temps nécessaire pour élever des animaux, faire pousser des légumes, acheminer des épices, imaginer et perfectionner des recettes.

Et pourtant, j'avale en général en quelques dizaines de minutes la plupart de mes repas.

En écrivant cela, je ne crois pas être original : la plupart des gens, partout dans le monde, quand ils ne souffrent pas de famine et dans la limite de leurs moyens, aiment partager avec d'autres un repas sain, en prenant leur temps. Ils aiment cuisiner, recevoir et être reçus. Prendre le temps de la conversation que rend possible le repas, vivre pleinement cette pause bienvenue dans des journées souvent si dures.

Et pourtant, partout dans le monde, les gens prennent de moins en moins souvent ce temps-là.

Pourquoi nous privons-nous ainsi d'un plaisir simple, essentiel, vital ? Pourquoi les repas sont-ils de moins en moins pris en commun ? Pourquoi les ultimes repas qui prospèrent sont-ils les repas d'affaires ? Pourquoi ne mangeons-nous plus, en quelques minutes (sauf les plus riches des humains), que des aliments industriels, bourrés de sucre et de gras ? La disparition des grandes tablées, des salles à manger, des cuisines même, est-elle le signe de la dislocation des relations humaines ? Pourrait-on imaginer se nourrir un jour, toujours seul et nomade, uniquement de légumes pollués, de viandes malsaines, de produits industriels ?

De quoi manger a-t-il été, est-il, et sera-t-il le nom ?

La réponse à toutes ces questions nous dira beaucoup de ce que nous sommes, de ce qui nous menace et de ce que nous pouvons reconquérir.

Car nous ne sommes rien d'autre que le produit de ce que nous mangeons, buvons, entendons, voyons, lisons, touchons, sentons, ressentons. Nous ne sommes aussi, peut-être, rien d'autre que la façon dont nous imaginons être mangés.

Et si bien des choses ont été écrites sur la façon dont nous sommes façonnés par le toucher, la vue et l'ouïe, on a peu à peu oublié que nous sommes aussi et surtout déterminés par le goût et l'odorat. On a oublié aussi que rien de sexuel, de religieux, de social, de politique, de technologique, de géopolitique, d'idéologique, de sensuel, de culturel ne s'explique sans la nécessité qu'ont les hommes de se nourrir et de passer du temps ensemble pour le faire. Et sans la façon dont tout cela a été ritualisé, organisé, hiérarchisé.

On a oublié que l'enfant mange déjà dans le ventre de sa mère ; que tout, ou presque, ce qui fait l'homme passe par sa bouche : manger, boire, parler, crier, supplier, rire, embrasser, insulter, aimer, vomir. On a oublié aussi que parler et manger sont inséparables et renvoient à l'essentiel : le pouvoir et la sexualité, la mort et la vie.

La nourriture est, depuis l'aube des temps, bien plus qu'un besoin vital. C'est aussi une source de plaisir, le fondement du langage, une dimension essentielle de l'érotisme, une activité économique majeure, le cadre des échanges, un élément clé de l'organisation des sociétés. Elle fixe notre rapport aux autres hommes, à la nature et aux animaux. Elle est la plus parfaite mesure de l'étrangeté de notre condition et de la nature des rapports entre les sexes.

On peut mourir de manquer de nourriture ou d'en avoir trop. On ne peut survivre si les conversations dont elle est le support ne peuvent plus avoir lieu. Elle est essentielle à la constitution d'une culture et à son évolution : aucune société n'a jamais survécu si l'organisation de son agriculture, de sa gastronomie et de ses repas ne constitue pas les bases d'un ciment social durable.

Cette relation intense, cosmique même, des hommes avec leur nourriture est en fait à l'origine de l'émergence progressive de l'*Homo sapiens*, à partir d'espèces animales antérieures. Elle est ensuite à la source de la plupart des mutations majeures de l'espèce humaine, depuis l'apparition du langage jusqu'à la domestication du feu. Puis de ses innovations ultérieures : le levier, l'arc, la roue, l'agriculture, l'élevage, et tant d'autres, se justifient par le besoin de se nourrir. Elle explique par la suite très largement la prise de pouvoir de telle cité, de tel empire, de telle nation : l'histoire et la géopolitique sont, avant tout, des histoires de l'alimentation.

Pendant des millénaires, les hommes s'en remettaient à la nature, puis aux divinités qui la représentaient, pour leur fournir de quoi survivre, sans le produire eux-mêmes ; et ils se sont regroupés en conséquence. Ils se sont ensuite confiés aux représentants des dieux sur la terre, prêtres et princes, astrologues et météorologues. Puis, quand ils ont commencé à produire eux-mêmes ce qu'ils mangeaient, en cultivant la terre et en élevant des animaux, ils ont confié le pouvoir sur leur vie à des seigneurs. Puis à des marchands, puis à des industriels, et bientôt, peut-être, à des robots. Jusqu'à devenir peut-être un jour eux-mêmes des robots se nourrissant d'artefacts.

Pendant des millénaires, des puissances religieuses ont prétendu imposer des interdits alimentaires, les lier à des interdits sexuels, et même nommer ceux avec qui chacun avait le droit de partager un repas. Pendant des millénaires, les hommes ont inventé des armes pour tuer des animaux, qui leur ont aussi servi à tuer des hommes, qu'ils mangeaient aussi parfois : se nourrir et faire la guerre procèdent des mêmes moyens et des mêmes buts.

Pendant des millénaires, on a mangé n'importe où et n'importe quand, lorsque la nourriture était disponible ; puis à des heures de plus en plus stables, en fonction de la venue du jour et de la nuit. Comme si la stabilisation des horaires de repas était liée à la sédentarité.

Pendant des millénaires, les hommes ont attendu des femmes qu'elles leur préparent leur repas à partir de leur chasse et de leur cueillette ; sans qu'ils aient quoi que ce soit à y faire, sinon protester contre la qualité des plats ou du service, ou les deux. En reliant aussi, parfois explicitement, nourriture, pureté et sexualité : la recherche de nourriture aphrodisiaque est en particulier très vite devenue une obsession universelle.

Pendant des millénaires, l'identité des peuples s'est définie par celle de leurs territoires, de leurs paysages, de leurs végétaux et de leurs animaux. De leurs recettes et de leurs manières de table.

Et surtout, pendant des millénaires, la nourriture a établi les règles de la conversation et les structures des relations sociales. Il y avait ceux qui pouvaient dîner avec les dieux ; ceux qui pouvaient souper avec les rois ; ceux qui déjeunaient en famille ; ceux qui mendiaient leurs repas et ceux qui ne mangeaient pas du tout. Il y avait ceux qui produisaient leur nourriture et ceux qui l'obtenaient des autres.

C'est pendant des repas que s'est déterminé l'essentiel de l'organisation des empires, des royaumes, des nations, des entreprises, des familles. Des banquets avec les dieux aux repas d'affaires, tout s'est décidé, tout se décide encore, pour manger et en mangeant.

Pendant des millénaires, quelques humains sont morts de trop manger, et beaucoup de ne pas manger assez. Et quand ces derniers en trouvaient la force, ils se rebellaient contre ceux dont ils devinaient, ou fantasmaient, les fabuleux repas.

La nourriture nous renvoie donc à tous les enjeux du jour : elle nous dit notre respect de nous-mêmes, notre capacité à converser avec les autres, notre attention aux plus faibles, les rapports entre les sexes, notre ouverture au monde, l'état de notre droit, notre relation au travail, à la nature, au climat et au monde animal. Elle nous dit, mieux que tout, les inégalités entre ceux, très rares, qui peuvent encore se nourrir sainement, et les autres.

L'alimentation est ainsi, plus qu'aucune autre dimension de l'activité humaine, au cœur de l'histoire. Alors, pour comprendre et agir sur l'avenir, il faut pouvoir répondre à toutes les énigmes qui la traversent :

Le repas restera-t-il un lieu de rencontre, de conversation, de création, de rébellion, de régulation sociale ? Ou deviendrons-nous des autistes narcissiques, indifférents, mangeant seuls, en silence, n'importe quand, des produits industriels ? Perdrons-nous jusqu'au souvenir de ce que l'agriculture et la cuisine représentent aujourd'hui, comme on a oublié ce que pouvait être la nourriture des princes du Moyen Âge, ou celle des empereurs chinois, ou encore celle des sultans ottomans ? Oublierons-nous à jamais les si longs banquets de nos provinces, où s'organisait la vie familiale, politique et sociale ? Serons-nous encore longtemps empoisonnés par des plats préparés qu'on nous présente comme d'indulgents plaisirs ? De plus en plus de gens auront-ils accès aux produits aujourd'hui réservés à quelques-uns ? Ou ces mets seront-ils un jour interdits à tous, pour des raisons environnementales ? Verra-t-on encore se réduire le nombre d'espèces végétales consommées ? Serons-nous assassinés par notre nourriture ? Aurons-nous longtemps encore à subir des interdits religieux, des conventions sociales ou des règles sexuelles, ou serons-nous bientôt soumis à la dictature d'une intelligence artificielle, qui nous imposera ce que nous aurons le droit et le devoir de manger ? Saura-t-on réfléchir à la frontière entre l'humain et le reste du vivant ? Pourra-t-on, sans détruire la planète et la vie, nourrir sainement dix milliards d'humains ? Que deviendront les paysans du monde, de plus en plus rares ? Aurons-nous longtemps encore la possibilité ou le désir de nous nourrir du vivant ? Serons-nous bientôt tous, à quelques exceptions près, comme l'est déjà un tiers de l'humanité, réduits à manger des insectes ? de la viande artificielle ? ou mille autres artefacts ? Connaîtrons-nous bientôt une rébellion alimentaire ou une révolte de la faim, comme celles qui, dans le passé, ont bousculé l'histoire des civilisations ? Enfin, la France conservera-t-elle son modèle magnifique, unique, où la qualité de la nourriture s'allie au temps qu'on s'octroie à la manger ? Pourra-t-elle servir de modèle, d'exemple, de pionnier ?

Toutes ces questions sont trop souvent occultées. Parce que bien des intérêts financiers et politiques ont intérêt à les censurer : l'économie veut qu'on mange vite des produits de plus en plus industriels et qu'on y consacre le moins d'argent possible, pour avoir encore de quoi acheter tous les autres produits que propose la société de consommation. Et la politique entend nous orienter vers d'autres enjeux et d'autres peurs, pour maîtriser nos revendications.

Et pourtant, si on veut que survive l'humanité, si on entend mener une vie pleine, naturelle, une vie vraiment humaine, il nous faut décrypter la façon dont les générations antérieures se sont nourries, le temps qu'elles y ont consacré, les relations sociales qu'elles y ont nouées, l'argent qu'elles y ont mis, le pouvoir qui s'y est forgé et défait. Il faut faire de l'alimentation, pour tous, une source de plaisir, de partage, de création, de joie, de dépassement de soi. Il faut aussi en faire un moyen de sauver la planète et la vie.

Je crois l'avoir montré dans tant d'autres sujets : sans connaissance érudite et détaillée du passé, il n'y a aucune théorie du présent ni de prédiction de l'avenir qui vaille.

Aussi, après avoir étudié et raconté bien d'autres histoires longues (celles de la musique, de la médecine, de la mesure du temps, de la propriété, du nomadisme, de l'amour, de la mort, de la géopolitique, de la technologie, du judaïsme, de la modernité, des labyrinthes, de la prévision, de la mer) et avoir cherché, à travers ces histoires, mille savoirs, mille cultures, à deviner notre avenir, j'entreprends ici le même voyage, à propos de la façon dont les hommes se sont nourris et se nourrissent.

Pour cela, il me faut rassembler ici d'innombrables connaissances, trop souvent éparpillées dans de respectables travaux d'experts. C'est de rassemblement et de détail que naît le neuf. C'est de la confrontation de ces faits minutieux, dans le temps et l'espace, que surgit une histoire vraiment globale, une histoire capable de donner sens à l'avenir.

Commençons ce voyage, et voyons où il nous mène.

Chapitre 1

Vivre du monde, en marchant

On ne saura jamais vraiment comment et de quoi se nourrissaient les plus anciens ancêtres des hommes, ces singes nomades vivant en Afrique, il y a des milliers de siècles. En examinant les traces des végétaux et des animaux présents sur les lieux où on a trouvé quelques-unes de leurs premières traces, et la denture de leurs squelettes[206, 207], on peut déterminer si telle ou telle de ces espèces pré-humaines était végétarienne, omnivore ou carnivore ; et on peut déduire ce qu'elles mangeaient de ce qui poussait ou vivait dans leur voisinage.

On peut penser que ces êtres trouvaient seuls, séparément, ce dont ils avaient besoin pour se nourrir ; et qu'ils mangeaient seuls ; même s'il est certain que la recherche de la nourriture est une des sources de ce qui deviendra bien plus tard un langage, un des premiers sujets de conversation et de rassemblement de familles et de tribus.

De l'animal à l'humain :
mâcher en marchant

Il y a dix millions d'années, les premiers ancêtres (tous africains) des humains et des grands singes sont des nomades se déplaçant d'arbre en arbre. Ils se nourrissent de fruits et d'insectes trouvés dans les arbres. Crus : ils ne disposent encore ni du feu, ni du langage[36, 90].

Un peu plus tard, contraints de descendre des arbres en raison d'un assèchement climatique de l'Afrique, où ils sont encore confinés, ces primates commencent à se nourrir aussi de fruits tombés au sol, parfois fermentés. Une mutation génétique leur permet alors de métaboliser l'éthanol beaucoup plus rapidement qu'auparavant, ce qui leur facilite la digestion et le stockage des graisses.

Entre 10 et 6 millions d'années avant notre ère, dans la seconde moitié du Miocène, alors que s'effectue la séparation entre ce qui va devenir la lignée des chimpanzés et ce qui va devenir la lignée humaine[39], ces anthropoïdes commencent à se déplacer vers d'autres continents : on a trouvé dans le sud de l'Europe des restes d'un *Oreopithecus bambolii* vieux de 7 millions d'années.

Sans doute est-ce aussi le moment de l'apparition des premiers signes de ce qui aboutira des millions d'années plus tard au langage : comme les animaux, ces primates échangent sur ce qu'ils mangent, ce qu'ils trouvent, ce qu'ils partagent, ce qu'ils se disputent[125].

Au Pliocène, c'est-à-dire il y a 7 millions d'années, les primates se divisent entre la lignée des *Panines* (chimpanzés) et le genre des *Homo* (hominidés). Apparaissent en Afrique les australopithèques, genre appartenant à la sous-tribu de grands singes hominiens[28]. Contrairement aux primates antérieurs, les australopithèques marchent, même s'ils ne sont pas encore strictement bipèdes et s'ils se déplacent encore d'arbre en arbre. Les structures de leur crâne sont proches de celles des grands singes antérieurs ; ils sont divisés en plusieurs espèces (*Australopithecus anamensis*, *A. afarensis*, *A. africanus*, *A. bahrelghazali*, *A. garhi*, *A. robustus*, *A. aethiopicus* et *A. boisei*). Le plus ancien de ces fossiles d'hominidé bipède connu aujourd'hui, « Toumaï » ou le *Sahelanthropus tchadensis*, trouvé dans le désert du Djourab, au nord de Djaména, date de 7 millions d'années. Toumaï mesure environ 1,10 mètre, pèse une trentaine de kilos, avec une capacité crânienne de 360 cm^3 (très insuffisante pour manier le langage). Des mains très proches des nôtres lui permettent peut-être de tailler des pierres ou d'effectuer des tressages. Il ne se nourrit encore que de légumes, de fruits, et de petits animaux crus ou de cadavres trouvés[11, 325, 326].

Le nomadisme est alors, pour plusieurs millions d'années encore, une nécessité alimentaire : l'australopithèque se déplace sur tout le continent africain pour trouver de quoi se nourrir. Il mange des tubercules, des plantes, des insectes, de petits animaux et des carcasses laissées par les hyènes. Sans doute commence-t-il à tuer des animaux pour les manger. À mains nues. À coups de pierre. Sans doute affine-t-il aussi l'esquisse de ce qui n'est pas encore un langage.

Il y a 3 millions d'années, grande évolution : l'assèchement climatique de l'Afrique de l'Est provoque un recul des forêts et une avancée des savanes africaines, qui conduit les australopithèques à se regrouper[28].

Comme certains singes d'aujourd'hui ayant un cerveau de même taille, ils se regroupent en petits groupes, mangent des feuilles, des fruits, des œufs, des insectes ; ils mettent en commun les produits de leur chasse et de leur cueillette et partagent des repas. Cela entraîne un développement de leurs facultés intellectuelles et de leur coopération[28]. Sans doute, dès ce moment, les plus forts mangent-ils mieux que les plus faibles ; et en particulier les hommes mangent mieux que les enfants et les femmes. Ils mangent encore cru. Sont-ils anthropophages ? Nul ne le sait ; et rares sont ceux qui, comme moi, osent le penser.

Il y a 3 millions d'années, on peut estimer (en les comparant aux comportements actuels de macaques sur l'île de Kashima au Japon, dont la taille du cerveau avoisine la leur) qu'ils commencent à laver leurs aliments. Certains s'organisent pour stocker des cadavres d'animaux près de caches à outils.

Les Homo habilis, ergaster, erectus : manger cru en grognant

Il y a 2,3 millions d'années, au début du Pléistocène, apparaît en Éthiopie la première espèce considérée comme humaine : l'*Homo habilis.* Comparés aux australopithèques, ils ont des mâchoires moins développées, des molaires et des canines plus petites, des incisives plus grandes ; un crâne, et donc un cerveau, plus volumineux (entre 550 et 700 cm³, contre 400 à 500 cm³ chez les australopithèques)[101].

Ce qui le distingue des australopithèques et des autres espèces, c'est sa capacité à manier des outils, et sans doute aussi à communiquer un peu mieux, avec ce qui n'est pas encore un langage. *Homo habilis* est probablement omnivore : il mange des feuilles, des fruits, des graines ; et des animaux, crus, capturés dans les marécages (comme la tortue) et des premiers mammifères, notamment des singes, des hyènes[28]. Peut-être se nourrit-il aussi de poissons crus, pêchés dans les rivières et les fleuves, ou au bord des rivages et des océans. Il ne mange encore ni céréales, ni légumineuses, ni sucre, ni laitages.

On trouve en Afrique orientale, près de squelettes d'australopithèques et d'*Homo habilis*, des outils de pierre et des ossements de tortues et même d'éléphants, suggérant une réelle capacité de chasse, sans encore aucune arme de jet.

Au même moment, il y a environ 2 millions d'années, apparaît, toujours en Afrique, *Homo ergaster* (« l'homme artisan »)[212]. Il semble qu'il vit d'abord dans une région de l'actuel Kenya, où la grande valeur nutritionnelle des aliments (diminuant la quantité à ingérer et l'énergie à dépenser pour la digérer) permet de réduire la taille des intestins, ce qui entraîne le resserrement thoracique et pelvien, permettant au cerveau de profiter de ce reliquat d'énergie pour se développer. *Homo ergaster* devient alors un bipède de grande taille (environ 1,70 mètre) au volume crânien plus grand (en moyenne 850 cm³)[101] que celui des autres hominidés coexistant avec lui. Il a désormais les caractéristiques nécessaires pour acquérir le langage. Il est possible qu'il utilise le feu, sans être encore capable de le produire.

Il y a 1,7 million d'années, toujours en Afrique de l'Est, apparaissent les premiers bifaces[317], réalisés par des *Homo ergaster* à partir d'éclats de pierre (souvent des roches volcaniques, du quartz ou du silex) et utilisés pour la découpe des animaux après la chasse : manger, parler, chasser, même aventure.

Il y a 1,7 million d'années, encore, alors que disparaît *Homo habilis, Homo erectus* apparaît, toujours en Afrique de l'Est[319]. Il est prognathe, il a une mâchoire puissante, une carène sagittale (os frontal) plus marquée et un crâne en forme de tente. Il mesure entre 1,50 et 1,65 mètre, avec une capacité crânienne de 900 à 1 200 cm^3 ; donc propre à la formation d'un langage, qu'il ne maîtrise pas encore. Il est cueilleur et chasseur.

Il est la première espèce d'hominidés à quitter l'Afrique, et parvient en Eurasie après être passé par l'isthme de Suez pour aller vers le Jourdain. Il continue vers l'est. En Judée, il découvre la vigne.

Il y a 1 million d'années, *Homo erectus* arrive en Chine ; où il rencontre une plante particulière, un ancêtre de ce qui deviendra le riz, l'*Oryza rufipogon*[122]. Puis il passe (par la terre) en Indonésie et apprend à se servir du bambou.

Simultanément, d'autres *Homo erectus* se dirigent vers l'Europe, où le climat est devenu plus tempéré et les contrastes saisonniers plus importants. Leur alimentation change : moins de végétaux et plus de viande (éléphant, rhinocéros, ours), toujours crue, parfois cuite de façon accidentelle au cours d'un incendie[28].

Comme le faisaient sans doute les primates antérieurs, il y consomme de la viande humaine : on retrouve à Altamira en Espagne des ossements de cette époque, sur lesquels les stries et les fractures laissent penser que des *Homo erectus* ont été mangés par leurs semblables. Cette consommation serait culturelle plus qu'alimentaire : il est vraisemblable que, avant une grande marche, ces *Homo erectus* aient voulu ainsi s'approprier la force d'autres hommes. Il est vraisemblable que cela existait bien avant aussi, pour des raisons alimentaires et culturelles.

La présence de l'anthropophagie est à mon sens un grand invariant de l'alimentation des premiers hommes.

En Europe, il y a 700 000 ans, le climat se refroidit de nouveau ; la toundra et la taïga s'étendent dans de vastes régions[126]. Pour résister au froid, les *Homos erectus* qui s'y trouvent doivent se nourrir principalement de viande : ils mangent, toujours cru, des rhinocéros, des chevaux, des bisons, des cerfs et des rennes ; parfois, des poissons d'eau douce et des fruits de mer[319]. Et aussi des cadavres de leurs semblables. Quand ils mangent cuit, c'est encore seulement parce qu'un incendie a brûlé des carcasses.

Du cru au cuit : converser en mangeant

Il semble que ce soit en Chine, vers – 550000, qu'apparaît la domestication du feu[17]. À Zhoukoudian, juste à côté de Pékin, ont été découverts des restes de foyer d'un feu allumé par celui qu'on nomme « l'homme de Pékin », un *Homo erectus* datant de 450 000 ans.

La domestication du feu constitue un immense bouleversement : les aliments deviennent plus facilement assimilables, ce qui permet d'augmenter encore la quantité d'énergie disponible pour le cerveau[101] et de rendre comestibles des végétaux jusque-là toxiques. Cela permet également de résider dans des zones au climat plus froid, de se nourrir d'une cuisine plus élaborée et d'éliminer germes et bactéries. Cela permet enfin la prolongation de la journée, des réunions le soir

autour du feu : le foyer va favoriser la conversation et
l'émergence du langage et des mythes.

On peut penser que, à ce moment au moins, l'homme
commence à ritualiser son rapport à la nourriture,
comme à la mort. Il doit prier des dieux pour avoir de
quoi se nourrir et pour se faire pardonner de devoir tuer
pour manger. Certains de ces dieux mangent entre eux
ou avec les hommes. Il observe les étoiles pour savoir à
quel moment chasser, cueillir, voyager. Il commence à
comprendre que manger certaines plantes soigne et gué-
rit. Des rituels apparaissent qui disent ce qu'il est autorisé de manger et ce qui est interdit. Sans doute, dès ce
moment, les plus forts, chefs de bande et de tribu, et les
premiers prêtres ou shamans, font respecter ces règles,
assurent la nourriture de leurs sujets et font montre de
leur capacité à gaspiller. Il est possible que les hommes
mangent mieux que les enfants et les femmes, qui sont
encore en général séparées des hommes pendant les
repas qu'elles préparent.

Là sans doute apparaît également le sens de la propriété : celle des femmes, de ce qu'on cueille, de ce
qu'on trouve, de ce qu'on chasse, de ce qu'on cuit. Et,
certainement, les premiers signes de ce qui deviendra
le langage.

L'homme de Néandertal,
le premier Européen :
un mangeur de viande injustement décrié

Cent mille ans après que le feu a été domestiqué
en Chine – alors qu'apparaît en Sibérie celui qu'on
appellera « l'homme de Denisova[324] », et dont on ne

sait presque rien –, surgit en Europe « l'homme de Néandertal ».

Il est alors le seul *Homo* en Europe, où la race *Homo erectus* a disparu. Vivant principalement dans des régions froides et désertiques, il est probablement le plus carnivore des membres de la lignée humaine : son régime alimentaire est constitué de 80 % de viande (mammouth, rhinocéros laineux, pigeon et petit gibier[207]) et 20 % de matières végétales[320]. Il maîtrise lui aussi le feu et le silex, ce qui lui permet de produire progressivement de nouveaux outils destinés à la chasse. Néandertal est capable d'utiliser une lance en bois[323]. Il pêche les dauphins et les phoques. Il est capable de développer un réseau souterrain pour y cacher des réserves. Il ne maîtrise pas encore le langage[321].

Les sites archéologiques de Sainte-Brelade à Jersey (250 000 ans) et de Biache-Saint-Vaast (Pas-de-Calais) attestent la chasse de gros animaux par ces hommes de Néandertal. Une lance en bois, dite « d'if de Beringen », longue de 2,4 mètres, aurait été plantée dans le corps d'un éléphant il y a 125 000 ans par un homme de Néandertal : c'est la première trace d'une chasse active d'animaux de gabarit important[211] ; c'est encore une « chasse de rencontre » sans préparation préalable, ni poursuite, ni recherche[62].

Il quitte sans doute le continent européen : l'analyse génétique d'un hominidé mort il y a 270 000 ans et vivant sur le continent africain recèle des traces d'hybridation d'*Homo erectus* avec Néandertal, ce qui laisse penser que Néandertal aurait pu venir en Afrique, mais ce n'est pour l'instant pas confirmé par la communauté scientifique. On le devine aussi en Arabie et dans la vallée du Nil[322].

L'Homo sapiens,
ou celui qui fait de la nourriture
un sujet de conversation

Homo sapiens apparaît, selon les recherches les plus récentes, dans le Sahara vert (au Maroc actuel), il y a au moins 300 000 ans. Il a un plus grand cerveau qu'*Homo erectus* (1300-1500 cm^3 contre 800-100 cm^3)[101] ; il a des dents et des mâchoires plus petites que lui. Il est moins prognathe et a des arcades sourcilières moins grandes[318, 324].

Il a besoin de 3 000 kcal par jour et consomme trois fois plus de protéines que les humains d'aujourd'hui. Il a un régime alimentaire extrêmement varié (légumes, fruits, coquillages, gibier, puis, plus tard, produits laitiers et céréales). Les végétaux représentent deux tiers de son alimentation, amenant lipides et hydrates de carbone. La cuisson des aliments lui permet d'éliminer certaines opérations autrefois dévolues aux intestins et de réduire la dépense énergétique des opérations de digestion et d'augmenter encore la taille du cerveau[101]. Grâce à la maîtrise du feu et de la nourriture, il maîtrise donc mieux le langage.

Il ne mange plus seulement quand il trouve de la nourriture, mais à des horaires plus réguliers. Les femmes cuisinent encore, sauf quand il faut cuisiner pour un grand nombre, ce qui est en général, semble-t-il, réservé aux hommes. Les hommes chassent, à la main, et avec des lances et des haches de pierre. Des coquillages et des crustacés sont utilisés comme cuillère, couteau, fourchette.

Homo sapiens aurait colonisé tout le continent africain pendant 130 000 ans encore avant d'en sortir il y a seulement 170 000 ans par la mer Rouge. Ces datations sont encore très incertaines : le plus ancien *Homo sapiens* hors d'Afrique connu aujourd'hui est daté à – 177000 en Israël[429]. Il est probable que la première rencontre entre Néandertal et *Homo sapiens* a lieu alors, dans la vallée du Nil ou dans la péninsule Arabique. *Homo sapiens* et Néandertal se seraient alors combattus puis « métissés », eux aussi.

Puis l'homme de Néandertal disparaît : les restes du plus récent d'entre eux sont datés à – 32000 et ont été trouvés à Vindija, en Croatie. On ne sait encore pourquoi il disparaît : des conditions climatiques défavorables ? une guerre avec *Homo sapiens* ? un métissage avec *Homo sapiens* ? une insuffisance de viande, plus vitale pour lui que pour *Homo sapiens* ? Mystère.

Quoi qu'il en soit, 1,6 % à 3 % de l'homme de Néandertal est encore présent aujourd'hui dans notre génome.

Manger toute la planète

Vers – 80000 (alors que la population humaine tout entière n'atteint pas encore le million), *Homo sapiens* passe de l'Iran à l'Inde et à la Chine. Il y apporte ses nourritures, et en particulier des graminées : des herbes à épis (*Elymus repens*, aujourd'hui assimilées à des mauvaises herbes), des *Vigna* (espèces de haricot et de pois). Il y ajoute l'igname de Chine et une espèce de cucurbitacée. Des milliers d'autres variétés végétales et d'espèces animales, des insectes aussi, sont alors également consommés au hasard des cueillettes.

Il rencontre en Asie une autre branche d'hominidé, dit « l'homme de Denisova », un contemporain, on l'a vu, d'*Homo erectus* présent en Asie depuis des centaines de milliers d'années. Ils se métissent, puis les Dénisoviens disparaissent, comme les Néandertals avant eux, pour des raisons tout aussi mystérieuses, et sans doute à cause de certaines supériorités de l'*Homo sapiens* : taille du cerveau plus importante, maîtrise du langage, meilleure coopération entre individus non apparentés[324].

Et la nature de la nourriture, qui aide au développement du langage, a dû être pour beaucoup dans la victoire de l'*Homo sapiens* sur toutes les espèces antérieures.

Vers – 40000, en Asie, à la fin du Paléolithique moyen, le climat devient un peu plus sec et beaucoup plus froid[124, 125] : les viandes se conservent alors plus longtemps par plusieurs techniques : congélation dans des fosses souterraines, fumage, salage, séchage, enrobage de graisse. Certains aliments sont stockés pour fabriquer soupes, bouillies et galettes. Certaines viandes sont grillées sur des broches de bois ou cuites sur des pierres[28].

En – 30000, deux immenses novations : en Asie centrale apparaissent les premières cultures de céréales ; l'homme apprivoise le cheval, *Equus caballus*, ce qu'attestent des dessins pariétaux représentant des chevaux équipés de harnais. L'homme est encore un nomade, une partie de l'année.

Entre – 30000 et – 20000, dans cette même région, l'homme perfectionne ses méthodes de chasse : le propulseur apparaît[210] ; avec une portée d'une centaine de mètres ; il est très efficace pour la chasse à vue, en plaine. Le chasseur utilise aussi des fosses-pièges. Pour pêcher, il sculpte des harpons.

Même s'il sait cultiver des céréales, *Homo sapiens* continue de voyager à la recherche de nourriture. Il traverse le détroit de Béring à partir de la Sibérie et s'aventure en Amérique. Les archéologues ont long-temps considéré le site de Clovis au Nouveau-Mexique comme la plus ancienne trace de présence humaine en Amérique (– 13500 env.), mais des sites découverts très récemment font dater la présence humaine à au moins 20 000 ans.

Au même moment, la pratique de la chasse pousse *Homo sapiens*, désormais présent sur toute la planète, à perfectionner ses méthodes afin de viser à distance mammouths, bisons, sangliers[62].

La population humaine s'accroît ; les hommes sont désormais quelques millions sur la planète ; ils ne peuvent plus se contenter, pour se nourrir, de cueillir ce que la nature leur offre. Il leur faut produire leurs aliments. Et pour cela, devenir sédentaires. La séden-tarisation est ainsi la conséquence naturelle de la crois-sance démographique et des besoins alimentaires qui en découlent. *Homo sapiens* ne sera plus un parasite de la nature, il s'en veut le maître.

Chapitre 2

Maîtriser la nature
pour la manger

Les hommes sont trop nombreux pour se contenter des fruits de leur cueillette ; ils vont devoir produire leur nourriture pour ne plus dépendre seulement de ce qu'ils trouvent.

Au Moyen-Orient, s'installer pour planter

Vers – 12000, alors que la population mondiale doit dépasser les 3 millions de personnes, en Europe et au Moyen-Orient, le climat se réchauffe. Les grands mammifères, comme le mammouth, migrent vers le Grand Nord et la Sibérie, laissant place en Europe et au Moyen-Orient à des espèces plus petites, comme le cerf et le lapin.

Vers – 10000, quelques milliers d'*Homo sapiens* s'installent près des fleuves du Moyen-Orient, le Tigre et l'Euphrate, qui débordent régulièrement de leur lit ; là, les terres sont fertiles, les forets giboyeuses et les eaux poissonneuses. Les hommes voyagent moins et plus seulement pour trouver leur nourriture. Ils domestiquent les huit plantes fondatrices de l'agriculture : l'amidonnier (ancêtre du blé), l'engrain, l'orge commune, la lentille cultivée, le pois chiche, le pois cultivé, la lentille batarde et le lin cultivé. Puis ils plantent des carottes et des salsifis.

Ils n'abandonnent néanmoins pas encore la cueillette ; d'autant plus qu'elle s'est perfectionnée grâce à des outils de pierre taillée. Près de la mer, ils mangent des crustacés, des mollusques et des poissons, grâce à de nouvelles techniques de pêche (avec l'apparition des premières barques, ils vont en mer pour se nourrir[11]). Ils sont aussi les premiers à domestiquer des animaux, et notamment l'ancêtre du chien, vers – 10000[36].

Les prémices de l'agriculture et de l'élevage introduisent également des changements idéologiques : la terre est bénie comme nourricière. Change aussi la perception de la fécondité : l'art pariétal représente en grande majorité des divinités féminines, dont la plus importante est une reine-mère nourricière[4].

Ces premiers groupes deviennent plus inégalitaires que les précédents, comme le laissent penser les rites funéraires[198]. La sédentarité favorise l'accumulation de richesses de toutes sortes : fermes, terres, bétails, enfants, récoltes. Les éléments les plus puissants de la communauté commencent à se réunir entre eux. Et comme la nourriture est l'occasion de la parole et de l'affirmation de soi, des festins de puissants sont organisés, ancêtres des banquets ultérieurs. On parle entre riches, pour affirmer et maintenir un pouvoir[4].

Vers – 10000, la sélection humaine des meilleures espèces de céréales (par hybridation entre les meilleurs blés sauvages et les meilleurs blés cultivés) fait naître le blé tendre, tel que nous le connaissons aujourd'hui. On retrouve alors à cette époque des premières traces de pain, mais encore sans levain[114].

L'alimentation de quelques-uns des hommes devient plus variée : végétaux, poissons, mollusques, oiseaux, cerfs, sangliers, chevreuils, insectes, algues[4, 28].

L'homme mange à des heures de plus en plus stables, en fonction de la venue du jour et de la nuit. L'arc est utilisé pour chasser et pour combattre. Pour se nourrir et vaincre ses ennemis. On en trouve au Danemark, en Allemagne, en Suède[78] ; et sur des peintures rupestres de l'actuelle Espagne datant de – 10000[90].

Dans les monts Zagros, dans l'actuel Iran, on trouve vers – 10000 les premières traces de la domestication de la chèvre. L'élevage apparaît comme une invention de sédentaire.

Au même moment, au sud-est de l'Anatolie, apparaît la bière (fabriquée par l'abandon d'une bouillie d'orge à l'air libre).

Puis l'homme domestique la vigne : les tout premiers crus de vin ont été identifiés dans des céramiques d'Iran datées de 5 400 avant notre ère.

Au final, on est passé de sociétés d'abondance nomades à des sociétés de rareté sédentaires. Le système immunitaire doit s'habituer à de nouvelles carences. Des germes et des maladies nouvelles apparaissent[28].

Au total, au Moyen-Orient, en se sédentarisant, *Homo sapiens* aurait perdu environ dix ans d'espérance de vie.

Météorologie, astronomie, astrologie : du ciel aux récoltes

Des familles s'installent et vivent plus durablement là où elles enterrent leurs morts. Les liens avec leur passé se font plus prégnants ; les anciens peuvent devenir des maîtres, des protecteurs, des dieux même.

Se constituent aussi les premiers villages, autour des champs, dans des zones fertiles. Là sans doute apparaît le concept de propriété du sol, qui devait jusqu'ici être limité aux seuls tombeaux. Sans doute y a-t-il un lien entre la sédentarisation, pour des besoins alimentaires, et l'émergence, au même moment, de premières religions structurées, dont on ne sait, encore à ce jour, que très peu de choses. Pour déterminer le moment des semences, il faut connaître les saisons et les dates des crues des fleuves. C'est le rôle des astronomes, qui sont aussi météorologues, astrologues et prêtres.

On commence à organiser le stockage de réserves, beaucoup plus importantes que celles que le nomade pouvait transporter. Femmes, champs, bétail et réserves sont alors sous la menace des nomades. Chaque village doit organiser sa défense. Il faut pour cela des armées, aussi professionnelles que possible.

Trois dieux s'installent au sommet de tous les panthéons : celui des armes, celui de la nourriture et celui du pouvoir. Et le pouvoir gère la rareté.

En Europe, le cannibalisme fait encore des siennes

En Europe, entre – 9000 et – 6000, le climat se stabilise, les forêts grandissent, la chasse et la cueillette se perfectionnent. Le blé est d'abord cueilli à l'état sauvage, avant d'être planté et cultivé, ce qui est hautement favorisé par l'apparition de la poterie[198], vers – 8000, pour le conserver. C'est à ce moment sans doute qu'on commence aussi à fabriquer un mélange qui aboutira, un peu plus tard, au levain.

Vers – 5000, alors que la population de la planète dépasse les 10 millions d'humains, on cultive céréales et légumineuses (principalement le blé, le seigle, les pois), et on élève des animaux (porc, bœuf, mouton). Ces viandes et ces céréales ne sont que des compléments, pour les plus riches. Les ressources sauvages constituent encore l'essentiel de l'alimentation des hommes.

Vers – 4700, quand une grande crise climatique refroidit l'Europe centrale, le cannibalisme est encore là : on retrouve, datant de ce moment, sur le site d'Herxheim en Allemagne, sur plus de 5 hectares, des ossements d'animaux, des céramiques (dont certaines proviennent de régions éloignées, jusqu'à 450 km), des outils en pierre et plusieurs milliers d'ossements humains provenant d'au moins 500 individus aux origines géographiques éloignées ; ils portent des traces de découpes et de morsures ; comme si s'y était déroulé un acte de cannibalisme institutionnalisé, dans lequel des victimes, involontaires ou volontaires, auraient été sacrifiées et mangées pour conjurer cette crise et empêcher la fin de leur monde[123].

Et ailleurs, le riz face au blé

En Asie, vers – 10000, la céramique apparaît, d'abord au Japon, pour répondre à un double besoin alimentaire : la conservation des grains et l'intensification de la consommation de bouillies. En Chine, on commence à élever, pour les manger, des porcs, des chiens, des poulets. On y consomme aussi des insectes et des algues.

Entre – 10000 et – 7000, la culture du riz commence en Inde et en Chine (les deux foyers sont indépendants). Les nomades la propagent ensuite à toute l'Asie du Sud-Est, avant d'arriver au Japon, en Corée, aux Philippines et en Indonésie[122].

À partir de – 7000, on recense en Chine des foyers de semi-sédentarisation mêlant l'agriculture avec des tentatives d'élevage, autour des fleuves Jaune au nord et Yangzi Jiang au sud.

Les populations d'Asie de l'époque se nourrissent de viande (porc, poulet, chien), de végétaux (racines de lotus, châtaignes d'eau, palmiers…) et de riz. Des cuillères en céramique sont fabriquées. Apparaissent aussi les premiers signes de ce qui pourrait être une écriture, mais encore très sommaire[308].

Vers – 7000, on trouve à Jiahu, un site du Henan en Chine, la trace du premier breuvage à fermentation contrôlée : des résidus de raisins sauvages, de baies d'aubépine, de riz et de miel. Pour transformer l'amidon en sucre et déclencher la fermentation, les hommes auraient mastiqué les céréales, sans savoir qu'une enzyme spécifique, présente dans la salive, favorise la fermentation.

Il y a 6 000 ans, des migrants arrivent en Inde, venant de Zagros, dans l'actuel Iran (où a été domestiquée un peu plus tôt la chèvre). Ils y apportent l'agriculture et l'élevage. Ils créent, avec les premiers habitants du continent, la civilisation Harappa, dans la vallée de l'Indus, au début de l'âge de bronze.

Vers – 4500, un poney, différent des *Equus caballus* antérieurs et proche des chevaux de trait d'aujourd'hui, est apprivoisé dans le Nord-Caucase et se répand en Chine, dans la péninsule arabique et en Eurasie. Vers

– 2000, l'homme d'Asie commence à le monter, ce qui révolutionne l'organisation de ces peuples ; ils peuvent désormais transporter de lourds poids, faire du commerce sur de longues distances, chasser et combattre à cheval.

Ailleurs dans le monde, dans les régions équatoriales d'Afrique, d'Amérique et d'Asie, la chasse et la cueillette suffisent à nourrir les populations éparses ; le besoin de domination des espèces et de l'agriculture est donc plus lent à apparaître. La culture du riz africain (*Oryza glaberrima*) naît vers – 4000 autour du delta du Niger et au Mali.

En Amérique du Sud, la pomme de terre apparaît à l'état sauvage en – 10000 ; elle est cultivée à partir de – 8000 par les chasseurs-cueilleurs (notamment au Pérou et en Bolivie dans la cordillère des Andes)[214] ; c'est une des rares cultures possibles dans ce climat difficile. La courge est aussi cultivée dès – 13000 au Pérou. Dans les Andes et le Mexique, on cultive également à ce moment le maïs[218, 219], les haricots, l'avocat ; on élève le chien, le cobaye et le lama ; puis on développe la culture du coton et du tabac. Le piment est présent dans l'alimentation américaine depuis au moins 9 000 ans. Vers – 8000, du maïs apparaît au Mexique et est domestiqué par les populations amérindiennes. La culture du haricot y aurait commencé autour de – 6000. Le cacao y est utilisé la première fois dans l'alimentation vers – 2500 par des Olmèques. Les Mayas (qui apparaissent vers – 2600) utilisent les fèves de cacao à partir de – 1000 comme soupe et aussi comme monnaie d'échange et unité de compte, pour les cérémonies religieuses ou encore à des fins thérapeutiques[220].

Pour nourrir des humains de plus en plus nombreux, il faut produire plus de nourriture. Cela exige une nouvelle forme d'organisation : l'empire.

En Mésopotamie : premières céréales, premiers empires

Des millénaires avant notre ère, on l'a vu, les hommes de Mésopotamie commencent à s'organiser. Ils domestiquent les plantes les plus fondamentales et font mille inventions majeures : vers – 3500 (alors que la population mondiale dépasse les 30 millions), ils mettent au point la roue pleine en bois, le chariot sur roue et la première écriture complète ; elle est cunéiforme[309].

Alimentation, langage et écriture évoluent de pair.

Vers – 6000, pour surmonter au mieux les inondations et produire davantage, les paysans mésopotamiens organisent des barrages et construisent des canaux d'irrigation. Pour mieux y parvenir, il leur faut se regrouper en des ensembles plus vastes, bientôt des empires, qui sont donc d'abord une nécessité alimentaire. Ils peuvent alors développer des productions agricoles capables de nourrir, par leur nature, des groupes humains beaucoup plus nombreux : l'orge, l'engrain, l'épeautre, le blé amidonnier et le millet. Ils peuvent aussi gérer des surplus, concentrer des richesses, financer et nourrir des armées.

Plusieurs cités s'imposent successivement comme capitales de ces empires, avant de perdre en influence et de redevenir des villes parmi les autres : de – 2340 environ à – 2200 environ, Akkad, cité-État fondée par Sargon, conquiert d'autres royaumes et construit un empire. Vers – 2200, les héritiers de Sargon sont battus par des envahisseurs, les Gutis, et leur empire se divise en plusieurs petits royaumes, dominés d'abord par la dynastie de Gudea, souverain de la cité-État de Lagash, dans l'extrême sud de la Mésopotamie. Puis, de – 2110 environ à – 2005 environ, Ur, fondée par Ur-Nammu, domine les principautés voisines. De – 2005 environ à – 1595, plusieurs royaumes amorrites (dont Babylone) dominent successivement la région. Puis c'est le tour des royaumes d'Isin et de Larsa au sud. De – 1792 à – 1750, Hammourabi règne à Babylone et étend son influence au nord. En – 1595, le royaume babylonien tombe sous les coups des Hittites[15, 59].

Comme déjà avant et ailleurs, le chef de ces empires est celui qui peut nourrir ses habitants. Plus il est capable de nourrir de gens, plus il est puissant.

Chez les pauvres, le pain (encore non levé) est la base de l'alimentation (un même idéogramme nomme d'ailleurs pain et nourriture). On dénombre alors jusqu'à 200 types de pain, agrémentés de miel, d'épices, de fruits.

Les Mésopotamiens les plus aisés consomment du porc, qu'ils accompagnent d'ail, d'oignons, de poireaux, ainsi que des fruits (pommes, figues, raisin, dattes)[327].

Ils mangent aussi des cervidés, des agneaux, des volailles, des poissons de rivière, des œufs d'autruche, des champignons, des légumes, des pistaches, des pâtisseries à base de miel.

Au IIe millénaire avant notre ère, ils consomment du vin, et surtout de la bière, un mélange fermenté de dattes et d'orge. Le vin devient même, pour les Babyloniens, un instrument de rituel, décrit dans l'Épopée de Gilgamesh. Sur le site de Tell Bazi, au nord de la Syrie, vieux de 3 400 ans, chaque maison possède une « microbrasserie » : des jarres d'argile (200 litres) conservent la trace d'oxalate, dépôt chimique produit par l'orge en présence d'eau[81].

Premiers banquets :
converser pour mieux régner

La nourriture est, on l'a vu, inséparable de la naissance du langage. Elle est un sujet de conversation, en même temps que le repas est une occasion de converser. Parler en partageant de la nourriture est aussi un signe de paix. Inversement, le refus de partager un aliment est considéré dans ces sociétés comme une marque d'hostilité, ou le signe d'une tentative d'empoisonnement.

C'est en Mésopotamie qu'on commence à trouver trace écrite de l'importance que les hommes attachent, sans doute depuis très longtemps déjà, aux repas pris en commun.

Aussi, quand les empires deviennent plus explicites, ils rendent plus évident le lien entre la nourriture et le langage : certains repas pris en commun, qu'on nommera bien plus tard « banquets » (par référence au banc où s'asseyent les convives), deviennent des lieux essentiels de l'organisation sociale. Et la nourriture n'est là qu'un support de l'essentiel, qui est ailleurs.

Ces repas sont préparés dans des cuisines. On peut faire l'hypothèse que les cuisiniers de ces grands repas (les chefs), qui doivent commander une escouade, sont, en général, des hommes.

Des métiers spécifiques apparaissent, attachés aux temples, spécialisés dans les différents aspects de la préparation de ces repas.

Les premiers banquets sont d'abord servis aux statues d'une divinité principale entourée de sa cour. Au début du IIIᵉ millénaire avant notre ère, à Sumer, quatre repas sont ainsi servis quotidiennement aux dieux dans les temples : grand repas du matin, petit repas du matin ; grand repas du soir et petit repas du soir.

Certains banquets rassemblent ensuite des convives divins et humains. Dans la cosmogonie babylonienne, un tel festin sert à désigner le champion qui va combattre la déesse de la mer, Tiamat : « Devant Ansar, ils pénétrèrent, […] s'assirent au festin, mangèrent des céréales, s'abreuvèrent de forte bière et de douce cervoise, remplirent leurs coupes », dit l'Épopée de Gilgamesh[28].

Les monarques organisent aussi des banquets entre humains ; leur organisation est calquée sur celle des banquets des dieux. Ils visent à célébrer une victoire militaire, à fêter l'inauguration d'un temple ou d'un nouveau palais, ou encore à remercier ceux qui œuvrent à leur bien-être[28]. Dans ces banquets, les cuisines doivent être gigantesques et sont dirigées par des hommes. Les invités sont assis par terre ; seuls ceux que le roi veut honorer ont, comme lui, droit à un siège[4]. Les convives sont disposés selon leurs rang et statut, et par pays d'origine pour les ambassadeurs. Le roi est servi en premier ; s'il souhaite honorer particulièrement un invité, il lui présente le plat qui lui a été servi. Le banquet est animé par des musiciens, des jongleurs, des baladins. On y parle de tout, sous réserve de ce que le prince le tolère.

Ces festins sont gigantesques. Au milieu du IXe siècle avant notre ère, dans l'actuel nord de l'Irak, pour la fin des travaux du palais de Kalhu, le roi Assurnasirpal II (roi assyrien qui a réunifié par conquête toute la Haute-Mésopotamie, qui vit de – 883 à – 859) donne un festin de dix jours pour 69 574 personnes ; on y consomme 14 000 moutons, 1 000 bœufs, 1 000 agneaux, 20 000 pigeons, 10 000 œufs et 10 000 gerboises[4, 330]. On imagine l'organisation logistique des cuisines et de leur approvisionnement !

Plus généralement, les Mésopotamiens de moindre naissance organisent aussi des banquets pour célébrer un mariage, une promesse de vente immobilière, la location d'un bateau, un accord de paix, une alliance. Cela permet de prendre le temps de débattre et de conclure, devant témoins[28].

Au IIe millénaire avant notre ère, les Mésopotamiens sont les premiers à écrire des recettes de cuisine. Là apparaissent aussi les premières auberges, qui proposent de la nourriture issue de potagers adjacents et de la bière de datte fermentée. De telles auberges sont mentionnées dans le Code du roi Hammourabi, écrit autour de – 1760.

La canne à sucre, originaire de Nouvelle-Guinée, a migré vers l'ouest. Les Perses de Darius le Grand la découvrent à la fin du VIe siècle avant notre ère durant une expédition en vallée de l'Indus et la qualifient de « roseau qui donne le miel sans concours des abeilles ».

Pendant des millénaires encore, le sucre va rester un produit très rare et très coûteux.

Dans certains de ces empires mésopotamiens, comme les Assyriens, le cannibalisme existe encore : consommer le corps d'un ennemi permet d'absorber son âme. Et on mange même le corps de ses proches lors de famines : on en a trace à Borgia, ville sumérienne assiégée pendant deux ans, de – 650 à – 648, lors d'un conflit entre Shamash-shum-ukin, roi de Babylone, et son frère Assurbanipal[327].

En Chine, la première diététique

Comme en Mésopotamie, c'est autour des grands fleuves, en Chine, que le peuple s'organise pour profiter au mieux des terres alluviales. En vue de se prémunir au mieux contre les inondations et pour nourrir une population croissante, on construit des barrages, ce qui exige, comme en Mésopotamie, que les villages se regroupent en de plus vastes ensembles, en empires.

Selon l'historiographie mythique chinoise, la période impériale de la Chine commencerait vers – 2800 avec les trois Augustes ; un premier souverain nommé Shennong (« le divin laboureur ») aurait alors inventé l'agriculture et fabriqué les premières céramiques nécessaires à la cuisson des aliments. Un deuxième empereur, Huangdi (« l'empereur jaune »), aurait ensuite inventé la cuisson à la vapeur des céréales (riz et millet) et été le premier à obtenir du sel en laissant sécher de l'eau de mer. Houri, un mythique ministre de l'agriculture, aurait, lui, développé les premières boissons alcoolisées à base de riz et de mil.

D'une façon moins imaginaire, au IIᵉ millénaire avant notre ère, on trouve en Chine les premières cuillères faites à partir d'os d'animaux ; elles servent principalement à manger du riz. Les baguettes apparaissent autour du XIIIᵉ siècle avant notre ère ; d'abord pour cuisiner, avant de devenir le principal ustensile pour manger autour du IIIᵉ siècle avant notre ère. Le thé apparaît trois siècles avant notre ère, bien que des légendes datent son apparition dans l'imaginaire chinois en – 2737[430].

La noblesse Zhou (qui règne sur une partie de la Chine de – 1046 à – 256) mange à même le sol, assise sur des nattes, et les plats sont disposés sur le sol : les récipients ont un socle ou des pieds pour les surélever (vases tripodes). L'essentiel de la vaisselle est en bronze[403]. On sert dans l'ordre poissons, viandes (agneau rôti, bouillie de porc) et légumes accompagnés de nombreuses sauces, et pour finir des céréales (souvent cuites à la vapeur). Le *Livre des rites*, populaire chez les confucéens, préconise de placer les liquides (vins et soupes) à la droite des convives, tandis que les plats doivent être placés à leur gauche. Enfin, la fraîcheur des aliments et la façon dont l'hôte les découpe sont très importantes et témoignent de son respect pour les invités.

Pour le reste de la population, l'alimentation semble à cette époque être différente selon le sexe : les hommes mangent beaucoup de viande, tandis que les femmes se nourrissent principalement de blé, d'orge et de soja, des aliments considérés alors comme inférieurs : l'étude de squelettes datant de la période Zhou révèle que les femmes souffrent plus de malnutrition que les hommes[408].

De fait, la Chine ne peut être considérée comme impériale qu'après son unification en – 220 par le premier empereur dont l'existence est établie, Qin Shi Huang. Sa « dynastie » ne dure que le temps du règne de son fondateur et celui de son fils et prend fin en – 206. La dynastie des Han prend sa suite ; elle dure de – 206 à 220. Cet empire se maintient grâce à de nouvelles armes : l'arc composite recourbé, la pointe de flèche en bronze, l'étrier et les premières haches de fer.

On mange alors de la bouillie de céréales, du riz, des légumes, de la viande grasse. Du thé a été retrouvé dans la tombe d'un empereur han au IIe siècle avant notre ère ; et un texte écrit en – 59 relate la récolte du thé.

La Chine relie alors explicitement l'alimentation à la santé. Au début du IIIe siècle avant notre ère, un médecin, Zou Yan, développe la théorie des cinq éléments (métal, bois, eau, feu, terre)[50, 86] qui associe à chaque objet de l'univers une composition des cinq éléments. On les retrouve dans les organes humains. Ainsi, le foie est bois et tiède ; le cœur est feu et chaud ; l'estomac est terre et humide. La médecine chinoise répartit aussi les aliments

entre le yin et le yang. Les aliments « chauds » et « tièdes »
sont yang, tandis que les aliments froids, acides, amers ou
salés sont yin. Un plat raffiné doit établir en permanence
un équilibre entre l'un et l'autre. Pour soigner une fièvre
(maladie chaude), il est recommandé de consommer des
aliments froids. À la même époque, le médecin Zhang
Zhong Jing rassemble tout cela dans un traité de *Jin Gui
Yao Lue*, qui déconseille, par exemple, de boire de l'eau
froide en mangeant de la viande grasse accompagnée de
bouillie de céréales. « Tout ce qu'on boit ou mange doit
satisfaire le goût et être profitable à la vie. Cependant,
des aliments peuvent aussi être nuisibles : ne vaut-il pas
mieux les éviter que de prendre des médicaments[50] ? »

Au Japon et en Corée, l'importance du riz

La culture irriguée du riz a été introduite il y a plus
de deux mille ans. Il n'est alors pas l'aliment de base
au sein de la société japonaise. Le millet ou l'orge sont
encore alors plus largement répandus dans les classes
paysannes, tandis que le riz reste dans un premier temps
un aliment destiné aux plus hautes castes de la société.

Il acquiert cependant une double signification. La première est monétaire. À l'époque féodale, l'impôt versé par
les paysans aux seigneurs dont ils cultivent les terres est
payé en riz. Le riz fait office de monnaie. Cette valeur se
double progressivement d'une connotation religieuse et
spirituelle. Le riz symbolise alors la force de l'âme, la
force vitale. Il est donc consommé lors des moments
les plus importants de la vie : la naissance, le mariage,
mais aussi l'enterrement. Il était courant de placer un

bol de riz à côté du corps du défunt dans sa tombe afin d'accompagner le passage de son âme dans l'au-delà. La paille du riz est elle aussi symbolique, assemblée en bottes elle sert de décoration dans les sanctuaires.

Au cours du VIe siècle, l'expansion du bouddhisme à travers la péninsule japonaise fait reculer la consommation de chair animale et oriente le régime alimentaire vers le végétarisme. Il est par exemple très mal perçu, voire répréhensible, de consommer des animaux domestiques qui sont traités avec le plus grand respect tout au long de leur vie, mais aussi au moment de leur mort. La consommation de la chair d'un animal domestique était considérée comme un comportement inhumain. Au fil des siècles, la tradition culinaire japonaise restera marquée par le respect de la nature et des aliments qu'elle nous permet de consommer.

Certains mythes originels coréens tournent quant à eux autour des céréales : Jumong, le souverain fondateur du royaume de Goguryeo, aurait reçu des graines d'orge envoyées par sa mère et transportées par deux colombes juste après la fondation du royaume.

Les premiers occupants de la péninsule coréenne chassaient, pêchaient et cultivaient céréales (orge, millet, blé, sorgho principalement), haricots (qui étaient dès cette époque destinés pour partie à la fermentation) et riz.

Les mers qui bordent la péninsule, mer Jaune, mer de Chine et mer du Japon, regorgent de fruits de mer. Ces mers sont aussi riches en nutriments qui rendent les terres fertiles et propices à la culture céréalière. Le climat des principaux fleuves comme le Han rendent les plaines coréennes très propices à la culture du riz. Celle-ci est apparue au début du IIe millénaire avant J.-C., en même temps que celles du millet, du soja ou encore du haricot rouge. La tradition culinaire coréenne est liée à son histoire agricole, mais pas seulement : elle a aussi évolué avec les invasions chinoises et japonaises.

En Inde, début du végétarisme

En Inde, en − 2000, une deuxième migration venue du Kazakhstan actuel apporte le sanskrit, le cheval et les sacrifices rituels. Elle forme la base de la culture hindoue et védique. Entre − 600 et − 500, la pratique du végétarisme débute dans la vallée de l'Indus avec le développement du jaïnisme, religion fondée sur le principe de l'Ahimsa, respect et non-violence envers l'ensemble des êtres vivants (y compris les insectes et les végétaux). Pour respecter ce principe, les jaïns ne consomment ni viande, ni poisson, ni œufs ni miel. Ils ne mangent pas de fruits qui contiennent beaucoup de graines, ou de légumes dont il faut arracher la racine, pour ne pas blesser d'être vivants microscopiques[409]. Ils consomment du lait, à condition que la traite soit respectueuse de l'animal et qu'au moins un tiers de la traite soit réservé à sa progéniture[77].

L'ayurvéda, étymologiquement « science de la vie », a pour but la réalisation de soi, état d'harmonie qui s'appuie sur l'auto-guérison. Le régime ayurvédique tire ses enseignements des *Vedas*, corpus de textes de l'hindouisme. Aux aliments « sattviques » (du sanskrit *sattva*, signifiant « existence, réalité, nature, intelligence, conscience, vérité, équilibre ») : fruits, légumes, produits laitiers, noix, graines, miel, herbes, à consommer en priorité, s'opposent les aliments « rajasiques » (stimulants, comme les condiments, les épices, le café, le poisson) et « tamasiques » (sédatifs, comme la viande). Il est recommandé de cuisiner dans une atmosphère calme et apaisante, la qualité des préparations étant largement influencée par l'humeur du cuisinier et l'attention qu'il y porte. Les restes, jugés trop « tamasiques », sont proscrits. La modération est ici, comme dans bien d'autres modes de pensée, la mère des vertus. Dans le *Hatha Pradipika*, manuel de yoga sanskrit tardif, le « régime modéré » se compose de nourriture « agréable » et « douce ». La moitié de l'estomac est consacrée à la nourriture, un quart à l'eau, et le dernier quart doit rester vide. Certains aliments (ail, huile, alcool, épices, moutarde, poisson et viande), accusés d'augmenter la température du corps, sont déconseillés. L'amer, l'aigre et le salé doivent être évités. À l'inverse, la consommation de céréales, de sucre, de miel, d'herbes potagères et de gingembre séché est encouragée, toujours avec modération. Et toute nourriture doit être mélangée à du lait ou du beurre, favorables au développement du corps, notamment du sang, des os, de la moelle épinière et du sperme[77]. C'est une des premières civilisations dans lesquelles on est certain qu'on a recherché un lien entre nourriture et érotisme, entre appétit sexuel et nourriture.

Vers le ve siècle avant notre ère, en Inde, commence le bouddhisme, qui interdit la consommation de toute viande, qui est comme « la chair de nos propres fils », dit Krishna dans le *Mahabharata*. En particulier, la vache, mère universelle, qui donne son lait à ses enfants et à ceux des hommes, ne peut être consommée.

Les bouddhismes chinois et tibétain demandent alors un végétarisme plus strict encore. Le bouddhisme japonais autorise une consommation modérée de viande et proscrit la consommation de l'éléphant, du tigre, de la panthère et du chien.

Les empires mésoaméricains, toujours anthropophages à leur façon

Dans le sud-ouest de l'Amérique du Nord (États actuels du Colorado, de l'Utah, de l'Arizona…), vivent depuis sans doute plus de 2 000 ans avant notre ère ceux qu'on appellera plus tard les Anasazis puis les Hopis ; ils sont arrivés par la Sibérie. Sédentarisés dans ces zones montagneuses et arides, ils développent une civilisation de chasseurs-cueilleurs, puis d'agriculteurs organisés en *pueblos*. Leurs peintures rupestres montrent que la chasse tient une place très importante dans leur alimentation. Le maïs, le haricot et les cucurbitacées sont leurs principales cultures. Ils y développent pour cela un système d'irrigation très sophistiqué. Leur cosmogonie, extrêmement complexe, entièrement fondée sur l'agriculture et les animaux, sur l'eau et le vent, inspirera toutes les cosmogonies amérindiennes.

En Amérique centrale, vers – 2500, la civilisation des Olmèques, inspirée des Anasazis, et dont sont issues toutes les autres, s'installe sur la côte du golfe du Mexique, dans le bassin de Mexico et le long de la côte du Pacifique. Elle fonde sa mythologie sur la fertilité de la terre, l'eau et le vent. Le jaguar représente la terre et le pouvoir de la vie ; le serpent représente l'eau, la pluie et rivières ; un aigle représente le vent. L'aliment de base des Amérindiens est la pomme de terre, dont il existe alors dans la région des centaines de variétés très différentes. Pour être mangés, ces tubercules sont soit bouillis soit transformés en soupe. Le maïs est également un ingrédient fondamental et considéré comme noble. On en fait des pains.

Ces empires, organisés d'une façon à pouvoir nourrir des populations considérables et défendre des lieux
religieux d'une grande ampleur ont, pour la plupart
d'entre eux, une dimension anthropophage : chez les
Mayas, des prisonniers de guerre sont sacrifiés pour
nourrir les dieux[14]. Chez les Aztèques, le dieu de la
mort, Tezcatlipoca, exige aussi le sacrifice humain[84] ;
la déesse-terre Tlaltecuhtli a besoin de cœurs humains
pour survivre[148] ; les cuisses des victimes sont réservées
à l'empereur, les cœurs aux prêtres et les autres parties
du corps données à des animaux considérés comme
des incarnations de divinités[41]. Sans doute ont-ils, pour
certains, le prétexte de renforcer aussi leur virilité.

Dans la forêt amazonienne, les Tupinamba mangent
eux aussi leurs ennemis pour prendre leurs forces[7].
Parfois, comme chez les Inuits, après l'accord d'un
proche, il n'est pas condamnable de le manger si cela
est nécessaire pour survivre.

En Égypte : manger et parler, c'est la même chose

En Égypte, comme en Mésopotamie et en Chine, c'est
au bord des fleuves que commence la vie sédentaire : vers
– 8000[205], sur les rives très fertiles du Nil, des hommes
venus d'ailleurs en Afrique et au Moyen-Orient se séden-
tarisent ; ils plantent du blé, de l'orge, des fruits, de la
vigne, des légumes, de l'oignon, de l'ail ou des poireaux.

Rapidement, les Égyptiens se rendent compte que, au
premier jour de la crue du Nil, l'étoile Sothis se lève en
même temps que le soleil. Cette étoile, aujourd'hui appe-
lée Sirius, est la plus grande étoile de la constellation

du Grand Chien ; vue de la Terre, c'est l'étoile la plus brillante après le Soleil[281]. On fixe le premier jour de l'année (le 1ᵉʳ Thot) à ce jour du lever héliaque de Sothis. Astronomie, astrologie, météorologie se mêlent pour longtemps.

Au Vᵉ millénaire avant notre ère, l'année agricole égyptienne se découpe en trois grandes saisons : l'*akhet* (période de crue du Nil), le *peret* (l'ensemencement et la croissance) et le *chemou* (la moisson)[281].

Au IVᵉ millénaire avant notre ère, les Égyptiens ne sont organisés qu'en villages indépendants[205]. Ils brûlent des forêts pour utiliser les cendres comme engrais pour leurs cultures.

Ils sont les premiers à cuire leurs aliments avec de l'huile, qu'on suppose être d'origine végétale[28], et surtout à développer le premier pain au levain ; et pas en bouillie comme dans les civilisations mésopotamiennes contemporaines. C'est une révolution majeure ! Cet aliment riche participera bientôt à la domination des Égyptiens sur les autres peuples de la vallée du Nil.

L'alimentation de chaque village dépend de sa récolte annuelle et elle est sous la menace de pillages par des nomades. Les chefs semblent très conscients de l'importance d'assurer une nourriture suffisante pour chacun des villageois. Un scribe du IIIᵉ millénaire, Ptahhotep, écrit : « L'homme qui a le ventre vide est un potentiel accusateur[28]. » Comme les Mésopotamiens, ils construisent des barrages pour se protéger des inondations.

Le premier empire, dit Ancien Empire, s'étend de – 2600 à – 2200. On lui doit notamment la construction des pyramides du plateau de Gizeh. On y donne aux morts de quoi continuer à se nourrir : par exemple, dans la tombe d'une femme, dans la pyramide de Saqqarah, on a trouvé des pains d'orge, du fromage et du poisson[28]. À partir de – 2500, les Égyptiens développent des araires, ancêtres de la charrue, et des sites de stockage.

Vers – 2200, des lacunes dans le contrôle des crues du Nil réduisent les récoltes, engendrant des révoltes. Le pharaon Khety (– 2160) conseille à son fils Mérykarê : « Un pauvre peut devenir un ennemi, un homme qui vit dans le besoin peut devenir un rebelle. On calme une foule qui se rebelle avec de la nourriture ; quand la multitude est en colère, qu'on la dirige vers le grenier[28]. » L'Ancien Empire se défait en une série de principats indépendants.

Vers – 1550 s'organise, sur tout le territoire de l'Égypte, un Nouvel Empire, capable d'assurer l'alimentation des habitants[205]. Il commence avec le pharaon Amosis Ier, puis Akhenaton, Toutânkhamon et les Ramsès. On connaît leur nourriture à partir de ce qu'on trouve dans les tombes : en – 1400, une tombe princière est remplie de pain, de vin, de farine, de laitages et de viande salée.

La Bible, qui raconte la captivité égyptienne du peuple juif à cette époque, témoigne de l'importance politique de la disponibilité de la nourriture dans l'histoire politique égyptienne, en particulier par la célèbre interprétation que fait Joseph d'un rêve du pharaon, qui renvoie à la nécessité du stockage contre la famine[4] : « Sept années de grande abondance viennent dans tout le pays d'Égypte ; sept années de famine se lèveront après elles ; et toute l'abondance sera oubliée, et la famine consumera le pays[65] » (Genèse, XLI, 28-36).

Au XIVe siècle avant notre ère, sur le tombeau de Mérenptah, treizième fils de Ramsès II, on trouve de nombreuses fresques représentant des poissons et des canards ; et, dans son temple funéraire, une fresque célèbre la victoire du pharaon sur des peuples levantins et cananéens, dont Israël : « Israël est détruit, sa semence même n'est plus[61]. »

À la mort de Mérenptah, une guerre fratricide éclate entre les autres enfants du pharaon. Elle entraîne un renversement de régime. Une nouvelle dynastie naît avec Ramsès III, qui règne de – 1183 à – 1152. Sous son règne, des problèmes climatiques entraînent des crises agricoles dans le nord et l'est du bassin méditerranéen, provoquant une importante vague de migrations vers l'Égypte, à travers l'Anatolie et le Levant.

Ces migrants, appelés « peuples de la Mer[11] », arrivent alors en masse en Égypte avec armes et familles, et attaquent le delta du Nil. Des grèves de travailleurs réclament plus de vivres. C'est la fin du Nouvel Empire, qui se reconstituera mille ans plus tard dans l'orbite romaine[204].

Au premier millénaire avant notre ère, les nobles égyptiens mangent assis sur des sièges ou accroupis sur des nattes autour de tables. C'est de là que vient cette pratique qu'on retrouvera ensuite chez les Phéniciens, les Grecs et les Romains, qui l'auront vue en Égypte.

L'alimentation des riches Égyptiens est, pendant les deux millénaires précédant notre ère, très diversifiée : le bœuf, le mouton et le gibier sont les viandes les plus consommées. Ils mangent aussi de l'oie, du canard, des cailles ; ils consomment des poissons pêchés dans le fleuve. Ils commencent à importer de l'huile de Syrie et de Chypre, du vin de Judée. On retrouve du safran dans des recettes égyptiennes de cette époque. (Le papyrus Ebers, un des plus anciens traités médicaux connus à ce jour et écrit entre le XVIe et le XVe siècle avant notre ère, en fait mention[434].) Certains de leurs aliments, comme les fruits de mer, le safran, le poivre, sont déjà connus pour leurs vertus aphrodisiaques.

Les riches Égyptiens pensent qu'une nourriture abondante est le meilleur moyen d'être en bonne santé ; ils se lavent les mains entre chaque plat. Ils utilisent des cuillères en ivoire ou en ardoise, dont certaines ont des motifs religieux gravés.

Les pauvres se contentent de céréales et de légumes, ce qui entraîne des carences essentielles, notamment en protéines. Sans compter les innombrables famines, qui touchent les paysans quand les inondations sont trop fortes ou la sécheresse trop importante. L'espérance de vie des pauvres en Égypte n'excédait pas 30 ans.

Le lien avec le langage est plus clair que jamais : dans la codification de l'écriture égyptienne par l'égyptologue britannique Gardiner, le hiéroglyphe dit « A2 », représentant un homme assis, main à la bouche, signifie à la fois « manger, boire, parler, se taire, penser, aimer, haïr », selon la disposition des autres symboles qui y sont accolés[31]. On ne peut faire plus explicite.

En Afrique subsaharienne,
l'abondance naturelle
retarde la naissance d'empires

L'alimentation africaine subsaharienne d'il y a 3 000 ans est très différente d'une région à l'autre, sinon que les Africains sont pratiquement tous devenus sédentaires, mis à part les Peuls, les Massaï, et quelques rares autres. Et partout où ils sont, la nourriture est abondante et aisément disponible.

Les céréales principales sont le sorgho (originaire d'Éthiopie) et le mil (souvent assimilé au sorgho, il est cultivé depuis au moins 2 000 ans au Sahel). Elles sont le plus souvent réduites en bouillies ou en farines, afin d'en faire des galettes et une sorte de polenta. Il existe également une variété de riz (*Oryza glaberrima*) spécifique à l'Afrique de l'Ouest et du Centre.

Les légumes principaux sont le pois Bambara et le pois à vache ; on trouve également des « légumes-feuilles », directement issus des arbres (comme le baobab).

Certaines écorces, comme la yohimbine, sont alors connues en Afrique de l'Ouest pour leurs vertus aphrodisiaques.

Les bovins et les ovins, originaires du Sahara, auraient progressivement migré vers le sud à cause de la sécheresse de la zone. Ils sont consommés en Afrique de l'Ouest. Dans les régions de forêt, la viande consommée est majoritairement du gibier : les antilopes, certaines variétés de singes, le lièvre, l'écureuil. La volaille, plus résistante aux parasites, et en particulier la poule, fait également partie de cette alimentation et porte une valeur symbolique plus importante : le poulet est utilisé dans nombre de rituels africains[333].

On consomme peu de laitages, sinon que certains parmi les rares peuples pastoraux d'Afrique, comme les Peuls à l'ouest et les Massaï à l'est, boivent du lait de zébu et de vache. Certains de ces nomades, comme les Peuls, établissent des interdits alimentaires en raison des parasites. On consomme aussi partout quelques insectes.

On boit du vin de palme (réalisé à partir de la fermentation de la sève de palmier, qui a un goût proche de celui du cidre) et de la bière de mil[333].

Et comme tout est abondant, pas besoin de gérer la rareté. Et donc pas encore besoin de s'organiser en empires.

Partout encore, le cannibalisme

Le cannibalisme n'a pas totalement disparu. Il est encore là, rituel ou nécessaire :

Plusieurs peuples du Proche et du Moyen-Orient (notamment les Scythes et les Thraces) consomment leurs morts. Les Hittites empalent, rôtissent et mangent les chefs ennemis, afin de terroriser leurs armées.

En Afrique, autour des bassins du Congo et du Niger, la consommation de chair ou d'organes humains est censée fortifier l'âme et la virilité du mangeur et assurer l'éternité à celle du défunt ; elle est organisée par des rituels encadrés par des structures complexes déterminant la part de chacun selon le sexe. Un jeune mangeant le corps d'une personne âgée en reçoit de la sagesse, et inversement, un vieux mangeant le cerveau d'un jeune en reçoit de la vigueur physique et sexuelle[49].

En Chine, bien que le confucianisme, le taoïsme et le bouddhisme (nés quasiment en même temps au VIe siècle avant notre ère) proscrivent implicitement ou explicitement le cannibalisme, l'anthropophagie est aussi pratiquée, en cas de famine ou de guerre. Selon une légende, Qi Huan Gong, souverain du VIIe siècle avant notre ère, aurait souhaité goûter à la chair humaine, son cuisinier ayant alors sacrifié son propre fils et servi des parties de son corps à l'empereur[144].

Avec le judaïsme : « manger le Livre »

La nourriture est au cœur du récit biblique, dont on peut dater les premières esquisses historiquement certaines à mille ans avant notre ère.

Le langage et la nourriture y sont intimement liés. D'abord parce que, à la différence des divinités des religions précédentes, le Dieu des Juifs, qui a créé les hommes, ne mange pas : manger est, dans le judaïsme, le propre des créatures de Dieu ; c'est même ce qui Le distingue des hommes.

Sur ordre de Dieu (Genèse, I, 29), Adam, créature de Dieu, est végétarien (comme l'étaient sans doute, on l'a vu, les plus lointains ancêtres des humains, ce qu'on ne savait évidemment pas au moment où s'écrit la Bible). L'homme est alors le gardien de la Création tout entière (Genèse, II, 15) ; il peut consommer tous les végétaux, sauf, pendant les premières heures après sa création, le fruit de l'arbre de la connaissance du bien et du mal. Quand il transgresse l'interdit et consomme le fruit de cet arbre sans attendre le temps imparti, sa punition est l'obligation de travailler pour produire sa nourriture, qui reste végétarienne.

C'est seulement après le Déluge que Noé et ses descendants peuvent disposer à leur gré des animaux qu'ils ont sauvés : « Tout ce qui se meut et qui vit vous servira de nourriture, comme l'herbe verte, je vous ai donné tout cela[65] » (Genèse, IX, 3). À ce moment, l'Éternel autorise donc l'homme à consommer de la chair animale.

Le rapport à la nourriture continue ensuite à structurer le récit biblique ; depuis le sacrifice d'Isaac, jusqu'à la manne, la nourriture que Dieu fait tomber du ciel pour nourrir les Hébreux dans le désert après la sortie d'Égypte, en passant par l'interprétation par Joseph du rêve de Pharaon pour protéger son peuple de la famine.

Quand ils fuient l'Égypte vers la Terre promise, celle-ci est associée à l'abondance alimentaire : « un pays ruisselant de lait et de miel[65] ». Et encore : « Le pays où vous allez passer, pour le posséder, est un pays de montagnes et de vallées, qui boit les eaux de la pluie des cieux[65] » (Deutéronome, XI, 11).

Vers l'an 1200 avant notre ère, quand les Hébreux atteignent la Judée, ils y trouvent la même nourriture qu'en Égypte et en Mésopotamie : fruits, vin, huile, petits pois, lentilles, fèves, pois chiches, poireaux, concombres, ail et oignons. La région reçoit aussi du blé et de l'orge venus d'Égypte par la mer depuis Tyr. Ces céréales sont mangées sous forme de galettes, de pains ou de bouillies, comme en Mésopotamie. Les poissons sont conservés grâce à du sel. Comme en Égypte et en Mésopotamie, le bœuf, le mouton et les produits de la chasse sont réservés aux plus riches. Comme dans d'autres civilisations antérieures, les repas sont aussi l'occasion de communiquer avec le divin, qui y assiste dans le temple de Jérusalem ; certaines portions de l'animal sacrifié au temple sont consommées par les prêtres.

Le lien entre la parole et la nourriture est constant dans le texte biblique. D'abord la manne vient du ciel, comme la parole ; le mot qui la désigne en hébreu (« le pain venu du ciel ») renvoie d'ailleurs aux rêves (mot qui s'écrit avec les mêmes lettres que le mot « pain »), qui sont, pour les Hébreux, la première nourriture de l'esprit : on se nourrit de ses rêves. La manne prend

aussi le goût choisi, le goût rêvé. Enfin, c'est une nourriture sans déchets.

Ensuite, le prophète Ézéchiel (Ézéchiel, III, 1-4)
dit explicitement qu'il faut manger les paroles de Dieu :
« Il me dit : Fils de l'homme, mange ce que tu trouves,
mange ce rouleau, et va, parle à la maison d'Israël !
J'ouvris la bouche, et il me fit manger ce rouleau. Il me
dit : Fils de l'homme, nourris ton ventre et remplis tes
entrailles de ce rouleau que je te donne ! Je le mangeai,
et il fut dans ma bouche doux comme du miel. Il me
dit : Fils de l'homme, va vers la maison d'Israël, et
dis-leur mes paroles[65] ! »

Et encore, un autre prophète, Amos (VIII, 11) :
« Voici, les jours viennent, dit le Seigneur, l'Éternel, où
j'enverrai la famine dans le pays, Non pas la disette du
pain et la soif de l'eau, mais la faim et la soif d'entendre
les paroles de l'Éternel[65]. »

Il en découle, dans la vie quotidienne, que tout ce
qu'on mange est une expression de la parole divine.
La table du repas est elle-même comme symbolique du
Temple ; elle est un autel.

On ne mange pas que pour manger, mais pour avoir
une occasion d'étudier ensemble. D'innombrables bénédictions (entre dix et vingt) accompagnent chaque
repas. Et les rabbins discutent à l'infini de l'ordre de
ces bénédictions. Le repas est aussi un moment d'étude
et, en étudiant, « on mange la Torah ». La table est si
imprégnée de la présence divine que la tradition veut
que les sages soient enterrés dans le bois de leur table.

Le repas est aussi l'occasion de respecter un certain
nombre d'interdits, extrêmement précis, en vue de préserver des espèces et de ne pas commettre d'acte cruel.
Il est interdit par exemple de manger tout produit de

la mer n'ayant pas d'écailles ou de nageoires (donc, en particulier, tous les invertébrés : mollusques, crustacés et autres fruits de mer). Est interdit tout mammifère carnivore. Tous les mammifères consommables sont herbivores. Sont aussi consommables poule, oie, canard, dinde, perdrix, caille, pigeon, pintade. Est interdit tout animal qui ne rumine pas et n'a pas de sabot fendu (Lévitique, XI, 1-8) (ce qui n'est le cas que de quatre animaux, nommés dans la Bible : le chameau, le lièvre, la gerboise et le porc). La Torah donne aussi une liste de 24 animaux volants prohibés (Lévitique, XI, 13-19), dont les oiseaux carnivores (oiseaux de proie). Les insectes sont tous prohibés à l'exception de quatre espèces de sauterelles : « Vous pourrez manger parmi les insectes ailés marchant sur quatre pattes, celui qui a au-dessus de ses pieds des articulations au moyen desquelles il saute sur la terre[65] » (Lévitique, XI, 21-22).

Il est interdit de manger les fruits et légumes produits pendant la septième année, pour respecter les conditions de la jachère. Il est aussi interdit de consommer une partie d'un animal encore vivant (Genèse, V, 4) ; de tuer une mère et ses enfants le même jour (Lévitique, XXII, 48) ; de consommer le sang des mammifères et des oiseaux (Genèse, II, 4), « car l'âme de toute chair est dans le sang[65] » (Lévitique, XVII, 11) ; de consommer des produits laitiers et carnés en même temps (Exode, XXXIV) car le lait est symbole de la vie ; de se nourrir avant d'avoir nourri son bétail. Enfin, l'abattage rituel a pour but de limiter la souffrance animale.

Plus généralement, on doit se méfier de la nourriture : trop manger nuit à l'esprit. Le jeûne est un outil de rééquilibrage du corps. Sept jours sont réservés au jeûne dans l'année.

Au tournant de notre ère, après la destruction du second Temple en 70, le repas reste, dans les communautés juives dispersées, un moment essentiel de socialité, de stabilité et de transmission. C'est là que se retrouve la famille, au moins les soirs de shabbat. C'est là que se fait l'éducation des enfants. C'est là que s'organise la vie communautaire. C'est là que les voyageurs viennent apporter les nouvelles d'autres communautés et du monde. C'est là que l'enfant pose toutes les questions et apprend (contrairement à d'autres traditions, on ne dit pas dans le judaïsme « les enfants se taisent à table », mais, au contraire, on les incite à parler). On retrouve ce trait en particulier dans le repas du vendredi soir et dans les repas de Pessah (durant lesquels les Juifs commémorent le jour où le sang d'un agneau, étalé sur la porte de leur maison, avait repoussé les plaies lancées par Dieu), de Roch Hachana (qui marque le début de l'année) et de Kippour (le jeûne le plus important) ; chacun de ces repas ayant une finalité très particulière, chaque mets ayant une symbolique forte ; chaque conversation un sujet particulier. Par la suite, le repas du shabbat est resté, et reste encore, le point de rendez-vous liant nourriture et conversation, famille et communauté.

Beaucoup de traditions juives postérieures relient encore la nourriture et la langue. Ainsi, on mange des choses dont la signification symbolique, par les lettres qui composent le mot qui les désigne, renvoie à des vœux cachés, en particulier lors des repas à Pessah. Dans certaines traditions juives, on cuisine par exemple des gâteaux (« feuilles de miel ») avec des aliments très spécifiques dont les lettres qui composent les mots qui les désignent renvoient à des vœux très précis.

Grèce : manger pour gouverner

Dans la mythologie grecque, les récits font aussi la part belle au rapport à la nourriture, et d'abord à l'anthropophagie : le roi des Titans, Cronos, dévore ses enfants ; des scènes de cannibalisme sont relatées dans l'*Odyssée* d'Homère[28]. Les récits font également la part belle à la conversation, véritable raison d'être des repas.

Selon la mythologie, dans les premiers temps, les dieux prennent leurs repas ensemble. Ils ne consomment ni vin ni nourriture humaine ; ils boivent du nectar et mangent de l'ambroisie (sans doute du miel sauvage), dont ils se servent également pour oindre les corps des mortels qu'ils désirent protéger (comme Aphrodite avec Hector).

Dans les temps les plus anciens, dit la mythologie, les dieux partageaient certains de leurs repas avec les hommes, dont ils ne sont pas les créateurs et dont les destins les amusent[28].

Jusqu'à ce qu'un certain Prométhée (fils d'un des Titans nommé Japet) donne aux hommes la meilleure part d'une bête sacrifiée, trompant Zeus, en l'incitant à choisir des os recouverts de graisse appétissante. Zeus, humilié, décide de punir les hommes en les privant du feu, ce qui rend impossibles les sacrifices, qui supposent de faire cuire la viande. Prométhée vient alors dérober le feu et le rendre aux hommes. Pour se venger, Zeus envoie la première femme, Pandore, ouvrir une jarre libérant les maux humains (mort, maladie, travail…) et il attache Prométhée à un rocher dans le Caucase, où un aigle vient chaque jour dévorer son foie[143].

Les hommes sont alors privés de la nourriture des dieux ; ils sont seuls et doivent communiquer entre eux.

Aussi utilisent-ils, dans la vie réelle, comme les autres civilisations, les repas comme lieu de pouvoir.

Dans les constitutions les plus archaïques, celles des cités de Crète et de Sparte, au VIIIe siècle avant notre ère, on retrouve la tradition mésopotamienne et égyptienne des banquets entre hommes de pouvoir. Mais, ici, ce sont tous les citoyens (choisis par cooptation parmi les plus riches familles) qui doivent prendre leur repas ensemble, pour régler les problèmes de la cité. Pour être admis à ces repas, chaque convive doit fournir 39 litres de vin, 3 kilos de fromage, des figues et de l'orge, ce qui évidemment limite la participation aux plus riches. À Sparte, ces repas y sont quotidiens et obligatoires ; et des jeunes gens sont progressivement conviés afin de parachever leur intégration dans le groupe des dirigeants[4].

Puis ce système se relâche : le repas commun des citoyens n'est plus quotidien : à Athènes, à l'époque classique, seuls cinquante prytanes (magistrats issus des Cinq-Cents de la Boulè qui représentent la cité pendant un dixième de l'année) doivent, par délégation de l'ensemble des citoyens, déjeuner ensemble chaque jour, dans le bâtiment rond de la Tholos qui jouxte l'agora. Au Ve siècle, certains hommes politiques athéniens (Cimon, Nicias ou Alcibiade) prennent l'initiative d'inviter à ces banquets tout ou partie des autres citoyens, et même des hommes libres non citoyens.

Dans ces banquets, préparés en général par des femmes, sous la direction de prêtres, les convives sont disposés en rectangle, couchés sur des divans devant lesquels se trouvent des tables amovibles ; le coude est calé sur des coussins et l'on mange avec les doigts. Les hommes sont seuls autour de la table. Le banquet, comme dans les sociétés antérieures, est un moment d'échange d'hospitalité (*xenia*) et d'émotion (autour de l'ivresse)[1].

Tout banquet commence par un sacrifice, qui vise à réparer le lien rompu avec les dieux ; il consiste en l'égorgement d'un ou plusieurs animaux (du coq au bovin) par le *boutopos* (le boucher), qui fait jaillir le sang vers le ciel (les dieux), puis vers le sol (afin de purifier les hommes). Après le sacrifice, le banquet se divise en deux temps : le moment où l'on mange (*deipnon*) et où l'on parle ; puis le moment où l'on boit (*symposion*) du vin, coupé d'eau[1]. Les Grecs distinguent trois stades de l'ivresse : le premier, qui désinhibe et libère la parole ; le deuxième, qui correspond au moment de la lucidité ; le troisième, l'état d'ébriété, considéré comme un état de créativité et réservé aux hommes de plus de 40 ans. Les jeunes de moins de 18 ans ne boivent pas[4].

Dans les familles pauvres, les femmes s'occupent du service, alors que dans les familles riches elles sont à table, mais silencieuses. Les esclaves s'occupent du service avec parfois l'aide des enfants. Les Grecs utilisent des cuillères en bois, notamment pour manger des œufs.

Les céréales (blé, orge et épeautre) fournissent 80 % de l'apport calorique total. Le pain de blé, le vin, l'huile d'olive et le fromage (obtenu grâce au caillage du lait et à son brassage avec des branches de figuier) sont considérés comme des aliments nobles réservés aux riches. Le pain est cuit dans un four en argile. L'orge est également utilisée pour produire du pain (notamment pour les armées), accompagné de miel ou de fromage. Le pain est le symbole d'une société capable de produire elle-même ses ressources, le symbole de la sédentarité, par opposition au barbare nomade : dans

la langue d'Homère, le « mangeur de pain » est synonyme d'homme civilisé, c'est-à-dire de Grec[4].

Jusqu'au Ve siècle avant notre ère, la viande et les
fruits sont majoritairement utilisés pour les sacrifices
et les offrandes aux dieux[4]. Les animaux sont surtout
utilisés comme un moyen de production : les moutons
sont élevés pour leur laine et leur lait, qui servira à la
production de fromage ; les bovins, extrêmement rares,
sont utilisés comme des bêtes de trait et ne sont mangés
qu'une fois trop vieux pour travailler[28].

À Athènes, au Ve siècle avant notre ère, se produit
un changement des régimes alimentaires : les fruits secs
et les soupes de légumes, déjà courants dans le peuple,
deviennent une nourriture commune à tous. Au même
moment, les Grecs perfectionnent les moulins pour broyer
les grains. Les soldats consomment encore le « brouet
spartiate », mélange de sang, de graisse et de vinaigre.

La médecine grecque, comme la médecine chinoise au
même moment, s'intéresse beaucoup à la nourriture. Le
premier principe de la diététique grecque, comme de la
chinoise, est la modération. Sur un modèle assez proche
du yin et du yang chinois, elle établit que certains aliments
améliorent la santé, alors que d'autres provoquent des
maladies. L'homme en bonne santé doit manger varié, en
quantité modérée, et des aliments digestes. Hippocrate
(– 460/– 370) recommande un jeûne fréquent : « Plus
vous nourrirez les corps, plus vous leur nuirez[28]. » Il
note la valeur diurétique de la carotte et de l'hydromel
pour les maux de gorge. Les médecins grecs cherchent
à distinguer, dans les aliments et les boissons, ceux qui
sont secs et chauds, secs et froids, humides et chauds,
humides et froids (soit les mêmes caractéristiques que
celles supposées de la bile, de l'atrabile, du sang et du

flegme). Les aliments humides et chauds sont considérés comme moins nourrissants que les autres. Les médecins grecs préconisent de manger des aliments chauds et secs (blé, viandes) en hiver et des aliments froids et humides (légumes verts, pain complet) en été. Comme le sexe de l'homme est considéré comme sec et froid, l'homme doit manger des aliments humides et chauds, tandis que la femme doit manger sec et froid, car son sexe est considéré comme humide et chaud. Il est recommandé de ne pas mélanger le lait et le poisson. Le vieillard doit éviter le fromage, les mollusques, les lentilles, le pain non salé, les œufs durs[28]. Certaines de ces nourritures sont connues et désignées pour leurs vertus aphrodisiaques.

Les philosophes grecs prennent parti sur l'alimentation, dans des sens opposés : Pythagore est végétarien, par rejet de la souffrance animale ; et parce que l'âme humaine peut s'incarner dans un corps animal, il s'oppose aussi à l'usage de la laine et du cuir, et aux sacrifices d'animaux. Ses disciples s'opposent même aux sacrifices d'animaux pour les divinités[28]. À l'inverse, Aristote, le précepteur d'Alexandre le Grand, dans son *Histoire des animaux*, établit une échelle des êtres, qui autorise la consommation d'animaux en raison de leur manque de morale. Dans sa *scala naturae*, ou « chaîne des êtres », il affirme que l'homme est au sommet d'une chaîne, dans laquelle se succèdent continûment (« sans hiatus ») les animaux (quadrupèdes, vivipares, cétacés, animaux sanguins ovipares, céphalopodes, crustacés, animaux « segmentés » et mollusques à coquille), puis les zoophytes (classe intermédiaire entre animaux et végétaux, à laquelle appartiennent les coraux et les éponges) et les plantes. Pour lui, le rang dans cette échelle traduit le « degré de vie » (mouvement, intelligence, sensibilité…) d'une espèce[5].

À partir du IVᵉ siècle avant notre ère, des hôtels font leur apparition en Grèce ; ils soulagent les citoyens qui devaient antérieurement assurer l'hospitalité aux étrangers et ils servent aussi de taverne.

Vers 330 avant notre ère, Alexandre le Grand rapporte de ses conquêtes orientales des aliments majeurs de l'avenir : le riz, le safran, le gingembre (notamment utilisé comme antidote aux poisons et comme aphrodisiaque), le poivre (qui provient de la côte de Malabar, dans le sud-ouest de l'Inde, où il serait utilisé depuis – 4000 pour assaisonner le riz)[213] et enfin le sucre, qu'il trouve en Perse et qui reste une nourriture de grand luxe.

Pour les Grecs, les peuples qui ne pratiquent pas l'agriculture, ne mangent pas de pain et ne boivent pas de vin sont des « barbares » ; ceux qui ne pratiquent pas le banquet sont aussi nécessairement sauvages, car le repas est avant tout l'occasion d'une conversation. Et la nourriture est liée à la langue.

Ainsi les Scythes, qui ne banquettent que lors de funérailles et surtout boivent le vin pur, sont-ils considérés par les Grecs comme des barbares. Selon Hérodote, les Perses sont des « monstres », car ils mangent trop et ne sacrifient pas d'animaux pour les dieux. Pour Diodore de Sicile, les habitants de la côte de la mer Tyrrhénienne, qui mangent des baleines, ne sont pas des Grecs ; car un Grec ne mange pas un être mort naturellement et non sacrifié pour les dieux. De même, ceux qui mangent de manière désordonnée, qui mangent cru, les orphistes (qui mangent des œufs), ne peuvent être considérés comme civilisés. Hérodote dans ses *Histoires* fait aussi état de quelques pratiques de cannibalisme par divers peuples voisins des Grecs (les Scythes, les Thraces, les Padéens, les Issédons…)[83].

Chez les Grecs, le terme *léganon* désignait déjà une pâte aplanie. Le *leganum* consistait en une alternance de couches de pâtes et de viande, recette qui donnera plus tard les lasagnes[503'].

L'abondance étrusque

La civilisation étrusque commence à se développer dès le XIIᵉ siècle avant notre ère. On ne connaît pas bien l'origine des Étrusques, il se pourrait qu'ils soient nés de la rencontre entre une population locale et les Lydiens ou les Grecs (peut-être les deux) qui auraient fui leurs terres d'origine à cause des famines. Leur territoire, « l'Étrurie », s'étendait sur une région dont le berceau est l'actuelle Toscane[499'].

Leur rôle dans la structuration de l'alimentation et des productions agricoles de la future République à Rome mais aussi de l'Empire est essentiel. C'est notamment parce que les terres de leur territoire étaient plus fertiles que les autres régions d'Italie et qu'ils avaient mis au point des techniques et pratiques agricoles en avance sur leur temps. Les rendements céréaliers de l'Étrurie étaient, à l'époque, jusqu'à 15 fois supérieurs à ceux d'autres régions de l'Italie. La rotation des cultures avec l'alternance des céréales et des légumes (ou légumineuses) et la jachère est probablement à l'origine des rendements supérieurs. De plus, la pratique de la jachère leur a permis de trouver un équilibre entre élevage et cultures[28].

Orge, millet, sésame, épeautre, blé étaient les principales céréales cultivées. Concernant le blé, qui était encore une céréale de luxe réservée aux élites, les Étrusques cultivaient des variétés d'une meilleure qualité (elles permettaient de faire du pain) que celles qu'on trouvait à Rome, dont la farine rendait la panification très difficile. C'est toutefois l'épeautre qui constituait alors la base de l'alimentation chez les Étrusques. On broyait cette céréale et on y ajoutait de l'eau ou du lait pour en faire une bouillie ou de la polenta, les deux plats les plus répandus pour le peuple. Dans les bouillies, on trouvait aussi des fèves, des pois, des pois chiches, des lentilles, des glands grillés. L'apport en protéines végétales était important[28, 500'].

Les deux viandes les plus répandues étaient le porc et le mouton[500']. L'élevage de ces deux animaux était important tout comme celui des chèvres et des bœufs. Les chèvres étaient destinées à la production de lait dont les Étrusques se servaient à la fois dans les bouillies et pour faire du fromage. Quant aux bœufs, leur viande était peu consommée et les Étrusques s'en servaient surtout pour les tâches agricoles[28]. En plus de l'élevage, les Étrusques pratiquaient la chasse dans cette région alors très giboyeuse, mais la part de la chasse dans l'alimentation était mineure car elle était surtout pratiquée comme une distraction[28]. L'Étrurie était bordée par la mer Tyrrhénienne et avait développé une activité de pêche : poissons et fruits de mer faisaient aussi partie de leur alimentation[28]. Ils disposaient d'une gamme d'ustensiles assez élargie pour la cuisine : passoires, couteaux, broches, grils et râpes à fromage notamment[28].

À la différence des Grecs et des Romains, qui ne prenaient d'un gros repas par jour et ensuite des encas[28], l'élite étrusque prenait deux grands repas qui étaient en fait des banquets. Comme en atteste l'art étrusque qui comprend de nombreuses représentations de festins sur les tombes et autres œuvres, les banquets étaient centraux dans leur culture. Ils comprenaient deux parties. Au

cours de la première, on mangeait abondamment, puis
venait une fête où musiciens et danseurs se produisaient
devant les convives qui buvaient de l'alcool et jouaient[500'].

À Rome, manger pour dominer

Au début de la puissance de Rome, comme chez les
Grecs, le sacrifice d'un animal donné à manger aux
dieux est l'armature symbolique de la vie sociale et
politique, la clé de voûte de la religion d'État. Les événements « sociaux », comme le recensement de la population (la période de cinq ans qui les sépare, le « lustre »,
désigne par extension la cérémonie de purification qui a
lieu à ce moment-là), sont systématiquement associés au
sacrifice d'un taureau et d'une brebis. Une procession
précède le sacrifice pour faire étalage d'un ordre social
apaisé. Le sacrifice est suivi d'un banquet, qui réunit les
citoyens. Ces banquets religieux perdent en importance
tout au long de la République, puis sous l'Empire[331].

Les banquets deviennent ensuite essentiellement privés,
chez les riches ; et, à Rome comme ailleurs, la conversation, plus que la nourriture, en est la raison d'être. Ils
sont servis dans le *triclinium* (salle à manger composée de
trois lits pour la famille et les invités et d'une banquette
pour le service). Sous la République, dans les grandes
villas des puissants, les femmes sont assises aux pieds des
hommes ; sous l'Empire, elles peuvent s'allonger sur des
banquettes, ce qui était censé éviter d'âpres discussions
entre les hommes sur la politique ou la guerre[332].

On juge de la qualité d'un banquet à la présence
d'épices, de mets exotiques comme de nouveaux fruits
(cerises, pêches, mûres…) et des viandes qui n'étaient pas

consommées jusqu'alors (flamant rose, chevreau, paon…).
On y utilise des fourchettes à deux pointes et des cuillères
circulaires dont certaines ont été retrouvées à Pompéi.
Ces banquets s'accompagnent de divertissements en
tous genres (chanteurs, harpistes, acrobates, imitateurs).
L'empereur Claude a laissé l'image d'un bon vivant, avec
les quantités astronomiques d'aliments qu'il faisait servir
lors de ses banquets. Au IIe siècle, l'empereur Héliogabale
organise des repas de 22 services. Marcus Gavius Apicius,
riche noble et gastronome romain qui vécut à la cour de
Tibère, emploie toute sa fortune à découvrir, expérimen-
ter et partager des savoirs culinaires. Il a notamment l'idée
de cuisiner les langues de flamants roses[431].

Hors de ces banquets d'exception, les Romains ne
font qu'un vrai repas par jour : le petit déjeuner (*jentaculum*) est frugal, réduit à un verre d'eau et à avaler un
morceau de pain, du fromage et quelques olives pour les
plus riches ; le déjeuner (*prandium*) est facultatif ; le dîner
(*cena*), lui, pris vers 15 heures, est un repas complet[28].

Au Ve siècle avant notre ère, la nourriture du peuple
de Rome est assez proche de celle qu'on trouve à la
même époque en Grèce : le pain (orge, blé, froment)
est encore l'aliment de base, avec seulement un peu plus
de viande qu'en Grèce ; et aussi huile d'olive et vin[332].

L'alimentation à Rome

Rome assoit sa domination sur l'Étrurie au cours
du IIIe siècle avant notre ère[499'], et prend rapidement
conscience de l'importance de la région pour assurer
sa sécurité alimentaire. Ainsi, les villes d'Orvieto et de
Chiusi fournissent d'importantes quantités de blé à

Rome qui s'en sert pour ravitailler son armée en pain, aliment le plus consommé par le légionnaire[501'].

L'importance de l'élevage du porc sous la République romaine est un héritage direct des étrusques[501']. Mais ce n'est pas le seul héritage des étrusques, le repas pris allongé aurait déjà été une pratique dans les banquets étrusques[502'].

À Rome, la journée s'organisait autour de trois petits repas : celui du matin, le *jentaculum*, celui du midi, le *prandium*, et celui du soir, la *cena*. Les codes autour de ce dernier repas quotidien attestent de son importance dans la culture romaine. On s'allonge sur le côté gauche, sur des couchettes disposées dans une pièce spéciale (le *triclium*) et on mange avec la main droite à l'aide d'une cuillère. Avant de s'allonger, on se déchausse, on enfile une toge blanche, on retire ses bagues et on se lave les mains. On répète cette dernière opération plusieurs fois au cours du repas[502'].

Sous la république, l'alimentation romaine est simple et frugale. On mélange peu les saveurs et la préparation des plats est légère. On mange la plupart des aliments sous leur forme naturelle. Les céréales, la viande de porc constituent la base de l'alimentation. On agrémente la viande de légumes comme les lentilles, les poireaux et les asperges et parfois d'une sauce. La principale sauce, la plus répandue, est le garum, obtenue en laissant macérer des maquereaux dans de la saumure. Il faudra attendre les conquêtes et les contacts avec l'Orient pour voir l'alimentation se diversifier et les plats se complexifier[502'].

À partir du IIe siècle avant notre ère, la nourriture populaire à Rome évolue, avec de plus en plus de légumes bouillis, comme le chou, le fenouil, le concombre et les châtaignes[3].

À la différence de la Grèce, la viande rôtie est le plat de l'homme fort et donc du puissant. La viande principalement consommée à Rome est le cochon ; hérité des Étrusques, l'élevage des porcs permet un apport en protéines absent en Grèce ; pour Cicéron, dans *De natura deorum*, c'est même le seul animal consommable, le bœuf et le mouton étant interdits en raison de leur utilité sociale. Les Romains les plus aisés consomment aussi des produits de la chasse (faisan, perdrix, sanglier). Le poisson est un mets particulièrement apprécié, qu'il soit d'eau douce ou venant de la mer[3].

Les empereurs distribuent exceptionnellement gratuitement du porc et du pain au peuple pour maintenir l'ordre social. Sous Auguste, il existe plus de 300 boulangeries à Rome. Ce pain est souvent accompagné d'olives ou de figues.

Au contraire des soldats grecs, les légionnaires romains mangent de la viande séchée et du fromage ; mais le rationnement conduit à des carences alimentaires importantes[79].

Les Romains ne cuisinent pas. S'ils sont riches, ils ont leurs cuisines et leurs cuisiniers dans leurs villas. S'ils ne le sont pas, ils sont en général logés dans des immeubles à plusieurs étages[70] ; la plupart des appartements sont dépourvus de cuisine[310]. Pour manger, ils font appel à des marchands cuisinant dans la rue : poisson frit, brochettes de bœuf, oiseaux rôtis. Les débits de vin, les hôtelleries et les tavernes sont innombrables. Ils ne sont fréquentés que par les pauvres et les marins, et la police surveille très étroitement ce qui s'y dit[79]. Il est d'ailleurs interdit à un sénateur d'épouser une fille d'aubergiste.

Les bateaux de commerce arrivant au port d'Ostie ou à celui d'Emporium apportent à Rome du blé africain, des épices d'Asie, du vin grec, de la viande espagnole, de la charcuterie gauloise, du safran, du sucre, du poivre, du gingembre. Pour ces produits venus de loin, la principale crainte est le pourrissement et les maladies qu'ils peuvent causer. On retrouve des traces de fumage notamment pour les olives, les légumes et les poissons.

Les soldats romains découvrent en Syrie que l'alimentation y est considérée comme un art. Ils en rapportent des épices, très prisées des riches – le mot « épices » viendrait du latin *species*, qui signifie « denrées » ou « drogues ». Ils rapportent en particulier le poivre, si cher qu'il sera longtemps utilisé aussi comme monnaie[432]. Là encore, une épice qu'on suppose être aphrodisiaque.

La médecine romaine, comme la médecine grecque avant elle, s'intéresse à la nourriture. Pour les médecins romains, le pain est l'équilibre parfait des différents composants existant dans la nature (chaud, froid, sec et humide). D'Aulus Cornelius Celsus (env. – 29-env. 37), encyclopédiste romain vivant au temps d'Auguste, on connaît le *De re medica*, qui compile les enseignements médicaux grecs et romains depuis Hippocrate et classe les maladies en trois catégories : celles relevant du régime alimentaire et de la nutrition ; celles dont la guérison nécessite des médicaments ; et celles devant être traitées par la chirurgie. Il écrit, dans le livre II de son *De re medica*, que « le pain contient plus de matière nutritive que tout autre aliment ». « Bouillons et de l'eau mélangée de miel, dont trois coupes suffisent l'hiver et quatre l'été »[28]. On pratique aussi encore l'anthropophagie, pour de prétendues vertus médicinales et raffermissantes. Pline l'Ancien explique que des épileptiques s'abreuvent du sang de gladiateur agonisant ou tout juste mort. Des scènes d'anthropophagie sont également relatées pendant les bacchanales, fêtes en l'honneur du dieu Bacchus.

Chapitre 3

Naissance et gloire
du repas européen

Du Ier siècle au milieu du XVIIe siècle

Le repas européen se forme alors en quelque quinze siècles comme une confluence de mille et une pratiques, qu'il avale et fait siennes. D'abord grec, puis romain, puis arabe, puis italien, puis français, en incorporant d'innombrables pratiques ou produits venus d'ailleurs, il s'installe progressivement comme l'archétype de ce qui deviendra plus tard le modèle du repas mondial, en organisant, pour tous, les lieux de conversation qu'il rend possibles.

Avant l'arrivée des Romains, les Gaulois mangent plus de viande qu'aucun autre peuple européen. Ils sont en particulier connus sur le continent pour la qualité de leur charcuterie. Polybe, un historien grec du IIe siècle avant notre ère, les décrit comme « ne mangeant que de la viande, pratiquant seulement la guerre et l'élevage, menant une vie primitive[149] ». En fait, ils mangent surtout du cochon ; et peu de sanglier, symbole de force et de courage, tantôt chassé, tantôt domestiqué, mais dont l'importance dans le régime alimentaire a été surestimée[351]. Le cochon est aussi utilisé comme unité de mesure pour les échanges. Les farines des

Gaulois ne leur permettent pas de cuisiner du pain à pâte levée, mais seulement des bouillies et des galettes. Ils connaissent le vin et le foie gras et mangent quatre fois par jour.

Le chef gaulois, comme les autres chefs avant lui, affirme sa puissance en offrant d'énormes quantités de nourriture et de boissons à son peuple dans de gigantesques repas, où les convives sont assis autour d'une longue table. Les banquets jouent le même rôle de sociabilité et de gouvernance sociale que dans les civilisations antérieures.

Quand Rome s'installe en Gaule, la population gauloise change d'habitudes alimentaires : comme à Rome, on mange désormais surtout du pain, dans un seul repas quotidien, et la plupart du temps couché. Et réciproquement, les Romains empruntent aussi des nourritures aux Gaulois : un fromage produit à Nîmes (futur roquefort) est mentionné par Pline l'Ancien ; le foie gras d'oie est perfectionné par les Romains dans le sud-ouest de la Gaule. Les Romains exportent la vigne en Provence et dans le Languedoc ; et quand les vins gaulois séduisent aussi Rome, vers l'an 90 de notre ère, des vignerons italiens demandent – en vain – à l'empereur Domitien d'ordonner la destruction des vignes gauloises.

Dans l'Orient de l'Empire romain, le repas ressemble encore au repas grec : céréales (blé, froment, orge et seigle), fruits et légumes frais et secs, poisson, fromage, miel et beurre. L'huile d'olive accompagne tous les plats. La viande (poulet, mouton, agneau et porc) est réservée aux très riches[102]. Le sucre de canne importé de la vallée de l'Indus est encore réservé aux groupes les plus privilégiés.

Le basculement chrétien : manger Dieu

Quand la religion chrétienne s'installe à Rome, puis dans l'essentiel de l'Empire romain, elle reprend beaucoup des rites et pratiques de la religion romaine et du judaïsme.

Conformément aux règles du judaïsme, le christianisme remplace le sacrifice sanglant des Romains par une bénédiction sur le pain et le vin, mais avec moins de prières que ne l'exige le judaïsme.

Au début, l'Église interdit, comme le judaïsme, de manger des animaux non saignés ou non tués par l'homme ; ainsi que certaines espèces dites dangereuses comme les renards, les rats et les lièvres. Elle n'interdit pas le porc. Puis, comme dans la religion romaine, et à la différence de la religion juive, elle lève progressivement tous les interdits alimentaires. « Rien d'extérieur à l'homme ne peut le souiller en le pénétrant, par contre, ce qui sort de l'homme, voilà ce qui souille l'homme[65] » (Matthieu, VII, 15).

Il s'inspire aussi du culte de Mithra (lié au zoroastrisme, courant religieux né au VIIe siècle avant notre ère, en Inde, et qui cohabite avec le christianisme dans l'Empire romain avant de disparaître), qui célèbre son dieu par l'offrande du pain et du vin : « Celui qui avale mon sang demeure en moi et je demeure en lui. » Tertullien et Justin de Naplouse font remarquer que les sacrements chrétiens ressemblent plus à ceux du culte de Mithra qu'à ceux de la Pâque juive.

La modération et le jeûne sont aussi encouragés ; la gourmandise fait partie des 7 péchés capitaux. La viande et l'alcool sont déconseillés le mercredi et le vendredi, et interdits durant le carême. Au IIᵉ siècle, au temps de saint Irénée, évêque de Lyon, le carême dure un ou deux jours. À Alexandrie, au milieu du IIIᵉ siècle, on jeûne toute la Semaine sainte. Au IVᵉ siècle, on trouve trace du carême dans un canon du concile de Nicée (325) qui parle de quarante jours de jeûne ; pendant toute cette période, les fidèles ne doivent prendre qu'un repas par jour, composé de pain, d'eau et de légumes. À la fin du IVᵉ siècle, l'Église de Jérusalem remplace les quarante jours de jeûne par un carême de huit jours. Au Vᵉ siècle à Rome, puis en Gaule, on jeûne le samedi pendant six semaines[396, 397]. L'interdiction de la viande le vendredi est une coutume tardive mise en place pour des motifs de santé et de pénitence. Quant à la consommation de poisson le vendredi, elle est plus récente encore. Si le repas de la Cène est classiquement représenté avec du poisson, aucun des Évangiles ne mentionne autre chose que du pain et du vin : le poisson est probablement davantage une réinterprétation fondée sur l'épisode de la multiplication des poissons par Jésus pour nourrir une population d'affamés, et sur la symbolique christique du poisson, dont les initiales en grec correspondent à celles de Jésus, Fils de Dieu, le Sauveur.

En 866, le pape Nicolas Iᵉʳ, dans sa *Responsa ad consulta Bulgarorum*, reconnaît le droit de manger, hors le vendredi, tout type de viande, achevant ainsi de rompre avec les interdits alimentaires du judaïsme. Pour se rapprocher des paysans et des pauvres, les moines refusent de manger de la viande. Les ermites consomment majoritairement des plantes sauvages, image d'un Éden perdu.

L'Église interdit aussi aux membres du clergé de séjourner ou de fréquenter les tavernes, sauf en voyage et en cas de nécessité absolue.

Au Haut Moyen Âge : carnaval et carême

À partir du VIe siècle, des banquets permettent aux premiers rois itinérants de la dynastie mérovingienne de rassembler autour d'eux la noblesse et les paysans riches des villages qu'ils visitent. À la différence des Gallo-Romains, qui mangeaient couchés, les seigneurs mérovingiens mangent, comme les Gaulois, assis ; la nourriture leur est servie sur des planches de bois posées sur des tréteaux[4]. Ils utilisent parfois des couteaux pour ne pas trop se servir des mains, considérées comme impures. Les hommes, les femmes et les enfants mangent à la même table[4].

Comme à Rome, le Haut Moyen Âge européen voit en la viande rôtie le plat de l'homme puissant. Chez les riches, on sert la viande sur un tranchoir, grande tranche de pain imbibée de sauce ; et on distribue les restes aux pauvres et aux chiens accourus aux portes des demeures[247].

À partir du VIIIe siècle, en Gaule, le cochon est de nouveau présent dans nombre de plats : à la coriandre, avec une sauce au vin, mariné, en sauce et au thym ou grillé ; on le mange aussi cru, ou sous forme de lard et de charcuteries ; il redevient une unité de mesure pour les échanges[4]. Les seigneurs mangent aussi du gibier, rôti ou grillé ; tandis que les paysans ne mangent que très rarement de la viande, et toujours en bouillie[28].

La punition d'un vassal, par son seigneur ou par l'Église, peut être de lui interdire la consommation de viande pendant un temps ou à vie. À l'époque carolingienne, l'interdiction de manger de la viande est notamment appliquée aux hommes qui n'ont pas servi dans les armées[147].

On mange du poisson, au moins les vendredis : poissons de rivière, de lac ou de haute mer ; les pêcheurs vont chercher de plus en plus d'espèces lointaines ; les Basques remontent jusqu'en mer du Nord pour trouver de la morue, poisson très recherché des riches Carolingiens. Le hareng pêché en mer du Nord et sur la Baltique permet d'éviter plusieurs famines.

On importe aussi d'Asie, par la terre, pour les riches, poivre, sucre, gingembre, girofle et muscade. La route conduit jusqu'à la Chine en passant par l'Inde, l'Égypte et la Perse et le monde arabe et en en rapportant des produits au passage. La route de la soie est d'abord une route des épices.

L'anthropophagie doit être encore pratiquée puisque, en 789, Charlemagne la punit encore de la peine de mort.

En islam : manger est un bienfait de Dieu

Dans le monde arabe, avant l'arrivée de l'islam, l'alimentation de base est faite de lait de chameau et de chèvre, et de dattes. La préférence va vers une nourriture épaisse, des aliments très cuits, avec des sauces, aux saveurs fortes, tels harissa et isfidbadj[28]. Les Arabes réservent la viande aux jours de fête ; ils se la procurent grâce à la chasse aux chèvres sauvages, aux

buffles, aux zèbres, aux gazelles, aux autruches, aux
lièvres, aux perdrix, aux lézards et aux sauterelles[248].
La viande de chameau est aussi très recherchée. Les
bovins servent à labourer. Les légumes ont une place
importante dans l'alimentation des gens modestes ; ils
remplacent les céréales en temps de disette. En Égypte,
on consomme surtout des lentilles, des fèves, des pois
chiches. Le couscous (fait avec de la semoule de blé)
apparaît au IIe siècle avant notre ère dans le royaume
berbère ; il se répand vite dans tout le monde arabe.
Les Arabes consomment alors aussi beaucoup d'alcool.

Quand commence l'islam, la nourriture est considérée comme un bienfait de Dieu dont il faut user avec
modération. La religion nouvelle demande au fidèle
de faire une prière avant le repas et une autre après.
Sont interdits la nourriture crue, le porc, le cheval, les
animaux domestiques (comme chiens et chats) et les
animaux non sacrifiés pour Dieu. Avant de consommer
un animal, il faut s'assurer qu'il a été abattu selon des
règles précises. Tout ce qui sort de la mer est autorisé (*halal*), mais les poissons sont considérés comme
ayant une faible valeur diététique et gastronomique[28].
Le Prophète interdit l'alcool, qui peut rendre belliqueux
et provoquer des disputes entre fidèles. De manière
générale, un fidèle doit éviter la consommation de produits dangereux pour sa santé.

En 642, les Arabes prennent le port d'Alexandrie, où
passe depuis des siècles une grande partie du commerce
des épices et du sucre. Certaines viennent d'Indonésie
et de Chine. La majorité d'entre elles viennent du
sous-continent indien et transitent par la Perse, apportées par des marchands arabes installés notamment en
Somalie. Le musc, pour les plus riches, l'eau de rose,

plus accessible, ainsi que le safran, la cannelle, le clou de girofle et la cardamome.

L'aubergine, qui vient d'Inde et de Chine, est introduite par les Arabes au Moyen-Orient au IXᵉ siècle, puis elle arrive en Europe[98]. L'huile d'olive est produite au Maghreb, en Andalousie et en Syrie[28]. Les Arabes font venir du riz d'Asie. Ils consomment aussi des fruits secs : dattes, raisin, amandes, noix, pistaches.

Et surtout, du sucre et du miel, encore rares et chers. Les Arabes développent avec cela une gastronomie très inventive, très raffinée, reposant sur des associations de saveurs inconnues des Européens. Les auteurs arabes de l'époque classent les ingrédients en plusieurs catégories : les épices, les grains, les légumes, le sel et le poivre. Chez les riches de la région, les fruits frais sont très appréciés ; on importe pour les princes de Damas des raisins, des prunes et des melons dans des boîtes de plomb avec de la glace[28]. Des biscuits (à base de semoule de blé, d'amande, de pistaches, de noix) et des beignets (on y trouve de la cannelle, du miel, du safran, du sucre, des dattes, de l'eau de rose) servent de provisions pour les voyageurs. On fabrique aussi des nougats à base de miel et de noisettes, et des gâteaux à base d'amidon, dits loukoums[28].

Les boissons à base de fruits et de sucre sont très appréciées. Au début du XIIᵉ siècle, des documents provenant de la Guenizah du Caire attestent du commerce dans toute l'Égypte de *qatarmizat* (limonade), boisson sucrée à base de jus de citron[243]. On boit aussi de l'eau de rose.

Les céréales et le riz sont souvent stockés dans les silos enterrés ; la conservation des viandes est faite par séchage ; le poisson est salé ; le fumage n'est pas une méthode très utilisée. Les denrées sont mises à l'abri de l'air par un enrobage de graisse, de miel ou de sucre[28].

Quant aux pâtes sèches que l'on fait cuire dans de l'eau portée à ébullition, elles sont probablement arrivées en Italie d'abord en Sicile et sont originaires du monde arabe. Les commerçants arabes en emportaient avec eux et les consommaient tout au long de leurs voyages car elles se conservaient très bien. Le géographe Al-Idrisi originaire de Ceuta et qui a vécu à la cour du roi Roger II, fondateur du royaume de Sicile au XIIe siècle relate que les pâtes sèches étaient produites dans la ville de Tribia (Sicile) à proximité de Palerme[17', 503'].

On trouve aujourd'hui une multitude de recettes à base de pâtes en Italie, chaque région ayant ses propres spécialités. À Venise, on cuisine les spaghettis alle vongole, c'est-à-dire avec des palourdes assaisonnées de vin blanc, d'ail et de persil[504'].

Dans les familles les plus modestes, c'est la femme qui cuisine. Chez les princes, un maître de cuisine veille à la qualité des produits ; il est en charge d'éviter les vols et les gaspillages et surtout de gérer la hantise du maître de maison d'être empoisonné.

À partir du VIIIe siècle, les Arabes utilisent des couteaux et des fourchettes pour découper leur nourriture, prise dans un plat unique, qu'ils portent ensuite à la bouche avec leurs doigts. Vers le IXe siècle, ils utilisent parfois des cuillères à soupe.

Se priver de manger à intervalles réguliers est, dans l'islam comme dans les religions précédentes, une marque de dévotion. Le mot *ramadan* (qui signifie, en arabe, « grande chaleur ») désigne le neuvième mois du calendrier musulman, la période durant laquelle le Coran a été révélé au prophète Mohammed : « Les feuillets d'Ibrahim ont été descendus la 1ʳᵉ nuit de ramadan, la tawrah (Torah) a été descendue à 6 passés de ramadan, et l'Évangile a été descendu à 13 jours écoulés de ramadan et le Coran a été descendu à 24 écoulés de ramadan » (hadith du prophète Mohammed, issu de Al-Mu'jam al-Kabeer de at-tabarani).

À la fin du Moyen Âge : épices et Paradis perdu

Autour du XIᵉ siècle, quand les Européens entrent en contact avec la cuisine arabe, ils en raffolent et en rapportent les recettes en Europe.

Le riz arrive en Europe au XIᵉ siècle, après que les Maures l'ont importé en Al-Andalus. La limonade se fait connaître en Europe *via* l'Empire ottoman, où elle devient extrêmement populaire[242]. Les épices, dont le sucre, éblouissent les Européens au moment des croisades.

Les croisés importent aussi le safran depuis la Terre sainte, pas loin d'être identifié, à cause de cela, au Paradis perdu. Joinville écrit dans la *Vie de Saint Louis* : « Quand vient le matin, ils y trouvent ces marchandises vendues au poids qu'on apporte ici, c'est-à-dire gingembre, rhubarbe, bois d'aloès et cannelle. Et l'on dit que ces choses viennent du paradis terrestre, où le vent les fait tomber des arbres, à la manière dont il fait tomber le bois sec dans les forêts de nos régions[435]. » Le gingembre est alors l'épice la plus utilisée en Europe. L'ail, l'oignon, l'échalote sont considérés comme des épices. Le poivre, toujours associé à d'autres épices, est encore peu utilisé dans les recettes de cuisine européenne, car il est jugé dangereux. Les Arabes inspirent aussi aux Européens l'usage des pâtes, qu'ils ont empruntées aux Chinois. La cuisine arabe devient alors la plus influente du monde. Et en particulier en Europe.

En revanche, les couverts, venus du monde arabe, ont du mal à s'imposer dans le monde chrétien : la fourchette est aussi ressentie comme non virile et trop petite pour être utile. En 1004, lors de son mariage avec le fils du doge de Venise, la nièce de l'empereur de Byzance, Maria Argyropoulina, utilise pour la première fois une fourchette pour porter la nourriture à sa bouche. Des prêtres catholiques, scandalisés par ce spectacle, disent que « Dieu a donné à l'homme des mains comme fourchettes naturelles » ; et quand, trois ans plus tard, la princesse meurt de la peste, ils expliquent sa mort comme une punition de ce péché. À la fin du Moyen Âge, la fourchette atteint l'Italie par Constantinople et se répand dans le reste de l'Europe[28].

C'est alors pour les besoins de l'alimentation qu'apparaissent les principales innovations du moment : la jachère triennale pour cultiver la terre, le moulin à vent[34] pour moudre le grain, le gouvernail d'étambot pour faciliter le commerce du blé à travers les ports baltes[11].

Les paysans mangent toujours des haricots, des fèves, des choux, des raves, des oignons, des galettes, du pain, des navets. Le riz venu par les Arabes est d'abord cultivé en Castille, en Andalousie et en Catalogne. Pour les grandes occasions, les paysans mangent des animaux de basse-cour, des vaches de réforme, des œufs, du lait caillé, du poisson salé. Ils créent de très nombreux plats (andouillette, pâtés, saucisses) utilisant toutes les parties des rares animaux auxquels ils ont accès. Le braconnage reste puni de mort. On mange du poisson frit sur les côtes, en particulier en Espagne et au Portugal. On retrouvera au XVe siècle en Angleterre des recettes de poissons frits dans une panure à base de pain, censée en conserver la chair, qui dérivent du *pescado frito* importé par les immigrés juifs portugais et espagnols ayant fui les persécutions de l'Inquisition catholique. Cela donnera, bien plus tard, le *fish and chips*[311].

Chaque village, chaque monastère produit son propre fromage.

Comme par le passé, plus l'aliment vient de haut, plus il est « réservé » à la haute société : la volaille est davantage prisée par les riches que le bœuf ou le mouton ; le gibier est la nourriture des nobles par excellence ; le paon devient l'aliment phare des chevaliers. Les seigneurs sont seuls à être autorisés à chasser grues, cerfs, sangliers, chevreuils, outardes. Les élites européennes font maintenant grand usage des épices, dont le commerce est encore dominé par les marchands arabes, qui les apportent à Venise, Gênes, Barcelone, Marseille[28].

Les boissons nouvelles exigent l'usage de sucre, qui reste un produit de luxe. Rapporté d'Asie Mineure par les croisés, il est encore considéré comme une épice et utilisé dans les mêmes sauces que le sel[28]. Ceux qui n'ont pas les moyens d'en acheter utilisent du miel.

Quelle que soit la classe sociale, les horaires des repas sont sensiblement les mêmes : déjeuner (un verre d'eau ou rien) à 9 heures, dîner au milieu de la journée, souper à la tombée de la nuit.

On commence à savoir mieux conserver les aliments ; les viandes ne sont plus, comme avant, consommées le jour même de l'abattage. On utilise diverses techniques de conservation : le sel, le vinaigre et l'huile ; le boucanage est pratiqué par les chasseurs, qui fument la viande durant des heures avant de la ramener au village. Des méthodes de salage du poisson plus élaborées sont développées par les pêcheurs hanséatiques, puis utilisées dans tous les ports européens et enfin mondiaux. Pour le poisson, le « surgissement » consiste à l'exposer à un feu de hêtre.

Puis, la recherche des épices, autant que celle de l'or et de l'argent, va lancer les Européens plus loin, vers la conquête de l'Asie, sur les routes de la soie. D'abord, les Vénitiens et les Génois par la terre, puis par la mer. Et, toujours par la mer, les Portugais et les Espagnols, puis les Hollandais et les Anglais[11].

Hôtels, auberges : manger en voyage

Manger est toujours l'occasion de rencontres et de conversations. Et d'abord en voyage. Partout dans le monde.

En Chine, au XIe siècle, sous la dynastie des Song, les nouilles, nourriture autrefois réservée à la haute société aristocratique, sont servies à tous dans des auberges qui se développent dans tout le pays[33]. Les villes européennes en plein essor, comme Paris, voient aussi éclore un grand nombre d'échoppes proposant tourtes, flans et galettes, notamment prisés par les pèlerins[18].

En Europe, à partir du XIIe siècle, le mot « hôtel » apparaît avec les institutions religieuses, tournées vers l'hospitalité. Le long de voies de communication encore très dangereuses, des tavernes offrent des vivres et le gîte ; des maisons privées se transforment en maisons d'hôtes. Parfois même des villages se forment autour d'elles. En France et en Italie, ces premiers hôtels sont reconnaissables à des symboles particuliers : couronne, rameau vert, cercle de tonneau et banderoles et, parfois, les Rois mages ; ils proposent du vin et de la bière, commerce dont les autorités, qui en définissent le prix et le débit autorisé, tirent un impôt[28].

Ces hôtelleries sont d'abord très rudimentaires et n'offrent que des lits collectifs. Les aubergistes doivent respecter une limite du nombre de clients en fonction du nombre de lits et rendre compte aux autorités du nom des visiteurs y passant la nuit[28]. La police royale surveille ces lieux, où les gens peuvent se parler très librement.

À partir du XIVe siècle, en France, en Italie et en Angleterre, les hôtels commencent à proposer des chambres individuelles fermant à clef (avec lits et armoires), des salles de séjour et des salles à manger. Les plus petits de ces hôtels ont entre dix et vingt chambres ; les plus grands une soixantaine. Il y en a entre deux et dix dans les gros villages ; une vingtaine dans les villes moyennes ; et jusqu'à cent dans les grandes villes[28].

Jusqu'à la fin du Moyen Âge, les repas proposés dans ces hôtels sont très rudimentaires (fromage, pain, peu de viande). En 1335, le roi de Norvège ordonne la création de tavernes le long des villes et voies de communication[28].

Du XIVe au XVIe siècle,
triomphe de la cuisine italienne

L'Italie s'éveille. Venise et Gênes deviennent de très grandes puissances.

Au XIVᵉ siècle, la cuisine dominante en Europe est encore largement d'influence arabe. Le premier grand livre de recettes d'Europe, le *Liber de Coquina*, est publié vers 1300 ; son auteur, inconnu, est probablement originaire de la cour des Angevins du royaume de Naples ; il s'agit, selon toute vraisemblance, de la copie d'un traité de diététique rédigé au début du XIIIᵉ siècle par le médecin et philosophe Théodore d'Antioche à la cour de Sicile de l'empereur Frédéric II, très largement inspiré des Arabes[398].

Le mot « banquet » apparaît à ce moment en France, dérivé de l'italien *banchetto*, qui signifie « festin », et qui dérive lui-même de *banco*, le « petit banc ». (Banquet et banque ont donc la même origine étymologique.) Signe de l'influence croissante de la gastronomie italienne, qui reprend des sources dans la cuisine latine et utilise ce qu'elle a appris de la cuisine arabe.

Au début du XIVᵉ siècle, le traité d'Apicius (*De re coquinaria*), seul grand livre de recettes de l'Antiquité romaine, est encore une référence, en particulier chez les doges de Venise.

Les diététiciens italiens du XIVᵉ siècle, comme les Grecs et les Latins, classifient les aliments selon leurs caractéristiques physiques (chaud, froid, tempéré, humide, sec). Le plus influent d'entre eux, Magninus de Milan, édicte, dans son *Opusculum de saporibus*, les principes de cuisson des viandes, poissons et volailles selon leurs caractéristiques physiques. Les viandes grasses (donc humides) doivent être rôties, car cela les dessèche, alors que les viandes maigres (donc sèches) doivent être bouillies. Le bœuf, viande sèche, doit donc être consommée bouilli, et accompagné d'une sauce « chaude » (comme une poivrade au safran)[28]. Il ajoute,

dans son *Regimen sanitatis*, qu'un plat est d'autant plus
digeste qu'il est bon. Pour lui, certains aliments néces-
sitent plus de sel que d'autres : « Les aliments humides
et excrémenteux, et avec eux cela grossiers [comme le
porc], ont plus besoin de sel[28]. » Le sel a une valeur
« purgative, resserrant ou astrictive » ; il permet aussi
de préserver les viandes et poissons. Les substances qui
n'ont pas de saveurs froides ou chaudes ne peuvent servir que de médicaments ou de condiments. Selon Joseph
Duchesne, les fruits doivent être consommés dans un
ordre strict : en entrée, les fruits légers (abricots, cerises,
pêches, etc.) et les fruits froids et/ou putrescibles (cerises
douces, prunes, abricots, pêches, figues) ; les pommes,
les poires, les châtaignes doivent être consommées en
fin de repas, car elles sont considérées comme empêchant les autres aliments de remonter vers la bouche.
Les pommes et les poires doivent être cuites et épicées.
Le melon, réputé le fruit le plus dangereux, doit être
mangé avec du fromage, ou avec une viande salée ou
sucrée, mais jamais seul[28].

Un peu plus tard, l'imprimerie et la Réforme protes-
tante (qui lui est liée) rompent l'unité alimentaire du
Moyen Âge que maintenaient encore les réglementations ecclésiastiques. Elles participent ainsi ensuite gran-
dement à la création d'identités alimentaires nationales,
comme à la promotion de toutes les autres dimensions
des cultures nationales.

Des traités culinaires écrits par des cuisiniers profes-
sionnels et employés dans des maisons aristocratiques
sont imprimés et répandus en Angleterre, en France
et en Italie. Influences arabes, espagnoles, italiennes et
françaises se mêlent et se combattent.

Le premier livre de cuisine imprimé, *Le Vivandier* (1486), est écrit en français par un certain Guillaume Triel, connu sous le nom de Taillevent, et cuisinier du roi français Charles V ; il respecte les interdits dictés par les diététiciens grecs et latins, comme celui de ne pas mélanger le lait avec le poisson, interdit mentionné aussi à la même époque par le médecin espagnol Petro Flageola dans *Régimen condit*. Il se distingue des recettes du Haut Moyen Âge pour reprendre des recettes italiennes[28].

Charles Quint, lui, reste fidèle aux règles monastiques les plus strictes : il soupe, où qu'il soit, avec des moines et se moque des traditions culinaires françaises et en particulier de l'habitude de prendre trois repas (qu'il dit être le modèle alimentaire des enfants)[4].

L'influence arabe est encore très présente : jusqu'au milieu du XVIe siècle, les deux tiers des recettes portent encore la trace de l'influence orientale et utilisent des épices, dont la nature est encore un marqueur de statut social : plus le plat contient d'épices diverses et plus le rang est élevé. On utilise aussi du vinaigre (entre 23 et 31 % des recettes selon les recueils) et du verjus (entre 33 et 43 %). Le vinaigre est moins utilisé pour la viande de boucherie (entre 18 et 36 %) que pour les abats (entre 40 et 100 %) ; mélangé avec du sucre, il est censé aider à la digestion[28].

Peu à peu, l'Italie (celle de Venise, de Rome, de Naples, de Gênes, de Milan) offre aux peuples d'Europe des pizzas (venues on ne sait d'où) et des pâtes venues de Chine par l'Arabie ; et elle offre aux riches la nouvelle référence en gastronomie : elle propose des crépines de foie de veau, des beignets d'artichaut, des macarons, des truffes d'Alba, des crêtes-de-coq. Un des livres de

cuisine les plus importants de l'époque est celui de
Bartolomeo Scappi, cuisinier des papes Pie IV et Pie V,
en 1570. Il y décrit en particulier le parmesan comme
le « meilleur fromage du monde[28] ».

Certains proverbes italiens, français et anglais répètent
encore des interdits très anciens qui façonnent toujours
la diététique européenne : ils mettent en garde contre le
poisson, jugé froid et humide : « Oncques Dieu ne fit tel
mariage comme de poire et de fromage » (XIIIe siècle) ;
« Après la poire, le vin » (XVe siècle). Le vieux fromage,
jugé chaud et difficile à digérer : « *Cheese digests all
things but itself* » (1566). « Sur poyre vin boire » (1577) ;
« Chair fait chair et poisson poison » (1578) ; « Le poisson qui naît dans l'eau doit mourir dans l'huile » (1578).
Les salades sont jugées froides et difficiles à « cuire » :
« De la salade et de paillarde, si tu es sage donne t'en
garde » (Meurier, 1578) ; « Qui vin ne boit pas après
salade est en risque d'être malade » (1579). Contre les
fruits : « De bon fruit, méchant vent et bruit » ; « *After
the pear, wine or priest* » (1584). Et : « *After cheese
comes nothing* » (1623)[28].

Pendant ce temps-là, les conditions de production
agricoles se modifient preque partout en Europe. La
transformation des méthodes de production, la suppres-
sion des jachères, les cultures périodiques de la luzerne
et des plantes fourragères augmentent la productivité
agricole.

En Angleterre, les grands propriétaires fonciers
regroupent leurs parcelles, s'approprient les terres com-
munales, enclosent les meilleurs pâturages pour élever
leurs cheptels et produire des plantes pour l'industrie
textile, plus rentable que l'alimentation. L'aristocratie

anglaise confie ses terres en gérance à des paysans salariés. Les autres, renvoyés par les grands propriétaires, se
répandent dans les villes. De nombreuses révoltes ont
lieu alors contre ces évolutions. En 1549 à Norfolk, un
émeutier, Robert Kett, rassemble 16 000 personnes et
prend Norwich, deuxième ville d'Angleterre. Il formule
vingt-neuf revendications, dont l'arrêt des enclosures, la
baisse des rentes et la possibilité pour tous de jouir des
communaux. La répression fait 3 500 morts et Robert
Kett est pendu.

La Grande-Bretagne va désormais importer l'essentiel
de sa nourriture, comme beaucoup d'autres pays européens, qui choisissent de plus en plus d'utiliser leurs
terres agricoles pour des productions autres qu'alimentaires. À l'exception de la France.

L'exception française

La France reste, elle, plus que jamais une nation
rurale et agricole. L'agriculture y produit d'abord
pour l'alimentation. La table française, qui s'inspire des
idées de rationalisme et d'humanisme apportées par la
Renaissance, se démarque désormais à la fois des traditions catholiques et de celles de ses voisins protestants :
en France, la table espagnole est considérée comme trop
excessivement pieuse, notamment sous Charles Quint,
et la table anglaise est rejetée à la fois en raison de la
politique anticléricale de la monarchie anglaise, et pour
ses étranges alliances de saveurs.

Le repas royal français en est l'exemple extrême, le
modèle pour les riches comme pour les pauvres du
royaume. Dans la centralité française, il est le lieu d'où

tout part. Au début du XVIᵉ siècle, Louis XII commence ses repas par des fruits cuits, puis des pâtes,
des potages, des poissons, des rôtis (six différents), des
fruits confits. Son successeur Francois Iᵉʳ se nourrit de
tous les légumes et tous les animaux qui s'élèvent vers
le ciel : paons et gibiers. Et aussi d'artichauts, de poires,
de poissons d'eau douce, de rôtis. Et en guise de dessert
(qu'on nomme « issue de table ») : des fruits confits,
des gâteaux à la moelle de bœuf et des pâtisseries aux
amandes et au miel. Des fraises proches de celles qu'on
connaît aujourd'hui (et bien plus grosses que les fraises
des bois consommées depuis la préhistoire) ; depuis le
XIVᵉ siècle, 12 000 fraisiers sont plantés dans le jardin
du palais du Louvre où résidaient les rois.

Les repas restent le lieu des grandes négociations. Ainsi,
pendant la rencontre du camp du Drap d'or entre François
Iᵉʳ et Henri VIII, respectivement rois de France et d'Angleterre, du 7 au 24 juin 1520, on assiste à un enchaîne-
ment de festins. Au cours des premières quarante-huit
heures, deux cent quarante-huit plats sont servis. Deux
mille moutons, sept cents anguilles de mer, cinquante
hérons, du bordeaux, du clairet, du vin de Malvoisie et
du bourgogne sont consommés pendant la rencontre[278].

Le sucre est encore un signe de luxe. Nostradamus le
présente, dans son *Traité des Confitures*, comme un médicament. Les nobles boivent de l'hypocras, une boisson
où macèrent clous de girofle, fleur d'oranger, cannelle,
cinnamome et sucre. On boit du vin coupé d'eau.

Sous Henri II puis Henri III, la fourchette devient
courante parce qu'on ne supporte plus de prendre de
la nourriture là où d'autres ont mis les mains.

Un peu plus tard, le 17 décembre 1600, le repas qui
suit le mariage de Henri IV et Marie de Médicis à la

cathédrale de Saint-Jean à Lyon se déroule en quatre interminables services ; les entrées (pâtés, tourtes, pâtisseries salées) ; les potages et les viandes bouillies ; les viandes rôties (chapons, poulardes, gibiers et pâtés) ; les desserts (gelées, crèmes, pâtes de fruits…)[279].

Le jeûne est alors considéré comme une pratique excessive ; s'invente ainsi le « jeûne gourmand » (donner au corps ce qui lui est nécessaire pour fonctionner).

Nourrir le peuple reste essentiel, comme au temps des pharaons. Et selon la formule prêtée à Henri IV : « Si Dieu me donne encore de la vie, je ferai qu'il n'y aura point de laboureur en mon Royaume qui n'ait moyen d'avoir une poule dans son pot. »

Le couteau de table devient par la suite commun. Le cardinal Richelieu, qui détestait voir ses convives se curer les dents avec leurs couteaux, bannit les couteaux pointus et la fourchette devient plus nécessaire encore.

Au XVIIᵉ siècle, la France prend le dessus

En 1650, les cuisiniers italiens sont renvoyés de la cour du roi de France. L'année suivante, Pierre de La Varenne, cuisinier du marquis d'Uxelles, dans *Le Cuisinier françois*, manuel de sept cents recettes, s'oppose à la cuisine médiévale, trop lourde, trop fastueuse et insuffisamment authentique ainsi qu'à la cuisine italienne et ses influences arabes, jugées trop lourdes. Il invente en particulier le « roux », un mélange de farine et de matière grasse qui servira de base à d'innombrables sauces ou pâtes.

Un de ses disciples, Nicolas de Bonnefons, écrit : « Il faut qu'un potage aux choux sente entièrement le chou, aux porreaux le porreau, aux navets le navet et ainsi les autres, laissant les compositions pour les Biques, Panades et autres déguisements dont on doit plustot gouster que de s'en remplir. »

En 1662 est publié, aussi en France, le premier des manuels de maître d'hôtel (*Le Nouveau et Parfait Maître d'hôtel royal*), écrit par le cuisinier du duc de Rohan, Pierre de Lune, qui considère qu'il est capable de donner de « l'âme à la table » ; il publie en 1668 *Le Nouveau et Parfait Cuisinier*, qui rend compte de l'organisation extrêmement hiérarchisée et codifiée des arts de la table en France à cette époque. À la même date paraît le premier manuel du sommelier, *L'Escole parfaite des officiers de bouche*[28].

En 1686 est ouvert à Paris le *Café Procope* par un Sicilien du nom de Francesco Procope dei Coltelli (naturalisé français, deux ans plus tôt, sous le nom de Procope Couteau)[107].

En 1709, un médecin janséniste, Philippe Hecquet, écrit la première mise en garde connue contre le sucre, dans le *Traité des dispenses du Carême* : « Sa douceur en fait le danger, parce qu'il corrige presque tous les désagréments de quelque nourriture que ce soit ; mais le piège est d'autant plus à craindre qu'il soit familier, qu'il ne cache pas moins de malignité pour être doux et agréable ; après tout l'arsenic est fresque fade, et les plus mortels poisons ne sont pas les plus déplaisants au goût. On ne saurait donc trop craindre le sucre ; s'il plaît, ce n'est que pour mieux surprendre[511]. »

Au Danemark, en Suède, en Angleterre, paraissent de nombreuses adaptations de livres de cuisine française, parfois écrites par des cuisiniers d'origine française venus s'installer dans ces pays.

La révolution venue d'Amérique :
pomme de terre, maïs et chocolat

La découverte et la colonisation de l'Amérique apportent sur les tables européennes de nouveaux éléments qui deviendront progressivement essentiels dans la nourriture des Européens.

Les conquistadors y découvrent d'abord des aliments totalement inconnus d'eux : au Pérou, les Incas mangent une sorte de pomme de terre, l'ulluco ; de la viande, en particulier des cochons d'Inde, séchée puis salée. Ils stockent de larges quantités de nourriture pour répondre à de possibles catastrophes climatiques ou à des attaques d'autres peuples.

Dès leur arrivée, les conquistadors mettent fin au cannibalisme : Bartolomé de Las Casas estime que ces sacrifices ne dépassent pas cinquante personnes par an. Le pasteur Jean de Léry, qui vécut plusieurs années avec les Tupinambas, explique que l'anthropophagie avait pour objectif de provoquer la terreur chez leurs ennemis.

Ils rapportent ensuite en Europe d'innombrables végétaux qu'il viennent de découvrir et qui vont bientôt devenir essentiels dans la cuisine européenne.

Le maïs, que Christophe Colomb découvre à Cuba en 1492, se répand en Europe à partir du début du XVIe siècle, d'abord dans les régions chaudes (Portugal, Espagne, sud de la France), puis progressivement dans tout le continent. Il est moulu pour faire des bouillies et du pain[91, 217].

La pomme de terre, venue du Pérou, arrive en Europe autour de 1570 ; elle s'impose d'abord pour nourrir les animaux en Angleterre, puis arrive en France, sous le nom de « cartoufle[214] ».

Le haricot (*ayacolt*), que Christophe Colomb découvre à Cuba, prend lentement place dans la gastronomie européenne. En 1553, le cardinal Giulio de Medici, futur pape Clément VII, en fait passer à Catherine de Médicis. Il se propage alors rapidement du fait de ses qualités nutritionnelles (riche en protéines) et de la facilité de sa culture (il pousse vite et ne subit pas les attaques des charançons)[215, 216].

La tomate, découverte aussi par Christophe Colomb et rapportée par les conquistadors, séduit les Italiens (qui créent avec une nouvelle sorte de pizza, la *rossa*). En France, elle est d'abord considérée comme toxique et utilisée comme ornement de table[329].

L'ananas, découvert par Christophe Colomb en Guadeloupe en 1493, est cultivé sous serre en Europe, notamment aux Pays-Bas et en Angleterre, où son apparence proche de la pomme de pin le fait nommer *pineapple*[352].

Le quinoa, par contre, qui sert de base à l'alimentation des civilisations précolombiennes depuis plus de 5 000 ans, et que les Incas célèbrent comme la « mère de toutes les graines », n'est pas rapporté en Europe par les conquérants espagnols, car l'écorce entourant la graine de quinoa est aigre et sa farine n'est pas « panifiable » en raison de l'absence de gluten. Les Espagnols en interdisent même la consommation et la production aux indigènes, pour la remplacer par la culture du blé.

La dinde, « poule d'Inde », découverte au Mexique par Hernán Cortés en 1520 (seul animal comestible importé venu d'Amérique), est très vite adoptée par les aristocrates européens (qui mangent déjà paons, cygnes et grues). En 1549, lors d'un banquet donné en l'honneur de la reine Catherine de Médicis à l'évêché de Paris, sont servis 70 « poulets d'Inde » et 7 « coqs d'Inde ».

Le piment, que Christophe Colomb rapporte à la cour portugaise au retour de son premier voyage, est vite considéré comme l'épice du pauvre[28].

La canne à sucre, que Colomb importe à Saint-Domingue, vient augmenter massivement la production de sucre, venant jusque-là d'Asie. La vanille est une fleur vite importée du Mexique et du Guatemala[28].

Le chocolat, découvert au Mexique en 1527 par Cortés, est alors consommé par les Mayas et les Aztèques comme une boisson coupée avec du piment[220] ; en 1585, la première cargaison de ces fèves arrive en Espagne[28] ; sa consommation se propage dans la péninsule ibérique pendant toute la fin du XVIe siècle. À la fin de ce siècle, c'est une boisson largement consommée en Espagne[28], coupée avec du miel ou du sucre. Anne d'Autriche, la femme de Louis XIII, et Marie-Thérèse d'Autriche, celle de Louis XIV, venues l'une et l'autre d'Espagne, l'importent à la cour du roi de France[28]. Il est d'abord interdit en période de jour maigre et de carême. Puis, il est dénoncé comme une nourriture aphrodisiaque par l'Église, qui en interdit la consommation. En vain ; en 1662, Nicolas de Blegny, médecin du roi, écrit un livre sur « le bon usage du thé, du café et du chocolat pour la préservation et pour la guérison des maladies ».

Deux autres boissons, qui vont elles aussi devenir essentielles, arrivent à ce même moment d'ailleurs : le café et le thé.

Le café vient d'Éthiopie et du Yémen[28]. Le mot « café » viendrait du mot arabe *qahwah* (qui désignait également le vin) ou du mot *kaffa*, du nom de la province éthiopienne d'où il est originaire. Il est expédié à partir du XIIe siècle depuis le port yéménite de Moka vers les cours du Caire et de Bagdad. Il est vite reconnu pour ses vertus stimulantes. Au XVIe siècle, Constantinople se remplit de *kahwa-kanés*, des « cafés », qui deviennent des lieux de discussion entre lettrés.

Le café arrive à Venise en 1570. Il est introduit à Marseille en 1644 et se retrouve ensuite à Paris sur les tables de la haute société, où on le mélange avec du lait. Les Hollandais et les Anglais en importent à partir de 1650[28]. En 1686, le premier « café » de Paris est ouvert par le Napolitain Francesco Capelli, rue de Tournon. On y consomme du café, du chocolat, des gâteaux et des sorbets. On y parle politique et philosophie[107]. Là encore, plus que jamais, la nourriture est liée à la conversation.

Le thé vient de Chine ; il est introduit en Europe au XVIe siècle à partir du comptoir de Macao par des marchands portugais. Puis, la Compagnie néerlandaise des Indes orientales prend le relais et l'achemine vers l'Europe. Sa consommation est attestée à partir de 1637 en Hollande, puis en France[28]. En Angleterre, il prend, vers 1730, la place du café. Au XVIIIe siècle, les Anglais deviennent les principaux importateurs et ouvrent plusieurs comptoirs en Chine, notamment à Canton. Entre 1760 et 1797, le thé représente 80 % de la valeur des cargaisons de l'East India Company[28]. L'Inde ne devient un pays producteur de thé qu'à partir de sa colonisation par les Anglais[37, 66], qui veulent s'en assurer l'approvisionnement.

Toutes ces nouveautés ont une influence majeure sur l'idéologie du moment : elles aident à valoriser ce qui vient de l'étranger, le nouveau, la découverte. Le siècle suivant va en tirer les conséquences.

Chapitre 4

Le repas français, gloire et famine

*Du milieu du XVII*e *siècle au XVIII*e *siècle*

À partir du milieu du XVIIe siècle, alors que la population mondiale atteint 550 millions de personnes, c'est au tour de la France de fixer, pour toute l'Europe, les règles gastronomiques. Elle le fait d'abord en protégeant autant qu'elle le peut son modèle agricole, ses produits et ses habitudes alimentaires, dans les campagnes et les villes, dans les fermes et les châteaux. Puis elle en théorise les principes, à l'image de son identité : la mesure, l'équilibre, la variété et la qualité.

Et, comme toujours en France, c'est d'abord au monarque de fixer la règle.

La table du Roi-Soleil, archétype de la spécificité française

Peu de monarques ont autant ritualisé leur rapport à la nourriture que le Roi-Soleil à partir de son accession au trône en 1643, et surtout à partir de 1660. Il entend que son autorité soit fondée sur l'ordre, la clarté, la symétrie et la transparence, dans tous les domaines. Et il veut donc que sa table soit un des lieux d'expression de ses valeurs et de manifestation de sa gloire. Aussi développe-t-il, avec le château de Versailles où il s'installe progressivement, un faste et une excellence culinaire très éloignés des impératifs religieux et des habitudes des rois précédents. Il organise le paroxysme de l'identité française, qu'il entend faire connaître à tous ses sujets et au monde.

À la différence de tous les autres monarques, dans toutes les autres civilisations, en France comme ailleurs, Louis XIV ne fait pas de son repas un lieu de conversation avec ses sujets, mais un lieu du spectacle de leur soumission[4].

Il fait de sa table, à Versailles, un espace sacré, où il prend la place du Christ, s'opposant tant au protestantisme qu'au jansénisme, à l'Église qu'aux grands seigneurs.

Le premier repas de Louis XIV a lieu à 9 heures, très léger : tisane ou bouillon de légumes. À 13 heures, c'est le « Petit Couvert », repas que le roi prend seul ou en petit comité (souvent avec son frère Philippe). Vers 16 heures, une collation, et enfin, à 22 heures, le « Grand Couvert ». En période de carême, un seul repas est servi, après l'office du soir.

Avant que ne commence le Grand Couvert, les courtisans doivent saluer une pièce d'orfèvrerie en forme de navire, qui contient les serviettes qu'utilise le roi. Même les meubles du roi deviennent un objet de culte : quand il n'est pas là, les hommes doivent retirer leur chapeau et les femmes doivent faire une révérence en passant devant sa table.

Le repas a lieu chez le roi ou chez la reine. Ne mangent à cette table que les fils et filles de France, les petits-fils et petites-filles de France. Les dauphins ont des chaises ; les petits-enfants ont « droit au tabouret » (seulement pour les ducs). Le roi mange avec les doigts malgré la présence d'une fourchette à gauche de son assiette. Les ducs et les princes sont ses porte-serviette ou ses porte-couteau.

Jusqu'à 300 personnes y assistent en silence. Debout. Les nobles y sont comme au purgatoire, expiant leurs fautes par l'humiliation. Le Grand Couvert commence par des sorbets, de la confiture, des liqueurs, toutes choses sucrées (ce qui, on le sait maintenant, a l'avantage de couper l'appétit). Puis on apporte des fruits hors saison. Puis la viande, qu'on ne cuit plus dans la sauce, ajoutée au dernier moment. Fini aussi le rôtissage ; la cuisson est désormais croquante. La sauce hollandaise, inventée pendant la guerre de Hollande, accompagne désormais les poissons. Grande novation : on supprime la grande majorité des épices, qui sont, dit-on alors, un « mensonge culinaire ».

Jean-Baptiste de La Quintinie, agronome et fondateur du Potager du roi, donne aux légumes un nouveau rôle : jusque-là principalement utilisés par le peuple dans des ragoûts ou des potages, le chou-fleur, les pois, les asperges sont désormais introduits à la table royale et cuisinés à part entière. La Quintinie développe la culture des fraises en mars et des figues en juin ; il acclimate les melons et les figuiers et crée de nouvelles serres pour les oranges. Les chefs royaux créent de nouvelles recettes de légumes sautés, frits ou en beignets.

Alors qu'il éblouit ainsi chaque soir ses convives et humilie ses courtisans, Louis XIV interdit aux membres de la noblesse versaillaise de manger ensemble, pour casser leurs solidarités familiales naturelles et leurs éventuels alliances et complots.

Le monde entier, qui n'en connaît que ce qu'en disent ceux qui y assistent, le critique. Le Vatican est frappé par ces manquements permanents aux règles du carême. Les protestants et les anglicans le caricaturent en roi goinfre, entouré de femmes de petite vertu, dévoreur de son peuple. Les bourgeois grondent devant ces gaspillages. Le peuple souffre de famine.

Certains nobles tentent cependant de rivaliser avec le roi et de lui en offrir le spectacle. Mal leur en prend.

Le 17 août 1661, quelques mois après la mort de Mazarin, et alors qu'il est au sommet de son pouvoir, le surintendant des Finances Fouquet fait servir au très jeune roi (il a 23 ans), dans son château de Vaux-le-Vicomte, un souper somptueux de quatre services, préparé par son intendant François Vatel : le premier service contient une quarantaine d'entrées allant des pâtés chauds, des boudins froids, aux tourtes de viande et de poisson ; le deuxième est composé des « rôts » (synonyme de rôti) de viande, de volaille et de gibier ; le troisième est fait de légumes (asperges, pois, champignons dont truffes) ; et le quatrième est le « fruit ». Encore plus que la nourriture, c'est le faste des jardins, et la représentation des *Fâcheux* de Molière, conjointement avec Lully, qui mettent le roi en colère. Un mois plus tard, Louis XIV fait arrêter Fouquet. L'enquête, menée par Colbert, révèle l'ampleur des pouvoirs que Fouquet était en train d'accumuler. Fouquet est déchu et passera le reste de sa vie en prison, jusqu'à sa mort vingt ans plus tard.

Dix ans plus tard, le vendredi 24 avril 1671, une réception de trois jours introduite par un grand banquet est organisée pour l'inauguration par le prince de Condé de son château de Chantilly. Toute la cour est conviée, dont le roi, avec qui le prince de Condé, propriétaire du château, veut se réconcilier après avoir participé à la Fronde. Il ne semble pas craindre de subir le même sort que Fouquet : le roi est tout-puissant et craint moins les nobles. François Vatel, grand intendant et chef des cuisines du prince de Condé, après l'avoir été de Fouquet, prépare un festin. Le premier soir, vient à manquer du rôti pour deux tables (sur vingt-cinq), des convives s'étant invités par surprise. Touché dans son honneur et son perfectionnisme, et poussé à bout par la fatigue (Madame de Sévigné raconte que Vatel n'aurait pas dormi pendant les douze nuits précédant le banquet), Vatel est désespéré ; le prince de Condé vient le voir en cuisine pour le rassurer. Dans la nuit, Vatel se lève vers 4 heures pour réceptionner les victuailles pour le souper du lendemain. À cette heure-là, seuls deux convois de poissons arrivent. À 8 heures du matin, voyant que le reste n'arrive pas, Vatel annonce à son « bras droit » Gourville que son honneur est définitivement détruit et qu'il ne s'en relèvera pas. Gourville se moque de lui, mais Vatel monte dans sa chambre, cale une épée dans la porte et, de trois empalements, se suicide. Pendant ce temps, les poissons arrivent les uns après les autres… Vatel est enterré discrètement, sans qu'on lui fasse subir le traitement infamant reservé par l'Église aux suicidés[150, 469].

À partir de 1690, en raison des difficultés militaires et des hivers plus rigoureux, l'atmosphère à Versailles devient plus sombre, plus pesante, plus dévote. Les repas du roi sont moins courus. Les courtisans quittent le château et vont s'amuser à Paris, à Saint-Germain-en-Laye, dans les hôtels du Marais.

À partir de 1710, le roi souffre ; il maigrit. Il devient difficile aux critiques de le faire passer pour un obèse. Les caricatures changent : « Le roi paie sa gourmandise. »

La « cuisine bourgeoise » annonce la Révolution

Pendant la Régence, puis sous Louis XV, le faste versaillais reprend. Mais désormais le roi ne dîne plus seul. Le 9 février 1747, le repas d'accueil à la cour de France de la nouvelle dauphine Marie-Josèphe de Saxe, fille du roi de Pologne Auguste III, en est un nouvel exemple : ce mariage permet à la France de former une alliance capable de contester l'influence des Habsbourg. Près de deux cents plats sont servis : dix grandes entrées, douze terrines, quarante-huit entrées, vingt-quatre moyens entremets, vingt-quatre plats de « rôts » (de l'agneau, du perdreau, de l'oie, du mouton, du bœuf, du faisan, du levraut, du veau), vingt-quatre salades, quarante-huit petits entremets[470].

À Paris, la noblesse critique encore le nouveau roi, mais désormais l'imite sans plus craindre de représailles : les maisons aristocratiques se dotent d'une salle à manger ; les plus riches se dotent des services d'un maître d'hôtel et d'un chef cuisinier, lequel tente d'innover et de perfectionner les recettes versaillaises. Le service à la française prend sa forme stable : potages et entrées au premier service ; rôti accompagné de salades et parfois d'entremets au deuxième ; dessert en fin de repas. Les convives se servent encore librement dans un plat commun.

Chez les nobles comme à Versailles, on ne suit plus les prescriptions des médecins du Moyen Âge : un repas ne vise plus à satisfaire des besoins, mais la gourmandise. Le sucré et le salé deviennent des principes de classification, à la place de l'acide et de l'épicé. Les viandes de boucherie, jusque-là largement délaissées au profit des volailles et des gibiers, reviennent à la mode. Les légumes et les fruits connaissent un succès grandissant. Les olives, les truffes et les artichauts, considérés jusque-là comme des fruits, et consommés à la fin des repas, deviennent des légumes ; comme à Versailles, des vergers se développent autour des maisons de campagne des bourgeois et des nobles. On fait mûrir des poires toute l'année. On se passionne pour les truffes et les champignons, auparavant sujets à méfiance.

À l'inverse, annonciateur d'une nouvelle classe sociale, opposée à cette grande gastronomie et à ses extravagances, apparaît en 1746 le concept de « cuisine bourgeoise », avec le livre *La Cuisinière bourgeoise* de Menon, grand cuisinier parisien du moment, surtout connu pour ses livres. *La Cuisinière bourgeoise* prône la plus grande simplicité avec un travail sur les saveurs et des produits moins chers. Immense succès : plus de 60 rééditions entre 1746 et la fin du XVIIIe siècle. La bourgeoisie autonomise sa cuisine, son goût, ses valeurs, ce qu'elle mange, ce qu'elle lit, ce dont elle parle[28].

Pour le peuple, c'est beaucoup plus sommaire : le pain reste la base de l'alimentation ; il est fait avec du seigle, de l'avoine, du méteil et du sarrasin et très peu de froment. Le seigle représente encore 40 % des céréales consommées en Europe au XVIIIe siècle. L'arrivée de la pomme de terre ne révolutionne pas encore la subsistance populaire. Le peuple mange aussi des soupes de légumes, des bouillies de céréales et, très rarement, du bœuf salé, en petite quantité.

Les horaires des repas des gens du peuple restent stables, tandis que ceux des plus riches sont de plus en plus retardés. À Paris, le dîner des bourgeois recule pour atteindre 18 heures. En Angleterre, le dîner est pris vers 11 heures au XVIIe siècle ; puis à 14 heures dans la seconde moitié du XVIIIe siècle.

Dans le reste de l'Europe du Nord et de l'Est, le repas des riches est, comme l'était le banquet grec, divisé en deux parties (le moment où l'on mange et celui où l'on boit) ; en Angleterre en particulier, les femmes quittent la table après qu'on a servi le deuxième verre aux hommes.

Buvez du soda, pas de l'alcool

La production et la commercialisation de boissons non alcoolisées se développent alors en Europe avec les limonades, venues d'Arabie.

En 1676, Louis XIV crée la Compagnie des limonadiers et lui accorde le monopole sur les ventes de cette boisson. Ces marchands arpentent les rues de la capitale affublés d'un réservoir à limonade sur le dos[240].

On commence à produire artificiellement de l'eau gazéifiée, dont on connaît les vertus digestives depuis l'Antiquité. Cette production est intimement liée à la découverte et à la maîtrise du gaz carbonique, qui permet cette gazéification de l'eau. Ce gaz prend successivement, selon les chimistes, le nom d'« esprit sauvage »

(Van Helmont), d'« air élastique » (Venel) ou d'« air fixe » (Black), avant de devenir « gaz carbonique » dans la nomenclature de Lavoisier en 1780. Le mot *soda* désigne la soude, en anglais, et renvoie au carbonate de soude qui permet d'obtenir du gaz carbonique.

En 1768, dans une brasserie de Leeds, un chimiste anglais, Joseph Priestley, observe que suspendre un bol d'eau plate au-dessus d'une cuve de bière permet d'y dissoudre le gaz carbonique qui se dégage de la fermentation du malt et de la rendre gazeuse. En 1772, il en déduit et présente à la Royal Society de Londres une méthode d'obtention du gaz carbonique en versant des gouttes d'« huile de vitriol » (acide sulfurique) sur des morceaux de chaux[241].

En 1783, pour organiser l'application industrielle du procédé de Priestley, l'orfèvre allemand Johann Jacob Schweppe, aidé du pharmacien genevois Henri-Albert Gosse et de l'ingénieur suisse Nicolas Paul, fonde à Genève une entreprise qu'il nomme Schweppes, qu'il déplace à Londres en 1792. Herbes, épices, arômes sont rapidement ajoutées. L'eau de Schweppe, vendue en officine, est prescrite pour soigner maux de reins, de vésicule, les indigestions et la goutte. Le succès est immédiat[240, 242, 243]. Premier soda.

Pendant ce temps, en Asie, banquets et famines

Les médecins chinois continuent de rivaliser d'invention pour utiliser la nourriture de manière thérapeutique.

Durant la dynastie des Yuan, au XIVᵉ siècle, un diététicien impérial mongol, Hu Zheng Qi Huei, est le premier à décrire clairement des maladies liées aux carences et leur traitement par un régime alimentaire. En 1331, il publie un *Précis d'alimentation* qui recommande de ne pas trop manger le soir et édicte des interdits alimentaires spécifiques aux femmes enceintes. Un chapitre intitulé « Guérir les maladies par la nourriture » présentent 95 recettes et les maladies que chacune soigne[33]. La nourriture ne change pas. Riz, pâtes, légumes, poissons, insectes, un peu de viande. Les famines ne sont pas rares.

À la fin du XVIIᵉ siècle, la Chine entre dans une ère de stabilité politique qui se traduit par une augmentation des rendements agricoles des céréales traditionnelles (blé, orge, millet, riz) comme des cultures nouvelles (patate douce, sorgho, maïs), importées par les commerçants européens. On peut dorénavant étaler les récoltes tout au long de l'année et affronter l'hiver plus sereinement. L'élevage de porcs et de volaille se développe ; la pisciculture, inventée dès le Vᵉ siècle avant notre ère en Chine, se répand dans les zones irriguées. Les paysans mangent donc plus, et mieux.

Sous la dynastie des Qing (1644-1912), les repas quotidiens de la famille impériale sont des festins, avec un défilé d'une cinquantaine de plats. En 1720, un banquet destiné à fêter l'union entre les deux peuples mandchou et han rassemble des centaines de plats les plus rares des gastronomies han et mandchoues, comme des lèvres d'orang-outan, du nez d'éléphant, du phoque et du paon. En 1761, lors du cinquantième anniversaire de l'empereur Qianlong, un festin de huit cents tables est organisé[262].

Au cours du XVIᵉ siècle, les Japonais entrent en contact avec l'Europe, avec l'arrivée des missionnaires espagnols et portugais. Ils transmettent alors aux Japonais certaines techniques qui permettent le développement de nouveaux plats. Ainsi, le tempura, assortiment de beignets de fruits de mer et de légumes frits, a pu être mis au point grâce aux techniques de friture transmises par les missionnaires européens.

C'est au cours de l'ère Edo (1603-1867) que les plats composés de poisson et de fruits de mer accompagnés de riz atteignent leur âge d'or. C'est notamment à cette époque que les sushis font leur apparition, à Tokyo (Edo), mais il s'agit alors d'un encas que l'on achète à des vendeurs de rue, il ne s'impose pas encore comme le mets principal d'un repas.

Sous la dynastie des Joseon qui débute en 1392, et jusqu'à l'invasion japonaise de 1910, d'importantes habitudes culinaires se sont développées en Corée. À la cour, on mangeait cinq fois par jour : trois repas, un encas tôt et un encas le soir tard. La cuisine respectait la saisonnalité et un certain équilibre dans les couleurs et la préparation des mets. Cinq techniques de cuisson différentes devaient être utilisées lors de la préparation du repas, et pour chaque type d'aliments (fruits, légumes, viandes, poissons et fruits de mer), on devait pouvoir distinguer cinq couleurs différentes. La famille royale mangeait avec des baguettes métalliques grises et pensait que, si les plats étaient empoisonnés, elles noirciraient. Les repas comprenaient de nombreux poissons, des viandes, du riz blanc et du riz sucré, deux soupes (jeongol et sinseollo) ainsi qu'un minimum de douze accompagnements, dont l'indétrônable kimchi.

En Inde, la majorité des paysans n'a à sa disposition pour se nourrir que des céréales à faible valeur nutritionnelle (millet ou « ragi »). Quand la mousson n'apporte pas la quantité d'eau espérée pour cultiver les céréales, la famine balaie cet équilibre précaire : entre 1769 et

1770, presque un tiers de la population du Bengale, soit 15 millions de personnes, meurent de faim[66].

En Amérique, des colons mieux nourris que les Anglais

Quand s'y installent les Européens, les différentes tribus amérindiennes de l'hémisphère nord se nourrissent de haricots, de maïs, de courges et de gros gibier (bison et cerf, fumé ou séché).

Dans les régions arides du sud-ouest du sous-continent, les tribus cultivent aussi le piment ; celles vivant à proximité des côtes du Pacifique mangent aussi du lapin, du saumon, des palourdes et de la baleine grise. Les tribus des grandes plaines chassent les bisons, en attirant leurs troupeaux au bord d'une falaise. Sur les côtes de l'Atlantique, on pêche le crabe bleu, le saumon, les huîtres et le homard.

Les premiers colons européens en Amérique du Nord apportent avec eux leurs habitudes alimentaires et leurs produits. Les Anglais apportent des légumes (carottes, pois, choux, oignon). Les Suédois importent le navet jaune, qui deviendra le rutabaga. Les Hollandais apportent le hareng, l'anguille et les gâteaux secs, qui donneront les *cookies*, et des boules de pâte qui deviendront les *donuts*.

Au début, l'adaptation à ce nouvel environnement est difficile pour ces Européens, qui ne savent pas chasser parce que c'est une pratique réservée en Europe à la très haute société. À partir de la fin du XVIIe siècle, ils intègrent les produits amérindiens à leur régime alimentaire : les colons de Nouvelle-Angleterre découvrent ainsi bars, harengs, saumons, aiglefins et morues.

Un siècle plus tard, les colons américains sont tellement mieux nourris que les Anglais que, lors de leur soulèvement contre le pouvoir britannique, les combattants américains sont plus grands et plus forts que leurs alliés français et leurs ennemis britanniques.

Le docteur John Bell de Philadelphie écrit, en 1793, que les premiers Américains sont de « gros mangeurs, car ils vivaient au milieu de la surabondance » : porcs, bœufs, légumes, maïs.

En 1794, un premier restaurant ouvre à Boston et reprend les codes parisiens tant dans le service que dans la nourriture servie.

À Paris, premiers restaurants, lieux de conversation et de subversion

Alors que les auberges européennes servaient jusque-là un plat unique sur des tables d'hôtes, apparaît l'idée de servir des plats différents avec une carte sur des tables individuelles, dans des lieux de plus en plus destinés aux riches.

À Londres, qui devient la première puissance européenne, les tavernes deviennent des établissements bien tenus, parfois luxueux. À l'inverse, en France, les auberges sont encore fréquentées par les pauvres[28]. Cela va bientôt changer : plus la société est libre, plus les tavernes prospèrent ; elles sont comme un signe des progrès de la démocratie. Et la France, dont la gastronomie – qu'on n'appelle pas encore ainsi – devient dominante en Europe, emprunte aux Anglais l'idée d'ouvrir des auberges pour les riches : des « restaurants ».

Le verbe « restaurer » provient du latin *staurare* signifiant « placer de manière stable, fortifier, affermir, palissader », complété du préfixe *re* (« de nouveau »). On peut trouver son origine dans le sanskrit *sthura* : « fixe, ferme, fort »[229, 230].

Le terme « restaurant » désigne d'abord au XVIIIᵉ siècle un bouillon épais, à valeur médicale reconstituante, servi à partir de 1765 par Boulanger, un cafetier parisien rue des Poulies. Puis il désigne les lieux où on le sert.

Un des premiers « restaurants », *Le Procope*, devient le lieu de rencontre des hommes des Lumières, tels Diderot et D'Alembert. Montesquieu en parle dans ses Lettres et Benjamin Franklin y a ses habitudes. Parmi les sujets des conversations qu'on y entend : le « vitalisme », pour qui le vivant est une matière animée non réductible aux simples lois de la physique et de la chimie parce qu'une « force vitale » s'ajoute aux lois matérielles. De nombreux facteurs, comme une mauvaise alimentation, peuvent nuire à cet élan vital[312]. Ce « vitalisme » aura plus tard, on le verra, une influence considérable sur l'alimentation moderne.

L'hôtellerie se développe en même temps que les restaurants. L'*Encyclopédie* de Diderot et D'Alembert définit au milieu du XVIIIᵉ siècle un hôtel comme un « bâtiment composé de logements, chambres, écuries, cours et autres lieux nécessaires pour loger et nourrir les voyageurs, ou les personnes qui font quelque séjour dans une ville ».

À la fin du XVIIIᵉ siècle, à Paris, les restaurants se font plus nombreux ; les nobles et les bourgeois (et plus seulement les pauvres) viennent y manger et y parler en toute liberté. On y sert des plats raffinés, sur des petites tables recouvertes d'une nappe. Les mets sont décrits sur une feuille que l'on présente aux clients, accompagnée d'une « carte payante ». Les cuisiniers les plus célèbres quittent les maisons princières qui les emploient pour ouvrir leurs propres restaurants.

Ainsi, en 1782, Antoine Beauvilliers, cuisinier privé du prince de Condé puis du comte de Provence, quitte son maître pour créer à Paris *La Grande Taverne de Londres*, où il propose de « manger comme à Versailles » ; il publie *L'Art du cuisinier*, qui devient vite un classique de la littérature culinaire française. En 1786, l'établissement parisien le plus réputé est celui des *Trois Frères*, rue Helvétius (rue Sainte-Anne actuelle), où l'on mange de la morue et de la bouillabaisse. En 1789, il y a plus de cent restaurants à Paris[28].

C'est à ce même moment, en Angleterre, que John Montagu, quatrième comte de Sandwich, met entre deux tranches de pain la viande froide que les diplomates et hommes d'affaires mangeaient alors dans une « assiette anglaise ». Un coup mortel est ainsi porté à la conversation. On ne le saura que bien plus tard.

Famines, révoltes et Révolution

La façon de se nourrir va, encore une fois, influer sur l'histoire et la géopolitique. Et, encore une fois, l'insuffisance de la nourriture des pauvres, et les conversations à table des puissants, vont déclencher une révolution.

En 1709, en France, une grande famine liée à un hiver très rigoureux fait 600 000 morts, soit 3 % de la population du pays. Elle entraîne aussi une multiplication par dix du prix du pain et des émeutes dans tout le pays. En 1725 (année extrêmement pluvieuse, notamment dans le nord de la France), le peuple, au lieu d'accuser la nature, s'en prend aux « accapareurs » et aux « affameurs » que sont, pour lui, les boulangers, les agents de la royauté (percepteurs) et le roi lui-même. Les Français sont même persuadés que le roi cache des grains à Versailles. Circule une caricature intitulée « Le Pacte de famine » (en référence au « Pacte de famille » qui lie la famille Bourbon d'Espagne et de France). En 1745, la rumeur court même à Paris que Louis XV fait enlever des enfants de moins de 10 ans, les tue dans les caves de Versailles, boit leur sang et les mange pour rajeunir ou pour soigner un fils lépreux.

À la fin du XVIIIe siècle, en raison du climat, des désordres, de l'accaparement des richesses, les classes populaires d'Europe mangent de plus en plus mal. Et presque plus de viande. On abat moins de bétail : à Naples, en 1770, sont abattus 21 800 bœufs pour 400 000 habitants, contre 30 000 bœufs pour 200 000 habitants au XVIe siècle.

De plus, le cloisonnement des marchés, du fait des barrières douanières et du faible développement des transports, entraîne des variations du prix des céréales, ce qui provoque des disettes.

Vers 1770, Antoine Parmentier, pharmacien et agronome convaincu des propriétés nutritives de la pomme de terre, alors encore peu utilisée, conseille à Louis XVI d'en planter tout autour de Paris et de ne faire garder les plantations que le jour, afin que des habitants soient tentés de les voler la nuit. La pomme de terre entre alors dans l'alimentation des ouvriers et des paysans. Cela ne suffit cependant pas à réduire les famines[214].

En 1774, Turgot, nommé surintendant des Finances, renverse la politique : il libéralise le prix des grains, pour tenter d'augmenter la quantité produite ; mais l'hiver qui suit est le pire hiver de la deuxième moitié du XVIIIe siècle et les récoltes sont très mauvaises. Le prix du grain explose. Nouvelles émeutes.

L'année 1787 est aussi marquée par des pluies et des inondations ; l'année suivante, la grêle succède à une forte sécheresse, détruisant une grande partie des récoltes. Cela provoque une nouvelle hausse du prix du pain (+75 % entre 1787 et 1789), comme dix ans plus tôt, hausse qui entraîne de nouvelles émeutes dans les campagnes françaises.

Au mois de juin 1789, les prix du blé sont au plus haut niveau du siècle, ce qui catalyse une nouvelle colère des paysans, qui sont encore les trois quarts de la population française et qui s'allient aux bourgeois contre les dignitaires du régime. Commence la Révolution.

La famine ne prend pas fin avec la prise de la Bastille. Pendant les années de la Révolution, les pénuries bouleversent encore l'alimentation française. On mange surtout choux, navets, fèves, couenne de lard, tripes de moutons et de bœufs. Marat essaie de finir d'imposer la pomme de terre et en fait planter dans les espaces verts parisiens, y compris aux Tuileries ; Robespierre s'y oppose sous prétexte de sa prétendue nocivité et en fait arracher les plants[273].

En 1792, sur l'île de Saint-Domingue (qui produit alors à elle seule plus de la moitié du sucre mondial), la révolte des esclaves entraîne un arrêt de l'approvisionnement dans toute l'Europe. À Paris, le prix de la livre de sucre augmente de 50 % en un mois. Les marchands de sucre sont accusés d'en organiser sciemment la pénurie, qui s'ajouterait à celle du blé. La section des Gobelins dénonce le 23 janvier à l'Assemblée nationale

« l'agiotage insatiable qui renferme les trésors de l'abondance pour ne montrer que le squelette hideux de la disette ». La population parisienne se révolte contre les « accapareurs » et pille les épiceries[42, 71, 249, 250].

Révolutions et banquets bourgeois

Les repas restent les symboles d'un pouvoir. D'un nouveau pouvoir.

Entre 1780 et 1790, alors que la population mondiale atteint sept cents millions, les Hollandais donnent l'exemple : leur révolte contre la famille d'Orange est l'occasion d'organiser de grands banquets, dans lesquels l'élite bourgeoise manifeste son opposition au stathouder et son soutien à la république. Manger une orange devient un signe de révolte contre la famille homonyme[115].

Ces banquets révolutionnaires hollandais inspireront bientôt les banquets révolutionnaires français, explicitement « bourgeois » : le 18 juillet 1789, le marquis de Villette écrit dans *La Chronique de Paris* : « Je voudrais que tous les bourgeois de Paris fissent dresser leurs tables en public et prissent leur repas devant la maison. Le riche et le pauvre seraient unis, et tous les rangs confondus. [...] La Nation tiendrait son grand couvert[99]. » Le 26 juillet 1789, un banquet populaire se tient sur les ruines de la Bastille. Au premier anniversaire de la prise de la prison, le parc de la Muette accueille, en marge des festivités du Champs-de-Mars, un banquet de plusieurs milliers de personnes[251].

Ces banquets deviennent cependant rapidement des foyers de révolte incontrôlables par le pouvoir encore instable. L'écrivain Louis-Sébastien Mercier voit dans ces « soupers populaires » une tentative maladroite et forcée de dissimuler des inégalités sociales : « Chacun, écrit-il, sous peine d'être suspect, sous peine de se déclarer l'ennemi de l'égalité, vint manger en famille à côté de l'homme qu'il détestait ou méprisait. Le riche appauvrit tant qu'il put le luxe de sa table ; le pauvre se ruina pour cacher sa misère. La jalousie d'un côté, les orgies de l'autre, changèrent en bacchanales ces soupers prétendus fraternels ; le mécontentement était général[4]. » En janvier 1794, Robespierre s'inquiète, y devine un risque de révolte contre lui et les interdit juste avant de tomber[251].

La fin de la Terreur se traduit par la réouverture des restaurants pour les riches à Paris. Les savoir-faire de la cuisine aristocratique se retrouvent alors dans les restaurants de luxe, tels le *Café riche* ou le *Café anglais*. Le nombre de restaurants à Paris passe de 100 en 1789 à 600 en 1800. On en trouve aussi place Bellecour à Lyon et sur les allées de Tourny à Bordeaux[28].

Diplomatie gastronomique

Le mot « gastronomie » aurait été créé par un certain Joseph Berchoux en 1801 dans son livre *La Gastronomie, ou l'Homme des champs à table*.

Napoléon déteste perdre du temps à table ; il n'y passe pas plus de quinze minutes. Pour lui, le temps accordé à l'alimentation est une forme de « corruption du pouvoir ». Il n'apprécie que des plats simples : les potages, le poulet sous différentes formes, les pommes de terre, les lentilles, les pâtes au fromage. Il boit presque exclusivement du chambertin, coupé à l'eau.

L'Empereur confie à Talleyrand (et à son cuisinier Carême) la charge de s'occuper de ses repas diplomatiques. Carême met au point une cuisine raffinée, avec des sauces légères et moins épicées qu'ailleurs en Europe ; c'est aussi lui qui invente la toque. Et quand Cambacérès, le deuxième consul, se fait, lui, livrer des plats d'une grande finesse sous prétexte de les offrir aux diplomates et dirigeants étrangers, Napoléon l'y encourage : « Recevez bien surtout, c'est au nom de la France[524]. »

Ironie absolue : cette instruction napoléonienne sera encore appliquée après Waterloo en 1815 par Louis XVIII au congrès de Vienne, qui scelle la défaite de la France. Talleyrand, toujours lui, que Louis XVIII envoie négocier en son nom face aux vainqueurs, lui dit : « Sire, j'ai plus besoin de casseroles que d'instructions[282]. » Tout au long du congrès, alors même que les Anglais triomphent, son chef fait étalage de l'ensemble de la cuisine française : plus de cent entrées froides et chaudes différentes, des potages, des fruits de mer (huîtres, homards), des viandes en tous genres, des entremets, des pâtisseries (notamment des pièces montées en forme de palais), des fromages. Talleyrand organise même le concours du meilleur fromage d'Europe, où le brie est couronné. Si la gastronomie est française, le service est à la russe : les plats ne sont plus posés tous en même temps sur la table, comme l'exigeait encore le service à la française, mais présentés successivement[282].

C'est l'apogée de la gastronomie européenne. Et même si la Grande-Bretagne va dominer le XIXe siècle, sa cuisine ne laisse presque aucune trace dans le monde, sinon, un peu, dans ses colonies.

Chapitre 5

Gastronomie de palace
et nourriture industrielle

XIXᵉ siècle

Les premiers outils, les premières armes surgissent,
on l'a vu, pour satisfaire les besoins de se nourrir du
nomade. Les repas disaient le pouvoir et la misère, la
puissance et la colère. Depuis au moins la maîtrise du
feu, le repas est le lieu essentiel de la conversation et de la
gestion des organisations sociales. D'abord en suivant des
règles que fixent les religions, puis d'autres, imposées par
les princes. Et quand l'homme devient sédentaire, c'est
pour améliorer les conditions de production des produits
alimentaires qu'il fait l'essentiel des innovations : le soc,
la charrue, le moulin à vent, le gouvernail d'étambot,
et tant d'autres. Il mange à des heures de plus en plus
fixes, en fonction du mouvement du soleil et des étoiles.

À la fin du XVIIIᵉ siècle, partout en Europe, la bourgeoisie a désormais accès à des simulacres de repas des
nobles les plus riches : les restaurants sont maintenant
un substitut des tables des princes. On y parle plus
librement. Bien des idées y naissent.

Dans le peuple, alors que les hommes vont commencer à partir travailler à l'usine, le déracinement entraîne
un début de nomadisme alimentaire et une rupture des

solidarités ; les repas vont progressivement cesser d'être des lieux de conversation.

On passe à une production industrielle de produits agricoles, puis de produits alimentaires, pour une masse toujours plus grande de consommateurs. Les pouvoirs passent des mains des propriétaires de la terre à celles des détenteurs du capital industriel, même si les propriétaires terriens gardent encore un pouvoir immense.

Jusqu'à ce que les Américains, devenant progressivement le cœur de l'économie-monde, imposent de réduire le coût de la nourriture en l'industrialisant, pour pousser les classes populaires à consacrer l'essentiel de leurs salaires à d'autres biens de consommation que la nourriture, modifiant très profondément la nature du repas et de la conversation qui l'accompagne. Et donc de la société qu'elle structure.

L'industrialisation commence par l'alimentation

Comme toujours, c'est quand un besoin devient de plus en plus pressant que surgissent les technologies qui permettent de le satisfaire.

Au début du XIXᵉ siècle, alors que la population mondiale atteint son premier milliard, le décollage démographique de l'Europe, les mouvements des armées, le développement industriel et l'augmentation de la productivité agricole poussent des masses énormes vers les villes. Elles doivent se nourrir hors du domicile. Il faut pour cela inventer des moyens pour préparer à l'avance des aliments et les stocker ; ils vont progressivement s'imposer au monde entier. En quittant les campagnes, les hommes se nourrissent plus mal et polluent plus la campagne, pour produire davantage. Ils redeviennent, en partie, des nomades.

Cela commence par quelques inventions théoriques qui mettront des décennies à être expérimentées et plus encore à être vraiment mises en pratique : en 1802, un médecin russe, Osip Krichevsky, trouve un procédé de réduction par pulvérisation sur une plaque chaude du lait en une poudre[57] ; la même année un chimiste allemand, Zachäus Winzler, développe le premier prototype de cuisinière à gaz[69]. Trois ans plus tard, à Philadelphie, un fils de cordonnier et charron américain, Oliver Evans, conceptualise le premier réfrigérateur à compression par détente de l'éther gazeux par piston à vapeur d'eau[26]. Il faudra encore presque un siècle pour que ces innovations deviennent des réalités pratiques et bouleversent, dans le monde entier, la façon de se nourrir.

Plus rapidement, les besoins des armées européennes vont conduire aussi à des évolutions majeures de l'alimentation. Non plus seulement en inventant des moyens de chasser (et les progrès du fusil de chasse aident encore à faire évoluer le fusil de guerre), mais en aidant à trouver de nouveaux moyens de nourrir les soldats en campagne. Rapidement. Efficacement.

En 1810, le confiseur français Nicolas Appert invente un procédé de conservation des aliments : il les chauffe dans des seaux hermétiques en verre, ce qui élimine oxygène et micro-organismes. Napoléon, qui voit l'intérêt immense de cette invention pour nourrir ses armées, lui accorde un prix et une récompense de 12 000 francs[388, 389]. À la demande de l'État, il détaille son procédé dans *Le Livre de tous les ménages ou l'Art de conserver pendant plusieurs années toutes les substances animales et végétales.* La même année, un immigré d'origine française, l'Anglais Peter Durand, dépose ce brevet. Napoléon n'utilisera pas de conserves pour nourrir son armée pendant la campagne de Russie.

L'année suivante, confronté à l'embargo britannique qui coupe de nouveau la France des champs de canne des Antilles, le même Napoléon subventionne à hauteur de 1 million de francs et d'une exemption d'impôt de quatre ans quiconque trouverait le moyen de produire en France du sucre en grande quantité[239]. L'industriel Benjamin Delessert et le chimiste Jean-Baptiste Quéruel, s'appuyant sur les travaux d'autres chimistes (Derosne, Figuier, Barruel, Parsy et les Allemands Marggraf et Achard), d'industriels (Crespel et Delisse) et d'agronomes (Parmentier), travaillent à la mise au point d'un procédé rentable de production de sucre à partir de la betterave, jusqu'ici utilisée seulement pour nourrir les animaux. Tout va très vite : le 2 janvier 1812, l'empereur assiste à une première expérimentation, concluante. Un décret du 15 janvier 1812 décide de la création de cinq fabriques impériales de sucre et du triplement de la surface des terres semées en betteraves. La méfiance vis-à-vis de cette racine et les groupes de pression des Antilles freinent la production de ce condiment du sucre de canne, qui n'est que de 4 000 tonnes en 1814. Un peu plus tard, une proposition de loi présentée à l'Assemblée nationale tente même d'en faire interdire la production. Elle est repoussée par une courte majorité[97]. C'est un des premiers exemples de l'influence des lobbys de l'industrie agroalimentaire en politique. Ce n'est pas le dernier.

En 1817, Nicolas Appert, le même confiseur, inventeur sept ans plus tôt du processus de conservation des aliments, crée les premières boîtes de conserve en fer-blanc[388]. Cette fois, il en dépose le brevet. En 1826, l'Anglais James Sharp dépose un brevet pour une cuisinière à gaz (que l'Allemand Winzler n'avait pas brevetée en 1802), qu'il produira bien plus tard à grande échelle et qui ne deviendra un succès commercial qu'à partir de l'Exposition universelle de 1851[69].

Puis viennent les premières nourritures fabriquées industriellement : en 1836, à Noisiel, dans la Marne, dans un moulin reconverti en usine, un certain Antoine Menier crée la première tablette de chocolat (six barres semi-cylindriques entourées de papier jaune) ; en 1847, l'industriel anglais Francis Fry donne à cette tablette la forme qu'on lui connaît aujourd'hui[245]. La même année, Jean-Romain Lefèvre et son épouse Pauline-Isabelle Utile créent à Nancy l'entreprise LU et s'installent à Nantes pour y fabriquer des biscuits[316]. La même année encore, le chimiste allemand Justus von Liebig crée un extrait de viande afin d'« améliorer le régime alimentaire des populations les plus pauvres ». Pour en produire en grande quantité, il achète une usine uruguayenne[246].

En 1848, dans l'État du Maine aux États-Unis, John Bacon Curtis, un travailleur forestier, remarque que les Amérindiens se lavent les dents avec de la résine d'épicéa. Il en fait le chewing-gum[471].

Engrais et pasteurisation

Au milieu du XIXe siècle, alors que la population mondiale atteint 1,3 milliard, ces innovations ne sont pas encore déployées ; elles ne peuvent en rien aider à nourrir les populations rurales qui arrivent de plus en plus nombreuses vers les villes européennes et sont confrontées à la réduction de la production de produits agricoles alimentaires (concurrencées par la culture de plantes plus rentables, tels les colorants), aux difficultés du transport des denrées et à la hausse des prix.

Pour nourrir ces populations ouvrières et urbaines, la pomme de terre s'impose désormais comme aliment de base. Elle sert aussi à produire de l'alcool, et ses épluchures nourrissent les porcs. Mais l'apparition d'un parasite, le mildiou, qui anéantit les pommes de terre, fait environ 1 million de victimes en Irlande entre 1845 et 1852 ; des millions d'Irlandais émigrent alors vers les États-Unis et l'Australie[201, 202, 203].

À partir de ce moment, on commence à utiliser le phosphate pour nourrir les sols : une première usine d'engrais azotés et potassiques est ouverte en Europe à Valenciennes en 1838. Grâce à ces premiers engrais chimiques, la production de céréales augmente en Europe et la consommation aussi : en France, alors qu'en 1835 on consomme environ 80 kilos de céréales par personne et par an, on en consomme le double en 1905. Le blé remplace peu à peu le seigle, le méteil et le sarrasin, qui représentaient encore 40 % des céréales consommées en Europe en 1830 et sont peu à peu abandonnés au tournant du siècle.

En 1850, un physiologiste allemand, Jakob Mole-schott, explique dans *Une doctrine des aliments pour le peuple*, que l'alimentation conditionne le développement physique, la conscience et les pensées de l'homme, car les aliments que l'homme ingère sont notamment transformés en substance de la pensée. En particulier,

Moleschott accuse la pomme de terre de faciliter l'asservissement de l'homme puisqu'elle l'affaiblit physiquement en ne nourrissant pas assez ses muscles, et aussi psychologiquement, car elle fragiliserait le cerveau et diminuerait ainsi la volonté[16].

La même année 1850, le philosophe Feuerbach reprend ces thèses dans *La Révolution et les Sciences naturelles*, expliquant que l'alimentation façonne la relation entre le corps et l'âme, détermine la santé de l'esprit, sa vigueur, et conditionne l'éducation et donc la mentalité de l'être humain. « La nourriture de l'homme est la base de la culture et de l'état d'esprit de l'homme […]. L'homme est ce qu'il mange. » Expliquant par la consommation de pommes de terre l'échec des révolutions de 1848[29].

Pour Moleschott et Feuerbach, le développement social, culturel et politique de l'humanité passe par l'amélioration de l'alimentation[16, 29].

Karl Marx reprend cette théorie un peu autrement, en faisant de l'homme une machine thermodynamique, dont la nourriture est l'énergie.

Les innovations continuent : en 1859, l'Américain George B. Simpson dépose un brevet de surface chauffante électrique alimentée par une bobine de fil de platine et des batteries[314]. En 1863, Napoléon III mandate le chimiste Louis Pasteur pour trouver une solution à la prolifération de la bactérie *Mycoderma aceti* dans le vin, qui le fait tourner en vinaigre ; Pasteur observe que l'altération du vin diminue lorsque le liquide est chauffé à 57 °C. La réticence des œnologues conduit à développer non pour le vin mais pour le lait les techniques de pasteurisation (cuire un aliment entre 65 et 100° C, puis le refroidir très brutalement)[235].

À ce moment, plusieurs entomologistes anglo-saxons s'essayent, en vain, à convaincre les Européens des bienfaits de la consommation d'insectes. Sans doute ont-ils été impressionnés par leur consommation avérée dans les colonies anglaises, en Amérique, en Afrique et en Asie. L'Américain Charles Valentine Riley, « premier entomologiste de l'État du Missouri », conseille de manger les criquets pour lutter contre leur invasion, qui décimait les cultures dans les montagnes Rocheuses. En 1885, l'entomologiste britannique Vincent M. Holt publie *Why Not Eat Insects?*. Arguant qu'ils pourraient servir de compléments d'alimentation aux plus pauvres, il écrit, faisant explicitement référence aux colonies : « Si bien que non civilisés, la plupart de ces peuples sont plus pointilleux que nous sur la qualité de leurs aliments. Ils nous regardent avec une bien plus grande horreur pour notre consommation d'un animal sale comme le porc ou d'huîtres crues, que nous ne le faisons à leur égard lorsqu'ils apprécient un plat convenablement cuisiné de criquets ou de vers de palmier[172]. »

En 1858, le mathématicien et statisticien moderne belge Adolphe Quetelet, l'un des fondateurs de la statistique moderne et de la psychologie différentielle (qui postule que les différences de personnalité entre individus sont à répartir sur une courbe de Gauss), invente l'IMC (indice de masse corporelle), qui propose une mesure de la « normalité » du poids.

Pour nourrir leurs armées, les Anglais développent en Irlande le *corned beef*, une préparation de viande de bœuf saumurée et conditionnée en boîte de conserve. Produit à grande échelle, il permet de fournir des provisions non périssables aux navires britanniques impliqués dans le commerce des esclaves, puis aux armées pendant la guerre des Boers et la guerre de Crimée[116].

En 1860, Joseph Malin ouvre à Londres le premier restaurant servant exclusivement du *fish and chips*[244], utilisant du poisson pané, suivant une recette apportée à Londres au XVIe siècle, on l'a vu, par des immigrés juifs venant d'Espagne et du Portugal. Gros succès populaire. Les ouvriers viennent y acheter une portion qu'ils consomment à l'extérieur de l'usine pendant la pause ; et ils y laissent le matin un panier qu'ils récupèrent garni en sortant de l'usine pour leur dîner[74]. Des restaurants identiques se créent partout dans le pays. Même si, selon la maxime anglaise, « il ne faut jamais manger un poisson là où on ne voit pas la mer[244] » (de peur que le temps de transport n'ait altéré le produit), les progrès du chemin de fer et des techniques de conservation permettent aux Britanniques de consommer du poisson aux quatre coins du royaume.

L'avènement du navire à vapeur réduit massivement le coût et les difficultés de transport de produits frais : poissons, viandes, bananes, oranges, peuvent désormais voyager par la mer[28]. En 1861, un ingénieur français, François Nicolle, installe en Australie une usine à congélation de viande. En 1876, le premier navire frigorifié, nommé *Le Frigorifique*, transporte d'Argentine au Havre du bœuf, du mouton et de la volaille.

La Compagnie anglaise des Indes orientales, qui jouit jusqu'en 1834 d'un monopole sur le commerce britannique du thé, implante en Inde des fabriques de thé, en volant les plants et les recettes chinois. Alors qu'en 1870 la Chine représente encore 50 % des approvisionnements en thé de l'Empire britannique, l'Inde compte pour 90 % en 1900.

Les huiles, le sucre, le beurre, le café, le thé et le fromage commencent maintenant à être produits à échelle industrielle.

Nourrir les enfants

En 1860, l'invention de la farine lactée pour lutter contre la malnutrition infantile lance la course pour le marché, qui va devenir majeur, de la nourriture spécifique pour les bébés.

On commence d'abord à produire industriellement des produits pour nouveau-né : en 1866, le pharmacien suisse Henri Nestlé invente une farine lactée destinée aux nouveau-nés (qui ne consomment tous pour l'instant que le lait maternel et celui des nourrices). Il crée une société portant son nom, qui produit du chocolat l'année suivante[356].

En France, la cantine scolaire voit le jour au milieu du XIXᵉ siècle, comme une initiative des parents et des professeurs, souvent soutenue par les mairies, mais pas encore par l'État. C'est à Lannion, sous l'impulsion du maire de la ville, que la première cantine scolaire voit le jour afin d'aider les enfants dans le besoin : elle consiste en la distribution de repas dans une salle d'asile (ancienne école maternelle). En 1863, plus de quatre cent cinquante salles d'asile distribuent des repas.

En 1869, le ministre de l'Instruction publique Victor Duruy demande aux préfets de favoriser au maximum la distribution de nourriture dans les salles d'asile, constatant que « les enfants admis dans les salles d'asile et qui, la plupart, appartiennent à des parents peu aisés, sont souvent mal vêtus et n'ont pas une nourriture suffisante[151] ».

Un peu plus tard, en 1879, en Grande-Bretagne, c'est à Manchester que les premiers repas scolaires sont délivrés. Rapidement, le conseil de l'enseignement primaire de Londres et des organisations philanthropiques se lancent dans la distribution de repas peu coûteux, voire gratuits, à l'école[354].

En France, après l'instauration de l'école gratuite, laïque et obligatoire avec les lois Jules Ferry (1881-1882), la généralisation de l'école rend indispensable celle des cantines scolaires, car nombre d'écoliers ne peuvent rentrer chez eux le midi[353, 354].

Débarquements américains : sodas et automates

Partout en Europe, la consommation d'alcool augmente : en France, entre la fin de l'Ancien Régime et celle du Second Empire, la production et la consommation de vin passe de 91 litres par an à 162 litres par an et par adulte ; et le degré alcoolique des vins augmente. En Angleterre, la consommation de bière par adulte passe de 25 gallons en 1860 à 34 en 1876. En Allemagne, elle passe de 40 litres par adulte en 1850 à 113 litres en 1900[28].

Cela provoque, en particulier dans le monde anglo-saxon, un mouvement antialcoolique qui veut encourager, à la place de l'alcool, la consommation du café et du thé, puis de boissons industrielles comme les limonades et les sodas, dont les principales recettes (après celle du Schweppes) continuent d'être inventées par des pharmaciens.

Tout commence pourtant, là encore, à Paris, avant
de traverser l'Atlantique :

À Paris, en 1863, un jeune préparateur en pharmacie, Angelo François Mariani, met au point avec
l'aide d'un médecin, Pierre Fauvel, une préparation à
partir de feuilles de coca du Pérou infusées dans du
vin de Bordeaux. La communauté médicale plébiscite
les vertus de cet elixir commercialisé sous le nom de
« vin Mariani » et en prescrit en grande quantité pour
soigner grippe, nervosité, anémie, insomnie, faiblesse,
mélancolie et indigestion[103]. On en trouve à la table
de la reine Victoria et des papes Léon XIII et Pie X.
Zola en parle avec enthousiasme. Auguste Bartholdi, qui
vient de finir la statue de la Liberté, déclare : « La coca
semble grandir toutes nos facultés ; il est probable que
si je l'eusse connue il y a vingt ans, la statue de la Liberté
aurait atteint une centaine de mètres[269] ! » En 1876, la
Revue de thérapeutique médico-chirurgicale écrit : « En
France, on emploie beaucoup le vin de coca, qui tend
à remplacer le vin de quinquina comme tonique ; il
est accepté plus longtemps par l'estomac et il est plus
agréable au palais. M. Mariani a beaucoup contribué
à la vulgarisation de la coca par la perfection de ses
préparations[528]. »

Aux États-Unis, ce vin est vite utilisé pour soigner une
nouvelle maladie, née de la période d'industrialisation
massive qui suit la guerre de Sécession et qu'on nomme
alors « neurasthénie » ; elle se caractérise, dit-on, par
une fatigue intense du corps et de l'esprit. Pour la soigner, des remèdes « miracles » pseudo-pharmaceutiques
(nommés *patent medicine* ou *nostrums*) apparaissent
partout et on voit surgir des docteurs miracles avec leur

carriole à travers tout l'Ouest. L'alcool, la morphine, l'opium et la cocaïne en constituent les principes actifs.

En 1885, alors que l'alcool est proscrit à Atlanta, un pharmacien de la ville, John Pemberton, vétéran de la guerre de Sécession, souffrant d'une addiction à la morphine, qu'il s'est vu prescrire pour adoucir des douleurs, s'inspire du vin Mariani, devenu très populaire aux États-Unis, pour créer le « Pemberton's French Wine Cola », sans alcool. On y trouve non seulement de la coca, mais aussi de la noix de cola (graine du colatier, plante cultivée en Afrique occidentale et centrale). Pemberton prétend que sa décoction peut, elle aussi, guérir tous types de maux, dont la neurasthénie et les aigreurs d'estomac (largement répandues dans une société américaine qui mange beaucoup de viande et de féculents). Un an plus tard, en 1886, il modifie un peu sa recette et la commercialise sous le nom de « Coca-Cola », qui s'installe rapidement comme boisson fétiche des cercles blancs et aisés. En 1904, la cocaïne est retirée de la liste des ingrédients[56]. Sa recette est aujourd'hui encore gardée jalousement secrète. La même année, un autre pharmacien, le Canadien John McLaughlin, invente le Canada Dry, boisson gazeuse aromatisée au gingembre (*ginger ale*).

En 1887, un ingénieur allemand, Max Sielaff, dépose à Berlin le brevet d'un distributeur automatique de nourriture permettant d'acheter un plat chaud et une boisson pour quelques pièces. En s'associant avec Gebrüder Stollwerck, une entreprise allemande de confiseries, Max Sielaff peut déployer plus de 10 000 machines en Allemagne dès les années 1890[228]. On va bientôt les retrouver dans toutes les usines et tous les bureaux, nouveaux lieux de nourriture et de conversation.

Huit ans plus tard, à Berlin toujours, le *Quisisana* devient le premier restaurant sans serveur au monde : quelques employés alimentent les stocks à l'arrière des automates. En 1902, Joseph Horn et Frank Hardart ouvrent à Philadelphie un restaurant sous le même modèle appelé *Automat*. Ces restaurants n'auront pas de succès, même s'ils annoncent la restauration industrielle qui viendra un peu plus tard[68].

En juin 1889, selon la version la plus célèbre, le cuisinier Raffaele Esposito prépare en l'honneur de la reine d'Italie Marguerite de Savoie une pizza cuite au four, avec des tomates, de la mozzarella et du basilic ; ce qui en fait une pizza aux couleurs de l'Italie. Ainsi serait née la pizza margherita.

En 1890, invention de la forme actuelle du café instantané par le Néo-Zélandais David Strange. En 1901, la première méthode pour produire une poudre de café soluble stable est inventée à Chicago par Satori Kato, un chimiste américain d'origine japonaise[472].

Quand M. Ritz et M. Escoffier inventent le palace

Les riches Européens et Américains, eux, sont toujours à la recherche des raffinements nouveaux de la gastronomie, dont le nom vient d'être inventé. De nouveaux cadres de plaisir et de conversation entre soi.

Les bourgeois européens sont maintenant assez riches pour bien manger, mais pas assez pour s'offrir un cuisinier à domicile. Ils commencent à fréquenter des restaurants de luxe, qui ouvrent désormais dans les quartiers les plus riches. Ils s'y montrent, ils y parlent, ils y organisent leur pouvoir et leurs alliances. Déjeuners d'affaires, dîners d'alliance, repas de mariage.

Autre nouveauté : ces riches commencent à voyager pour leur plaisir. Perpétuant une pratique née au XVIIe siècle, les aristocrates de toute l'Europe, en particulier les Anglais, entreprennent, au milieu du XIXe siècle, ce qu'on nomme alors un « grand tour » (d'où vient le mot « tourisme ») : ils prennent de longues vacances en Suisse, ou sur la Riviera française ou italienne. Pour se loger, ils louent de belles maisons et s'attachent les services d'un chef. Au nomadisme des pauvres commence à s'ajouter celui des riches.

À la fin du XIXe siècle, pour satisfaire la demande de ces Européens fortunés, de plus en plus nombreux (qui n'ont pourtant pas les moyens de s'offrir un chef à domicile ni une villa au bord de la Méditerranée), s'ouvrent des restaurants et des hôtels de luxe, en Suisse, en Italie, en France. Puis partout en Europe.

Cela ouvre la voie, à la fin du siècle, à la naissance du « palace », qui se veut luxe indépassable, dont le nom même renvoie au « palais » des princes. César Ritz va en être l'inventeur. Sa vie raconte tout de ce basculement.

Né en Suisse en 1850 et placé à 14 ans comme apprenti sommelier à l'*Hôtel de la Couronne et de la Poste* à Brigue, dans le canton du Valais, en Suisse, César Ritz vient travailler à Paris lors de l'Exposition universelle de 1867 comme serveur, puis comme sommelier, puis maître d'hôtel chez *Voisin*, restaurant alors fameux installé rue Saint-Honoré, célèbre notamment par son chef, Alexandre Choron. Ritz y côtoie le Tout-Paris ; son charme, son entregent le font remarquer. Il travaille ensuite pendant dix ans dans d'autres hôtels, en Autriche, en Suisse et à Monte-Carlo. Il apprend. Il épargne. En 1880, il engage ses économies pour acheter son premier hôtel, l'*Hôtel des Roches noires*, construit en 1866 (Marguerite Duras y logera tout à la fin de sa vie), à Trouville. C'est un échec, qui le convainc de l'importance de s'associer avec un grand chef pour qu'un hôtel de luxe réussisse. En 1881, Ritz devient directeur général du *Grand Hôtel* à Monte-Carlo et y rencontre Auguste Escoffier. Rencontre décisive. Escoffier, c'est l'ancien chef de cuisine au quartier général de l'armée du Rhin à Metz (on lui doit, entre autres recettes originales, la poire Belle-Hélène, la crêpe Suzette et la pêche Melba). En 1888, Ritz achète l'hôtel *Minerva* à Baden-Baden, puis l'*Hôtel de Provence* à Cannes. Tout en travaillant avec Escoffier au projet d'un hôtel de très grand luxe à Paris.

Il se lance la même année : avec l'aide de deux milliardaires (l'homme d'affaires Alexandre-Louis Marnier-Lapostolle, inventeur de la liqueur au succès retentissant « Grand Marnier », dont le nom fut suggéré par Ritz lui-même, et Alfred Beit, magnat britannique du diamant considéré à cette époque comme l'homme le plus riche du monde), Ritz achète, à crédit, le prestigieux hôtel particulier de Gramont, situé au 15 place Vendôme, où ont logé les plus grandes familles de la noblesse française, dont le futur Louis XV. Ce n'est encore qu'un hôtel particulier, pas un hôtel ouvert au public. Pour en faire un palace unique, il s'inspire des châteaux de Versailles et de Fontainebleau. Il y fait construire des ascenseurs et y installe l'électricité, l'eau, un téléphone et une salle de bains dans chacune des 159 chambres. Il fait appel aux plus grandes maisons de l'époque (Christofle, Baccarat, Rouff) pour décorer les chambres et le restaurant. Il confie à Escoffier l'organisation de cuisines pour servir 500 couverts.

Pendant que commencent les travaux, en 1889, Ritz devient directeur d'un nouvel hôtel à Londres, le *Savoy*, que vient de créer un imprésario de théâtre. Escoffier l'y accompagne. L'un et l'autre continuent de suivre les travaux de leur futur hôtel à Paris. Et s'inspirent beaucoup de ce qu'ils voient et apprennent à Londres.

Le menu du souper du 30 octobre 1893 de l'hôtel *Savoy* de Londres (rédigé en français, seule langue acceptable dans une cuisine dirigée par Escoffier) donne une idée de la cuisine de ce chef : « Consommé de poule-au-pot, consommé de tortue au madère, huîtres Favorites, cailles pochées à la Richelieu, noisettes d'agneau fines herbes, brochettes d'ortolans, suprême de volaille Jeannette, parfait de foie gras, salade mignonne, timbales d'écrevisses américaines, asperges nouvelles, biscuits glacés, bénédictins rosés, friandises, fruits[270]. »

La même année, l'école hôtelière de Lausanne, la plus ancienne, est créée par Jacques Tschumi, directeur de l'*Hôtel Beau-Rivage Palace* de Lausanne et président de la Société suisse des hôteliers.

En 1898, après dix ans de travaux, Ritz ouvre enfin son hôtel, auquel il donne son nom : le *Ritz*. Le premier palace. La soirée d'inauguration du 1er juin 1898 rassemble toute la société mondaine d'Europe et d'Amérique, venue spécialement à Paris pour l'occasion. Le prince de Galles déclare : « Là où Ritz va, j'irai. » L'hôtel est vite durablement plein. « Ritzy » devient une épithète, signifiant « chic, élégant ». Les grandes salles de dîner accueillent les dames, qui, jusqu'alors, soupaient dans leurs appartements privés. L'hôtel devient le lieu à la mode où les femmes peuvent exhiber leurs toilettes et les hommes faire étalage de leur fortune et conclure de nouvelles affaires. En 1904, on peut lire dans *Le Figaro* : « C'est toujours chez Ritz que commence la "saison" de Paris, et toujours chez lui qu'elle se termine[473]. »

Ritz ne se contente pas de ce palace : en 1905, il en ouvre un autre, portant aussi son nom, à Londres, rival du *Savoy* dont il fut le directeur général. Puis un autre en 1906 à Madrid, puis d'autres encore au Caire, à Johannesburg, à Montréal et à New York[12, 43].

Un peu plus tard ouvrent les autres palaces parisiens : le *Crillon* (1909), le *Lutetia* (1910), le *Plazza* (1913), le *Bristol* (1925).

Pour le peuple européen : encore du pain et des pommes de terre

Le peuple, lui, se nourrit de pain et de pommes de terre, très peu de viande. Dans l'Europe paysanne, la soupe et la bouillie cuites au chaudron constituent encore le socle de l'alimentation. On l'agrémente de graisse de porc et on l'accompagne parfois de légumes verts (choux, oignons, oseille, haricots) et de pommes de terre. Le pain (bis ou noir, d'orge, de seigle, de maïs ou de froment) occupe toujours une place prépondérante. Peu de beurre, que l'on sait mal conserver ; beaucoup de lait. Jamais de poisson, sauf sur les côtes. Les fruits sont très rares : principalement des pommes, des poires ; et du raisin dans les régions viticoles. Le dimanche, on peut parfois ajouter une tranche de porc salé. Et, rarement, très rarement, une volaille. Enfin, les produits plus fins (le chocolat, le café, le sucre, les pâtes) sont réservés aux très grandes occasions : dans le Jura et le Vaucluse, on offre une livre de sucre à la naissance d'un enfant[104].

Le nombre et le lieu des repas sont dictés par les contraintes du travail dans les champs : en France, en été, on compte en règle générale un petit déjeuner avant le lever du soleil, un premier goûter vers 11 heures, un dîner à 13 heures, un second goûter à 16 heures et un souper vers 21 heures. En hiver, on supprime les deux goûters et on soupe plus tôt. La vaisselle se limite à la cuillère et l'écuelle de terre cuite. Chaque homme dispose de son couteau de poche personnel[104].

Quand il devient ouvrier, le paysan apporte sa cantine depuis chez lui avec ces mêmes aliments, préparés par l'épouse. Il mange désormais seul, vite, entre deux tâches à l'usine. Le silence s'abat sur le déjeuner.

La consommation de céréales et de pommes de terre atteint son apogée vers 1880 en Angleterre ; en 1894 en France ; en 1903 en Allemagne[28]. Puis elle baisse, et augmente celle de protéines animales et de laitages.

Les agriculteurs et éleveurs irlandais inventent un plat à base d'ovins (mouton et agneau), de pomme de terre, de persil et d'oignon, seules denrées qui n'étaient pas réquisitionnées pour le commerce : le *Irish stew*. Il évolue à la fin du XIXᵉ siècle, quand les Irlandais diversifient leurs cultures et y intègrent des navets et des carottes.

À la fin du XIXᵉ siècle, le développement de la chimie minérale permet d'élaborer le premier produit phyto-sanitaire, la bouillie bordelaise, mélange de sulfate de cuivre et de chaux, d'abord utilisée pour traiter les feuilles de vigne contre le mildiou[474].

En France, le modèle alimentaire se distingue encore de celui des autres Européens : la population française reste plus rurale. En 1880, 70 % l'est encore ; même si l'agriculture rapporte désormais moins à l'économie française que l'industrie. On y consomme beaucoup plus de fruits et de légumes qu'ailleurs : 50 kilos par an et par personne en 1800 et 102 kilos en 1894. On consomme aussi un peu plus de sucre en France qu'en Allemagne, grâce au sucre de betterave[97].

Dans le reste du monde : la diversité persiste

Dans les campagnes russes, on consomme encore surtout des pommes de terre à l'eau, du poisson bouilli ou séché, et du « kasha », bouillie à base de sarrasin mondé, de millet ou de blé cuit à l'eau, plongé dans du lait et du gras[35].

En Chine, les paysans consomment riz, orge et avoine en bouillie, cacahuètes, nouilles, légumes, tofu, pain frit et à la vapeur, soupe de chou, au porc ou au boudin. Volailles et fruits de mer sont rares et prisés. On consomme des insectes, comme partout ailleurs en Asie. Le vinaigre et la sauce au soja font office de principaux assaisonnements[33, 262].

Au Japon, sous le shogunat Tokugawa, qui se termine en 1867 avec le début de l'ère Meiji, les paysans se nourrissent de céréales grossières (comme le millet), de soupe, de tofu et de légumes (radis, navets, champignons, aubergines) et de pommes de terre importées par les Hollandais au XVIIe siècle. Le poisson est consommé cru. Le riz reste encore un produit de luxe, que les paysans réservent au commerce plutôt qu'à leur consommation personnelle[38, 259, 260, 261]. Malgré l'interdit bouddhiste, la consommation de viande de porc, de cheval et de bœuf se popularise, mais demeure symbole d'impureté. L'entrée dans l'ère Meiji (1868) s'accompagne d'une profonde volonté de modernisation sur le modèle occidental. Cette volonté bouleverse l'ensemble de la société, ses habitudes et ses pratiques. Ces changements se répercutent notamment dans les pratiques alimentaires. C'est à cette époque que le gouvernement japonais promeut la consommation de viande avec la création, en 1869, de la Beef Company. En 1872, c'est l'empereur Meiji en personne qui montre l'exemple, en consommant de la viande et en déclarant publiquement qu'il en a apprécié le goût. La même année, le ministère de l'Éducation fait écrire et publie un livre expliquant que la viande de bœuf, mais aussi le lait, étaient déjà parfois consommés à l'époque féodale. Les autorités japonaises perçoivent la consommation du lait comme un facteur de bien-être. Les produits dérivés ont eu plus de mal à s'imposer, mais le beurre et les fromages les moins odorants sont de plus en plus consommés par la population locale.

L'escalope de porc panée et frite fait son apparition. Le riz au curry accompagné de viande ou de fruits de mer s'est développé avec l'importation de curry indien depuis l'Angleterre. Ce plat devenu traditionnel s'appelle le kare-raisu.

En Inde, les paysans hindouistes se rabattent sur le millet, le « ragi » et le blé dont ils font des pains appelés « chapati ». La viande leur est prohibée. Au Gujarat, ils mangent de fabuleux légumes. Au Penjab, des plats que les Anglais vont imiter. Les musulmans consomment du bœuf et de la volaille agrémentée d'épices (tandoori, curry…). En Inde, comme au Japon, le riz est réservé aux plus fortunés. À partir de 1858, certaines épices, comme le curry, et certains plats indiens connaissent un succès phénoménal en Grande-Bretagne[257, 258].

En Afrique, le sorgho et le mil forment alors toujours la base de l'alimentation, souvent réduits en bouillie ou en farine pour réaliser galettes et polenta. Les légumes principaux sont le pois Bambara et le pois à vache. On trouve également des « légumes-feuilles », directement issus des arbres (comme le baobab). La viande provient souvent de la chasse en brousse (antilopes, singes, écureuils, pintades). Il y a peu d'élevage. On consomme aussi partout des insectes. Peu à peu, la colonisation européenne entraîne la pénétration du « repas européen », et la soumission des Africains au diktat alimentaire des colonisateurs[333].

Ainsi peut commencer ce qui va devenir, avec l'explosion démographique, le pire siècle de l'alimentation humaine.

Chapitre 6

La diététique
au service du capitalisme alimentaire

XXᵉ siècle

À la fin du XIXᵉ siècle, alors que la population mondiale atteint 1,6 milliard de personnes et que le centre du pouvoir économique et politique mondial commence à basculer de l'Europe vers les États-Unis, le capitalisme américain impose progressivement un nouveau modèle alimentaire au monde entier. Et avec lui, une nouvelle manière de manger, et donc de converser. Ou plutôt, on va le voir, de ne plus converser. Être plus solitaire, pour consommer davantage. Se taire pour acheter.

Manger devient le nom de l'Amérique, comme l'Amérique devient le nom de ce que l'on mange. Et, comme toujours, il n'est pas seulement question de nourriture, mais aussi de la façon dont on la mange ; et de quoi on parle, ou ne parle pas en mangeant ; avec des conséquences majeures sur la vie culturelle, sociale et politique du monde. On va manger de plus en plus vite, de plus en plus mal, de plus en plus industriel. En consacrant une part décroissante de son budget à se nourrir.

Certains peuples résistent. Soit, comme la France, parce qu'ils ont les moyens d'échapper à ce modèle, soit, comme beaucoup d'autres, parce qu'ils n'ont pas encore les moyens d'y accéder.

Une ruse du capitalisme américain : la diététique

À la fin du XIXe siècle, on mange encore aux États-Unis à peu près comme en Europe ; et souvent mieux encore : chaque émigrant débarque dans le Nouveau Monde avec ses propres recettes, sa propre façon d'organiser ses repas, de célébrer ses fêtes religieuses et familiales, ses propres sujets de conversation, sa propre discipline à table. Certains en excluent les femmes. D'autres leur donnent tout pouvoir et laissent même parler les enfants.

Les premiers livres de cuisine publiés aux États-Unis sont anglais, français, allemands, irlandais, polonais, espagnols, juifs et même chinois. Pizza, *Irish stew*, goulash, carpe farcie, paella se partagent les communautés. Tous découvrent en arrivant des légumes et viandes nouveaux, de qualité, produits par une agriculture saine, et s'en servent pour cuisiner leurs plats.

Ces produits viennent alors enrichir les traditions culinaires européennes et se mélangent en des recettes nouvelles, proprement américaines, venues en particulier des pratiques des cow-boys des grandes plaines, des fermiers du Nord-Est, du Texas ou de la Louisiane.

Progressivement, tout cela va cependant converger, s'unifier, s'harmoniser, s'appauvrir.

Le peuplement de l'Ouest ouvre en effet de nouveaux marchés aux industriels, qui profitent des innovations techniques de l'époque, notamment des trains réfrigérateurs, pour y transporter de la viande sur de longues distances et unifier le marché alimentaire du continent nord-américain.

Et pour permettre aux consommateurs d'acheter aussi de quoi se loger, se vêtir, se transporter, se distraire, il faut réduire le coût de l'alimentation. Et donc l'unifier, la simplifier, la neutraliser.

Manger ne doit plus être un sujet de conversation. Et pour cela, il faut manger des choses ennuyeuses. Et si possible, pour être plus efficace encore, les manger seul, en travaillant. Pour cela, il faut imaginer une nourriture industrielle capable de nourrir à peu de frais les ouvriers et leurs familles.

C'est difficile à faire accepter, dans un pays qui vient de naître sous le signe de l'abondance alimentaire et de la qualité des produits, et où les nouveaux arrivants venus d'Espagne peuvent enfin espérer manger à leur faim.

Pour y parvenir, le capitalisme américain va passer par un détour : faire croire aux Américains que leur nourriture, aussi abondante, aussi diversifiée, aussi naturelle soit-elle, n'est pas saine ; qu'il en faut une autre, plus austère et moins naturelle. Industrielle. Et qu'il leur faut cesser de passer du temps à table, s'ennuyer en mangeant, penser le moins possible à l'alimentation.

Ruse incroyable : prétexter une prétendue rationalité diététique pour réduire les exigences alimentaires des classes populaires ; utiliser une excuse thérapeutique pour faire passer le goût au second plan ; pousser les gens à acheter, à peu de frais, des produits industriels, supposés hygiéniques. Plutôt que de manger bon, en y consacrant une part importante de leur revenu. Manger vite, seul. Casser les familles et les solidarités culturelles et gastronomiques.

La frugalité alimentaire va être mise au service du profit et de l'unité nationale.

Cette mutation des comportements alimentaires aux États-Unis vient de loin ; elle commence dès le premier tiers du XIXᵉ siècle : des médecins, tels Edward Hitchcock Jr. et William Talcott, prônent l'abandon des viandes, des épices, des condiments, du café, du thé, de l'alcool, du tabac et de toutes les pratiques sexuelles, en particulier masturbatoires ; ils font la promotion des légumes, des fruits, de l'activité physique, qu'ils associent à une attitude mentale « positive[69] ».

Un peu après, vers 1860, un prédicateur protestant de Philadelphie, Sylvester Graham, s'inspirant des théories vitalistes françaises du XVIIIᵉ siècle dont il a été question plus haut, s'oppose lui aussi à la consommation d'alcool, de viande et d'épices et à l'activité sexuelle ; tout cela, selon lui, provoquerait une stimulation excessive du système nerveux et entraînerait des maladies mortelles[28]. Il recommande aussi de ne pas consommer de céréales produites en utilisant des engrais chimiques (qui commencent, on l'a vu, à apparaître). Et pour lui, le goût n'est pas le critère de qualité de la nourriture : il faut manger des produits sains, donc fades.

Graham part « évangéliser » les États-Unis : « Soyez végétariens, ne mêlez pas des composés chimiques (notamment de levures de bière) dans la pâte à pain blanc », dit-il à tous ceux qui veulent l'entendre ; il accuse les boulangers de couper leur farine avec de la poudre d'albâtre ou de la potasse, afin de la blanchir. Il fait des adeptes dans de nombreuses villes du pays. Certains de ses disciples, les « grahamites », publient un magazine, le *Graham Journal of Health and Longevity* ; d'autres créent des « sections grahamites » dans les campus des universités qui viennent d'ouvrir dans l'est du pays. D'autres enfin créent la *Graham flour* (farine de blé non concassée ni tamisée) et les *Graham crackers* (de longs et peu épais biscuits faits avec de la *Graham flour* et aromatisés au miel)[68], à base de céréales, plantées sur des sols dits « purs », c'est-à-dire sans engrais, même organiques.

D'autres enfin ouvrent des échoppes vendant les produits que Graham recommande.

Vers 1870, les avancées de la science, notamment de la chimie, vont dans le même sens que ces prédicateurs et considèrent le goût comme un élément annexe de la qualité de l'alimentation : en mettant au jour le rôle prépondérant des glucides, des lipides et des protéines à ce moment, des diététiciens américains expliquent comme Graham qu'il suffirait d'avaler certaines protéines, sans goût, pour se nourrir convenablement et pour pas cher. Tout est en place pour basculer dans la nourriture industrielle. Et pour en finir, en même temps, avec le repas autour d'une table.

Calories et corn-flakes

Vers 1880, un disciple de Graham, chimiste et universitaire américain, Wilbur Olin Atwater, cherche à quantifier la valeur nutritionnelle des aliments. Pour y parvenir, il adapte à la nourriture la notion de « calorie » (définie cinquante ans plus tôt pour la chaleur par le Français Nicolas Clément) en la définissant comme la quantité de chaleur potentiellement dégagée par un aliment lors de sa « combustion ». Pour lui, une calorie est l'énergie nécessaire à l'organisme pour soulever une tonne d'une hauteur d'1,53 pied, ce qui correspond à environ 4 500 joules. (On découvrira plus tard que tout apport calorique non dépensé par l'organisme est transformé puis stocké dans le corps sous diverses formes et que, même au repos, un homme adulte dépense près de 1,8 calorie par seconde.) Avec ce concept, la valeur de la nourriture est évaluée non plus par son goût, son odeur, sa texture, les produits qui la composent, leur cuisson, ou par la qualité de la conversation qui entoure le repas, mais par un nombre unique, qui la résume abstraitement : les calories. Ce sera bientôt le critère essentiel de la valeur de l'alimentation[117]. Le goût devient secondaire.

En 1898, les *Graham crackers* sont un tel succès dans tout le pays que, pour mieux les commercialiser, les deux réseaux de boulangeries qui les vendent, celui de William Henry Moore (un juge devenu financier) et celui d'Adolphus Greene (un avocat devenu industriel) fusionnent dans la National Biscuit Company (qui deviendra plus tard Nabisco, puis Mondelez International)[336].

Ironiquement, les *Graham crackers* d'aujourd'hui sont composés d'ingrédients que Sylvester Graham aurait sûrement dénoncés : sucre, farine blanchie, conservateurs…

Ainsi commence l'industrie agroalimentaire, par un détour diététique et religieux.

Et ce n'est pas fini : en cette même année 1898, un autre disciple de Graham, le docteur John Harvey Kellogg, qui gère alors un sanatorium à Battle Creek, Michigan, prône lui aussi l'interdiction de la viande, des épices, de l'alcool et de la masturbation. Il prescrit à ses malades une nourriture végétarienne et insipide « pour favoriser le repos de l'âme », suivant les principes de ce qu'il nomme le « *biologic living*[75] » : vivre dans le respect de la nature, de son corps et de la morale. Il crée, avec son frère Will Keith, la Battle Creek Sanitarium Health Food Company, pour produire et distribuer à ses propres malades des aliments conformes à ses principes. Cherchant un produit qui pourrait remplacer le pain, les deux frères laissent reposer des grains de blé cuits et les regroupent en deux rouleaux pour former de fins lambeaux de pâte, qu'ils cuisent : ainsi naissent les *corn-flakes* (« flocons de céréales »). Le Dr. Kellogg est convaincu que ce nouvel aliment est un médicament qui soignera l'indigestion et atténuera la libido de ses patients. Et que, comme il sera présenté comme ayant une valeur thérapeutique, aucun de ses patients n'attachera d'importance à son goût. Devant le succès des *corn-flakes* dans son sanatorium, Will Keith Kellogg décide d'en produire pour le grand public. En 1906, il crée la Battle Creek Toasted Corn Flake Company, qui deviendra en 1922 la Kellogg Company[57, 238].

Aujourd'hui, peu de consommateurs de *corn-flakes* savent que ces aliments furent créés pour réduire leur appétit sexuel.

Faire oublier la table, pour favoriser le capitalisme

À la fin du XIXᵉ siècle, en Amérique, tout est fait pour faire passer le goût au second plan, pour manger plus vite, des choses fades ou bourratives, qui n'incitent pas à passer du temps à table. La durée des repas diminue, en particulier dans les usines. Mais aussi à la maison. La société américaine commence à devenir une juxtaposition d'individus isolés, mangeant seuls ou avec des inconnus au travail. On n'a plus, à la maison, de salle à manger mais un « *living-room* ». Cette réduction de l'espace des repas accroît la productivité. Elle n'est pas pour rien dans le formidable décollage économique des États-Unis.

Parallèlement, la production industrielle de produits alimentaires de très mauvaise qualité s'accélère. Au point que des mouvements de consommateurs, notamment portés par des femmes au sein de *The Ladies' Home Journal*, fondé en 1883, et de la General Federation of Women's Clubs, qui réunit alors environ 100 000 femmes dans des clubs répartis sur le territoire américain, protestent[335]. En vain : l'industrie agroalimentaire est devenue si puissante que, de 1890 à 1905, le Congrès rejette 200 propositions de législation visant à contrôler la qualité des produits alimentaires et des médicaments ; par accord tacite entre les deux Chambres, l'une prenant toujours la responsabilité de refuser les propositions venues de l'autre.

En 1906, les industriels de l'agroalimentaire sont devenus assez puissants pour imposer leurs propres normes fédérales, conformes à leurs intérêts. Ils laissent alors le Congrès voter une loi, dite « de protection des consommateurs », le Pure Food and Drug Act, qui, en réalité, vise à imposer des normes continentales permettant à certains industriels de vendre leurs produits sur tout le territoire des États-Unis et de punir les contrevenants à ces normes, c'est-à-dire leurs concurrents. Au même moment, le Meat Inspection Act criminalise la falsification des produits carnés, réglemente les processus d'abattage et instaure un cadre sanitaire et réglementaire unique sur les produits alimentaires et médicamenteux au niveau fédéral[128].

Masquer le goût

Dès que le Pure Food and Drug Act est publié, un de ses principaux promoteurs, J. Heinz, fils d'immigrés allemand (qui a créé, trente ans auparavant, avec son frère et un cousin, l'entreprise F & J Heinz, dont le principal produit était déjà le Heinz Tomato Ketchup®, vendu dans une bouteille octogonale, encore aujourd'hui symbole de la marque), mécanise les processus de sa production désormais de masse et pour tout le continent. Cette sauce, inspirée d'une recette venue d'Asie à la fin du XVIIᵉ siècle, contient de la tomate, du sel, du poivre, des épices (clou de girofle, cannelle, piment de Jamaïque), du céleri, des champignons, des échalotes, du sucre et des conservateurs[96, 237]. Une sauce à tout faire, conforme aux normes du Pure Act, qu'Heinz a lui-même aidé à définir ; une sauce que tout le monde va bientôt utiliser pour masquer le goût de tous les plats. Une sauce parfaite pour une nourriture insipide.

Elle marque le début d'une nouvelle phase de l'industrie alimentaire : après avoir fait manger fade, on recrée un goût artificiel pour masquer le vide du produit.

À ce moment, l'industrie agroalimentaire est déjà la première industrie des États-Unis ; et les livres de cuisine américains se distinguent des livres européens, insistant sur la valeur énergétique des plats et non plus sur le goût. Introduisant à côté des calories une nouvelle notion qui vise, elle aussi, à faire passer le goût au second plan : la vitamine, dont la découverte est associée aux noms d'un médecin hollandais, Christiaan Eijkman, et d'un biochimiste polonais, Kazimierz Funk, et dont le nom vient de ce qu'elle contient un groupe « amine » (composé azoté obtenu à partir d'une molécule d'ammoniac, dans laquelle un ou plusieurs des atomes d'hydrogène ont été remplacés par des groupes d'atomes carbonés) et qu'elle est essentielle à la vie – vita-mine.

Le travail à la chaîne commence dans les abattoirs de Chicago

Une fois de plus, comme ce fut le cas avec le feu, la lance, l'arc, la roue, le gouvernail d'étambot, et tant d'autres, une innovation en matière agroalimentaire va transformer le mode de production économique dans son ensemble. Et accélérer le processus conduisant à la destruction du repas comme espace de conversation.

À la fin du XIXᵉ siècle, 80 % des animaux consommés aux États-Unis, en particulier les porcs, passent par les abattoirs de Chicago, que certains Américains surnomment Porcopolis. Là, depuis 1850, des innovations considérables ont été progressivement introduites dans l'organisation du travail : les carcasses sont accrochées à un rail se déplaçant devant des ouvriers debout qui répètent une même tâche : abattre, découper, détacher. Quand apparaît l'électricité, la chaîne est automatisée ; la productivité explose : près de 4 000 bœufs sont tués par jour ; un bœuf toutes les neuf secondes ; et un porc toutes les cinq secondes. Et c'est particulièrement rentable pour les industriels fabriquant des conserves à partir de ces animaux.

Cette méthode est d'abord imitée par les cigarettiers d'American Tobacco. Puis, en 1908, un jeune fabricant d'automobiles, Henry Ford, a l'idée de s'en inspirer aussi, pour produire à la chaîne ses modèles, jusqu'ici produits artisanalement. Pour y parvenir, il doit résoudre quelques problèmes spécifiques, bien plus complexes que ceux des abattoirs : différents postes de travail doivent pouvoir travailler en même temps ; et l'approvisionnement de la chaîne doit être continu et fluide. En 1913, après plusieurs échecs, Henry Ford lance la première chaîne au monde de montage d'automobiles, pour construire un modèle adapté à ce mode de production, et dont le coût est ainsi beaucoup plus bas que celui de toutes les autres automobiles alors en vente sur le marché mondial : la Ford T.

Immense succès, qui va bouleverser l'industrie mondiale, dans tous les secteurs. Ford reconnaîtra dans ses mémoires, *My Life and Work*, parus en 1922, s'être inspiré du fonctionnement de la chaîne des abattoirs de Chicago : « L'idée générale en fut empruntée au trolley des fabricants de conserve de Chicago[129]. »

Produire en série de la nourriture

Les innovations dans la fabrication de la nourriture permettent alors de réduire d'abord le coût de l'alimentation, puis celui des automobiles, premiers biens de consommation que les classes moyennes vont pouvoir convoiter, justement grâce à la réduction du coût de leur alimentation.

Au même moment, après un siècle de prototypes et d'expérimentations, les moyens d'améliorer l'efficacité du travail à la cuisine (four, cuisinière, frigidaire, machines à laver) commencent à entrer dans la sphère domestique ; se préparant à devenir bientôt, eux aussi, après l'automobile, des biens de consommation de masse, produits à la chaîne, libérant les femmes de nombreuses tâches ménagères pour leur permettre de travailler et de consommer autrement.

Dans les appartements ou les maisons américains, même quand la place ne manque pas, la cuisine s'ouvre sur le salon : les lieux où l'on vit et les lieux où l'on mange se mêlent.

En 1892, le Canadien Thomas Ahearn dépose le brevet d'un « four électrique », dont il fait la présentation au grand public à la Chicago World's Fair en 1893 ; cela reste d'abord sans suite[232]. En 1905, l'Australien David Curle Smith perfectionne l'invention sous sa forme moderne d'un four surmonté d'une plaque électrique chauffante[314]. Le coût de l'électricité, sa difficulté d'accès, la courte durée de vie des composants de chauffage et la crainte que suscite cette nouvelle forme d'énergie ralentissent sa diffusion sur le territoire américain.

En 1900 est créé, à Clermont-Ferrand, le Guide Michelin par les frères André et Édouard Michelin, à l'occasion de l'Exposition universelle de Paris. Initialement, ce premier guide gastronomique et routier est gratuit et distribué aux clients achetant des pneumatiques[130].

D'autres firmes agroalimentaires apparaissent : en 1901, Monsanto est fondée, d'abord pour produire de la saccharine, puis de l'aspirine. En 1902, Pepsi-Cola est créée sur une recette différente de celle du Coca-Cola (les deux compositions étant jalousement gardées secrètes, jusqu'à aujourd'hui). En 1903, James Kraft commence à vendre du fromage à Chicago, avant que l'entreprise familiale prenne le nom de J.L. Kraft & Bros. Company et devienne une des plus grandes firmes agroalimentaires mondiales[236].

D'autres firmes se développent en Europe, sur le modèle américain : en 1906, Joseph Léon Jacquemaire met au point la Blédine, une bouillie céréalière destinée aux nouveau-nés qui ne supportent pas le lait artificiel ; en 1908, le lait en poudre est inventé en Suisse par Maurice Guigoz[357].

Cette même année 1906, Arsène d'Arsonval, médecin et physicien français, qui a notamment découvert le principe de l'énergie thermique des mers, crée la lyophilisation, en alliant la surgélation et la déshydratation des aliments. Il rend ainsi beaucoup plus facile la production et la conservation de repas préparés à l'avance[475].

En 1913, les premiers réfrigérateurs personnels sont commercialisés aux États-Unis[30]. En 1913, le procédé Haber-Bosch, du nom des chimistes allemands Fritz Haber et Carl Bosch, permet de fixer l'azote et donc de massifier la production d'engrais azotés. Toute l'agriculture mondiale en sera progressivement bouleversée[361].

Pendant la Première Guerre mondiale, le processus d'industrialisation de la nourriture s'accélère. Le corned-beef devient le plat de base des combattants britanniques, américains, australiens et néo-zélandais. Il est désormais produit en Argentine, qui devient un des premiers producteurs de viande du monde[116].

Les repas préparés à l'avance se glissent partout. Dans les entreprises, dans les trains, sur les bateaux et même dans les premiers avions : en 1919, la compagnie anglaise Handley Page Transport sert le premier repas en vol, sur un Londres-Paris, moyennant 3 shillings. Les repas, préparés dans les restaurants de l'aéroport, sont conservés à bord dans des boîtes isothermes jusqu'au service[268].

Tout va aller très vite ensuite, et on va passer de la production rapide de nourriture à sa consommation accélérée.

Manger vite, fast-food

Tout est en effet en place pour que surgisse, après la Première Guerre mondiale et des décennies de préparation idéologique et matérielle, le restaurant de cuisine rapide, pour des repas rapides.

Il ne s'agit plus de nourrir les familles à domicile, ni dans des restaurants cuisinant chacun à leur manière, ni dans des cantines ou des restaurants d'entreprise, mais de nourrir à peu de frais des masses croissantes de consommateurs, ne bénéficiant ni de cantine ni de possibilité de faire la cuisine chez eux. Dans des restaurants appliquant des recettes standardisées, sur le modèle de la production en série. Dans des restaurants où il n'est pas question de s'attarder et qui ne sont pas des lieux de conversation.

Ce sera le « fast-food », dont le nom n'apparaîtra que beaucoup plus tard.

La nourriture qu'on y servira ne respectera pas les principes définis par les diététiciens américains des décennies précédentes, qui pourtant l'ont fait naître : elle sera grasse, salée et sucrée, et utilisera des produits de qualité médiocre, pour satisfaire à peu de frais l'appétit du consommateur tout en créant un sentiment d'addiction. La dévalorisation du goût facilite cette transition.

Cette nourriture sera aussi portable. La forme du sandwich, reprise de la fin du XVIIIe siècle, facilite le nomadisme des consommateurs et ratifie la fin de la sociabilité du repas.

En 1921, à Wichita, dans le Kansas, le cuisinier Walter Anderson et l'agent immobilier Billy Ingram fondent *White Castle*, qui deviendra le premier restaurant de la première chaîne de restauration rapide du monde. Ils y vendent à bas prix des hamburgers carrés entre deux tranches de pain. Gros succès ; des franchises sont créées. Dix ans plus tard, on trouve des restaurants sous la marque *White Castle* dans onze États américains différents. En 1933, Anderson vend sa part de l'entreprise à son associé, qui l'étend massivement. Il y a aujourd'hui près de 420 restaurants *White Castle* aux États-Unis, principalement dans le Midwest, le Kentucky et le Tennessee[436].

En 1929, Tesco a été fondé dans le nord de Londres ; c'est d'abord une boutique d'aliments secs, puis un entrepôt de stockage de nourriture. C'est le début de ce qui sera bientôt le plus grand géant mondial de la distribution[414].

En 1930, Unilever est fondé par la fusion de Margarine Unie (producteur de produits oléagineux et gras) et de Lever Brothers (entreprise familiale spécialisée dans la production et la vente de savon). La firme se développe très rapidement dans les années 1930 sur le marché des produits surgelés et des plats préparés. En 1938, ses ventes de margarine, sorte de beurre végétal, connaissent un renouveau, avec le lancement d'un produit enrichi en vitamine. En 1943, Unilever devient l'acteur majeur sur le marché mondial des aliments surgelés avec l'acquisition de Batchelors, une entreprise spécialisée dans les légumes surgelés[358].

Dans les années 1930, Harland David Sanders, connu sous le surnom de « colonel Sanders » (grade fictif accordé par le gouverneur de l'État pour son sang-froid dans une rixe), développe dans son restaurant de Corbyn (dans le Kentucky) une recette secrète de poulet frit aux onze épices et aromates[359]. C'est le Kentucky Fried Chicken. Le *Sanders Cafe* connaît un large succès d'abord local, puis national, lorsque, en 1936, un critique gastronomique, Duncan Hines, le répertorie dans la première édition de son guide *Adventures in Good Eating*, qui rassemble 475 bonnes adresses gastronomiques à travers le pays[40]. Sanders lui-même ouvrira bien plus tard une première franchise dans l'Utah sous le nom de *Kentucky Fried Chicken* et mettra au point des techniques de production en série, à bas coût. KFC compte aujourd'hui plus 20 000 restaurants dans le monde[54].

En 1937, en Californie, deux frères, Maurice et Richard McDonald, vendent leur salle de projection de cinéma pour ouvrir sur la Route 66, aux abords de l'aéroport de Monrovia, en Californie, dans l'Orange-belt, un restaurant, *The Airdrome*, où ils servent des hot-dogs, puis des hamburgers entre deux tranches de pain à 10 cents l'unité. En 1940, ils déménagent leur restaurant à San Bernardino, banlieue en plein essor de Los Angeles, sous le nom de *McDonald's barbecue*, drive-in où des serveuses en uniforme servent des hamburgers directement à la fenêtre des voitures[222].

La diététique fade a accouché d'un monstre : on mange toujours aussi vite et aussi bon marché que l'espérait Graham. Mais pas ce dont il rêvait.

Pendant ce temps, en France, en 1920, le Guide Michelin devient payant ; une première étoile apparaît en 1926 pour distinguer les meilleurs restaurants, avant la deuxième et la troisième étoile en 1930.

L'Amérique débarque dans les cuisines du monde

Pendant la Seconde Guerre mondiale, les soldats américains au combat consomment de plus en plus de produits sucrés (dont le chewing-gum, le chocolat au lait, le Coca-Cola, le café instantané), tous supposés utiles au moral des troupes. Ils utilisent le Guide Michelin pour se repérer sur les routes françaises dont la signalisation a été détruite par les nazis.

En avançant vers Berlin et Tokyo, les GI sont les meilleurs agents de promotion de l'industrie agroalimentaire américaine, qui devient le symbole de la liberté et de la modernité.

Au même moment est inventé à Londres (où l'influence indienne se fait sentir depuis le début du siècle) le terme « végan » par un enseignant, Donald Watson, pour distinguer ceux, les végétariens, qui ne mangent pas de viande, de ceux, les végans, qui ne consomment aucun produit issu des animaux et de leur exploitation[366].

En 1946, les restaurants américains de fast-food vont bénéficier, comme les particuliers, d'une nouvelle invention majeure : le four à micro-ondes.

À ce moment, en effet, avec la paix revenue, les entreprises américaines de défense cherchent des applications civiles aux technologies développées pour des besoins militaires. Un ingénieur de l'entreprise Raytheon, Percy Spencer, observe par hasard qu'une barre chocolatée fond lorsqu'elle est à proximité d'un magnétron (utilisé pendant la guerre pour générer des micro-ondes à l'usage des radars courte distance). Il dépose un brevet sur l'utilisation des micro-ondes dans la cuisson des aliments et lance le premier four à micro-ondes, le « Radarange » ; il mesure 1,8 mètre de haut et pèse 340 kilos. Vingt ans plus tard, la compagnie japonaise Sharp le miniaturise et ajoute un plateau tournant ; et la taille et le prix deviennent raisonnables. Un nouvel équipement ménager entre dans la cuisine, qui n'est plus qu'un lieu de préparation finale de plats préparés cuisinés[233, 234].

En 1948, les frères McDonald déménagent encore et ouvrent un self-service, introduisant le système de production à la chaîne des plats. Deux ans plus tard, ils disent vendre dans leur restaurant « 1 million de hamburgers et 160 tonnes de frites par an ».

En 1954, un pianiste devenu représentant en robots mixeurs de *milk-shakes*, Ray Kroc, extrêmement ambitieux, leur propose de développer des franchises sur un modèle où tout serait standardisé : portions, emballages, ingrédients, temps de préparation, service. Il dit : « *We take the hamburger business more seriously than anyone else.* » Le 2 mars 1955 est créée par les deux frères McDonald et Ray Kroc la société McDonald's Systems, Inc. Sa première franchise est inaugurée la même année à Des Plaines, en Illinois ; la centième ouvre en 1959. En 1961, Kroc prend le pouvoir : il rachète pour 2,7 millions de dollars les parts des deux frères, qu'il force même à fermer leur restaurant originel (renommé ensuite *The Big M.* après avoir perdu les droits sur le nom de la chaîne). Kroc ouvre même un McDonald's dans le même pâté de maisons[46, 67, 222, 223] !

Ray Kroc comprend la nécessité d'innover, pour ne pas passer de mode : « Tant que vous êtes vert, vous grandissez ; dès que vous êtes mûr, vous commencez à pourrir[46]. » Et aussi : « Un contrat, c'est comme un cœur, c'est fait pour être brisé. » Il reste aussi un patron impitoyable, jusqu'à sa mort en 1984. La chasse aux dépenses superflues est constante, les procédures sont standardisées, les espaces sont ergonomiques. Puisque McDonald's vend beaucoup, la marque peut se permettre d'acheter beaucoup d'ingrédients de qualité médiocre. La main-d'œuvre, souvent jeune et non qualifiée, est également bon marché. C'est un énorme succès.

Étape majeure franchie en 1967 : McDonald's quitte les États-Unis. Les McDonald's deviennent canadiens en 1967 ; costaricains en 1970 ; japonais, néerlandais et allemands en 1971 ; français en 1972 ; chinois en 1990 ; marocains en 1992 ; indiens en 1996. En 2019, la marque est présente dans plus de 100 pays et compte 36 000 restaurants. La firme est devenue le symbole mondial du *way of life* américain, même si les menus sont adaptés aux goûts locaux.

La réputation de McDo est alors écrasante : une étude américaine réalisée au début des années 2000 montre que 96 % des écoliers américains connaissent le symbole de la marque, le clown Ronald (qui n'est le prénom d'aucun des deux frères fondateurs). Seul le père Noël réalise un meilleur score[266].

Cette réputation est aussi très inquiétante : une autre étude montre que la présence d'un fast-food à moins de 150 mètres d'une école accroît de 5,2 % le risque qu'un enfant devienne obèse[118].

Famines et géopolitique au XXᵉ siècle

Le XXᵉ siècle est encore aussi, ailleurs, un temps de famine, avec de nombreuses conséquences politiques et géopolitiques.

Après une famine qui en tua près de 400 000 en Russie tsariste en 1891-1892, les paysans russes commencent à s'organiser et Lénine s'en réjouit : la famine sert à « frapper mortellement l'ennemi à la tête[19] » et il prend le pouvoir en 1917.

En Allemagne, les petits propriétaires terriens, endettés pour absorber la baisse des prix des matières premières (et l'hyperinflation de 1923), subissent la crise de 1929 de plein fouet. Des mouvements de contestation paysans, parfois violents (comme l'Association chrétienne nationale paysanne), se constituent et gagnent en popularité. Le NSDAP en tire parti et il est, aux élections de 1932, le parti le plus populaire au sein des petits fermiers[138, 139, 140]. Et il prend le pouvoir.

En Chine, en 1958, la mise en place des « Communes populaires », communautés rurales théoriquement auto-suffisantes, entraîne des réformes agricoles absurdes et délétères, qui délaissent le bon sens scientifique au profit de considérations idéologiques. Par exemple, la campagne des « quatre nuisibles », lancée en 1958, vise à exterminer rats, mouches, moustiques et moineaux accusés de manger les graines ; mais la disparition des moineaux entraîne la prolifération des criquets qui, à leur tour, détruisent les cultures. De plus, Mao prétend que planter les graines d'une plante plus proche les unes des autres en augmente le rendement, puisque, ainsi, elles « grandiront ensemble confortablement ». Résultat : asphyxie des jeunes pousses et dégradation considérable des sols. La production agricole s'effondre, la famine se propage. Entre 30 et 45 millions de personnes meurent. Obligés de reconnaître l'échec de ces réformes, Liu Shaoqi (président de la République populaire de Chine) et Deng Xiaoping (secrétaire du Parti communiste) prennent, dès 1960, des mesures d'urgence visant à permettre aux paysans de cultiver des lopins de terre privés et restaurer une partie des marchés locaux. Jusqu'à la reprise en main du pays par Mao et le lancement de la Révolution culturelle en 1966[24, 76, 404, 405].

Au Nigeria, la proclamation de son indépendance par la province du Biafra en mai 1967 entraîne une guerre civile et un blocus maritime et terrestre. Entre 500 000 et 2 millions de personnes meurent de la faim entre 1968 et 1970[406].

Au Cambodge, en 1975, l'Angkar (l'« Organisation », nom du Parti communiste) décide que toute denrée alimentaire est la propriété du Parti communiste. Le riz sert de monnaie et la population n'en reçoit plus que 250 à 500 grammes par famille et par jour. Au total, entre 1,5 et 3 millions de Cambodgiens meurent de la faim, de la maladie, du travail forcé et des exécutions sommaires entre 1975 et 1979[142].

En Union soviétique, en 1990, l'échec des fermes collectives (dont le rendement est très largement inférieur à celui des terres privées, qui représentent 5 % de la production soviétique, pour 1,4 % de la surface agricole exploitée) accélère le processus de délitement de l'empire, sous la direction de Mikhaïl Gorbatchev, devenu secrétaire général du Parti communiste après avoir été responsable de l'agriculture de l'URSS[92].

Contre la faim, à tout prix

Dans la deuxième partie du XXᵉ siècle, la croissance vertigineuse de la population mondiale (qui passe de 1,6 milliard en 1900 à 2 en 1930, à 3 en 1959, puis à 4 en 1974, et plus de 7 milliards en 2019) oblige à chercher des solutions radicales pour nourrir un si grand nombre de gens.

Il faut d'abord à tout prix augmenter la production agricole. Plusieurs innovations majeures y participent :

En 1944, un agronome américain, Norman Borlaug, commence à travailler sur des blés à haut rendement et résistant aux maladies ; il met au point des premières variétés à la fin des années 1950 au Mexique ; elles sont exportées en Asie du Sud-Est, notamment en Inde, où elles sont testées en 1962 dans plusieurs villages. En 1966, après trois années de sécheresse, plusieurs famines ont lieu en Inde, notamment dans les États de Bihar et de l'Uttar Pradesh ; les émeutes de la faim se multiplient. Cette même année, sous l'influence du

directeur de l'Indian Agricultural Research Institute,
Monkombu Swaminathan, l'Inde importe 18 000 tonnes
de semences de variétés à haut rendement telles que
produites par Borlaug. Elles remplacent sans pitié toutes
les variétés existantes. Cette « révolution verte » est un
énorme succès quantitatif[410]. Pour vingt ans au moins.

Car la « révolution verte » est très gourmande en eau
et ne peut donc être mise en place que dans les régions
les plus facilement irrigables en accroissant la pression
sur les ressources en eau et en déclenchant des conflits
d'usage. Une étude menée dans le Penjab entre 1986
et 1989 (c'est-à-dire deux décennies après le lancement
de la révolution verte dans cet État) a montré que l'utilisation de ces variétés à haut rendement s'est faite au
détriment de la diversité génétique et de la fertilité des
sols, et que l'utilisation intensive d'engrais a pollué les
nappes phréatiques et dégradé la qualité des sols.

De plus, l'intégration à la révolution verte a été coûteuse pour les agriculteurs : les plus pauvres en ont été
exclus ou se sont surendettés. En Inde, entre 1995 et
2010, plus de 270 000 paysans se sont suicidés[411].

Ailleurs, grâce aux tracteurs, aux engrais azotés
(issus de la chimie du gaz), aux phytosanitaires (issus
du pétrole), aux phosphates et à la potasse, la productivité s'améliore énormément.

En Europe, une réforme majeure va aussi conduire à
la croissance massive de la production : prévue dès le
traité de Rome en 1957, une politique agricole commune
(PAC) entre en vigueur en 1962 avec la mission d'assurer
l'autosuffisance alimentaire de l'Union européenne. Pour
y parvenir, elle finance des compléments de prix aux
cultivateurs de céréales, puis aux producteurs de lait,
pour que le prix qu'ils reçoivent soit plus élevé que le

prix du marché mondial, alors très bas, et les incite à produire beaucoup plus. Très gros succès jusqu'à ce que cette politique conduise à des situations de surproduction qu'il a fallu maîtriser. D'abord, en 1984, par des quotas pour le lait, puis par des « quantités maximales garanties » pour les céréales et les oléagineux. Sous la pression de ses partenaires extérieurs, qui l'accusent de protectionnisme, l'Union européenne diminue considérablement les prix garantis lors de la réforme Mac Sharry en 1992 et compense cette réduction par des aides directes. En 1999, les prix garantis sont à nouveau diminués avant d'être abandonnés lors de la réforme de 2003[363]. Les producteurs de fruits et légumes, eux, n'ont jamais reçu la moindre subvention.

En 1973, Herbert Boyer et Stanley Cohen mettent au point la première méthode pour prélever un gène dans un organisme et le réintroduire dans le génome d'un autre organisme[415]. Ils ouvrent ainsi la voie aux cultures génétiquement modifiées, qui vont bouleverser la production agricole mondiale. En 1983, un plant de tabac est modifié pour résister à l'antibiotique kanamycine ; puis un autre, pour résister à un insecte ; puis il est rendu tolérant à un herbicide. On utilise ensuite cette technique pour bien d'autres plantes que le tabac ; en particulier le soja et le maïs. En 1994, la première tomate transgénique est commercialisée aux États-Unis[416]. En 1996, le premier OGM résistant à un engrais particulièrement puissant, le glyphosate, est mis au point par Monsanto : une variété de soja.

Ces semences sont, pour la première fois dans l'histoire humaine, brevetées et non réutilisables, ce qui place les paysans dans une situation de dépendance totale à l'égard des fournisseurs, en particulier de celui qui devient le premier d'entre eux, Monsanto, aujourd'hui fusionné avec un grand concurrent, l'allemand Bayer[384].

Il devient aussi impossible pour les chercheurs ou les autres entreprises de se servir de ces semences pour les croiser avec d'autres espèces afin de mettre au point de nouvelles variétés ; la création végétale est ainsi menacée. Au total, avec l'ensemble de ces innovations, entre 1960 et 2018, la production mondiale annuelle de blé et de riz triple, celle de maïs quintuple ; celle de sucre passe de 9 millions de tonnes en 1900 à 185 en 2017.

De 1960 à 2019, la disponibilité alimentaire moyenne mondiale passe d'environ 2 190 kcal par personne et par jour à 2 870 kcal. Dans les pays développés, elle se stabilise autour de 3 300 calories par jour, contre 2 000 en 1840. Dans les pays en développement, elle est encore inférieure en moyenne à 2 000 calories par jour et par personne. La proportion du nombre de personnes sous-alimentées dans le monde baisse cependant de 18,6 % en 1990 à 12,5 % en 2018.

La consommation de phosphate comme engrais passe de 5 millions de tonnes par an en 1950 à 20 millions de tonnes en 2000, 43,8 millions de tonnes en 2013. Mais seulement 30 % du phosphore versé sur les cultures atteint les plantes, le reste étant stocké dans les sols ou rejeté dans les cours d'eau.

En un siècle, l'agriculture a rendu un milliard d'hectares de terres fertiles incultivables à cause de la disparition de la matière organique et de l'érosion.

Le généticien espagnol José Esquinas Alcazar estime alors que, depuis le début du xxᵉ siècle, 75 % de la diversité a été perdue à cause de ces pratiques agricoles destinées à l'augmentation des rendements. En particulier, à peine 5 % des 8 000 variétés de pommes de terre qu'on pouvait trouver aux États-Unis à l'aube du xxᵉ siècle sont encore disponibles à la consommation[384].

Parallèlement, le nombre de paysans s'effondre : les grandes propriétés agricoles prennent le dessus dans le monde. Il y a de moins en moins de petits producteurs. Entre 1950 et 2010, la proportion d'agriculteurs dans la population baisse de 35 % à 4,2 % dans les pays développés, et de 81 % à 48,2 % dans les pays en voie de développement.

Un agriculteur américain nourrit 155 personnes et un agriculteur allemand 133 personnes. Alors qu'en 1900 un paysan allemand ne nourrissait que 4 personnes. En France, le nombre de paysans est passé de 7 millions à la sortie de la Seconde Guerre mondiale à 900 000 en 2019, soit un agriculteur pour 75 personnes. Le nombre d'exploitations agricoles françaises a diminué de 78,8 %, pendant que la population du pays a crû de 20 millions d'habitants.

Une industrie agroalimentaire mondiale de plus en plus puissante

L'industrie agroalimentaire mondiale devient ainsi, à partir de 1945, une puissance économique, politique et idéologique majeure. Elle est encore essentiellement américaine et européenne : en 2017, elle génère un chiffre d'affaires mondial de 4 900 milliards d'euros, soit plus du double de celui de l'industrie automobile[170].

Les firmes européennes y prennent une place considérable, en reprenant les mêmes principes et les mêmes produits que leurs concurrents américains.

Parmi les dix premières entreprises du secteur, on trouve cinq américaines : PepsiCo (55 milliards d'euros), Coca-Cola (31 milliards d'euros), Mars (30 milliards d'euros), Kraft Heinz (23 milliards d'euros) et Mondelez (23 milliards d'euros). Et cinq européennes, dont la première mondiale, Nestlé (79 milliards d'euros), suivie d'Unilever (54 millions d'euros), AB inBev (49 milliards d'euros), Danone (25 milliards d'euros) et Heineken (22 milliards d'euros). Aucune chinoise, ni indienne[285].

Les présidents américains se mettent souvent au service de leurs firmes. Ainsi, en 1959, le vice-président Nixon négocie et obtient pour PepsiCo l'exclusivité du marché soviétique.

Ces firmes se battent aussi pour obtenir de vendre leurs produits dans les écoles, les entreprises, les terrains de foot, les parkings, les plages. Dans les années 1960, Pepsi lance une grande campagne pour glorifier le passage de l'alimentation de la cuisine au salon et promouvoir ce qui devient le grignotage, c'est-à-dire une consommation permanente et plus seulement au moment des repas.

Changer de sucre

Puis, pire encore : l'industrie agroalimentaire, de plus en plus puissante, pour augmenter ses profits, change le produit sucrant qu'elle utilise, pour le plus grand malheur des consommateurs.

Alors que, jusque dans les années 1960, elle recourt majoritairement au saccharose, extrait de la betterave et de la canne, qui ne sont ni l'une ni l'autre cultivées aux États-Unis, elle se tourne à partir de 1970 vers le sirop de fructose (*high fructose corn syrup*, HFCS), obtenu à partir du maïs américain : il est beaucoup moins cher que le saccharose importé, et il est liquide, donc facilement incorporable aux préparations alimentaires. Or, contrairement à la concentration du glucose du saccharose, la concentration de fructose du maïs n'est pas régulée par l'insuline, et sa consommation entraîne une augmentation des lipides et du cholestérol dans le sang. De plus, à la différence du fructose que l'on trouve dans les fruits, celui du maïs n'est pas associé à d'autres nutriments, qui contrebalancent les effets délétères du fructose pur. C'est donc un produit sucrant absolument catastrophique.

Il n'empêche, le HFCS pénètre à partir de 1970 dans nombre d'autres produits de ces firmes : plats préparés, sodas, gâteaux, yaourts, glaces, desserts. La consommation de HFCS aux États-Unis s'envole alors et passe de 0,23 kilo par an et par personne en 1970 à 28,4 kilos en 1997[95, 225, 226]. Le poison est là.

L'industrie agroalimentaire en profite pour augmenter la dépendance des consommateurs à ses produits qui sont maintenant distribués par de grandes chaînes de magasins : le premier Walmart ouvre en 1962. Le premier entrepôt Costco ouvre en 1976, sous le nom Price Club. Au même moment, Antoine Riboud transforme une petite entreprise lyonnaise produisant du verre plat et des bouteilles en une grande entreprise mondiale agroalimentaire, en rachetant, en 1972 et en 1973, plusieurs marques dont Évian et Danone.

Manger plus, et moins bien

Pendant ce temps, la mondialisation met sur la table des riches d'Occident non seulement le meilleur de la

gastronomie européenne et américaine, mais aussi des
plats ancestraux des pays en développement.

Leurs restaurants se lancent aussi dans le métissage
de recettes asiatiques, africaines et sud-américaines. Un
nouveau guide, *Zaggat*, créé en 1979 à New York, prescrit largement ce genre de restaurants.

La gastronomie s'invite jusque dans les menus de la
première classe d'avion : Pan American se fournit chez
Maxim's ; le Concorde offre du caviar, du homard et du
foie gras, alors encore symboles de la cuisine de riches[267].

Les riches des pays en développement se tournent
souvent vers la cuisine européenne, symbole de réussite.
Ils en imitent tout, des recettes à la vaisselle, de l'ordre
des plats aux horaires des repas.

Les classes moyennes supérieures imitent cette gastronomie des plus riches, grâce aux livres de cuisine des
grands chefs, qui sont, à partir des années 1960, partout
dans le monde, de grands succès d'édition.

Les classes moyennes et les plus pauvres d'Occident
mangent, eux, quand ils peuvent, américain ; parce que
c'est moins cher et pour s'identifier à cette culture dont
ils rêvent.

Par ailleurs, on passe du repas au grignotage ; on ne
mange plus seulement aux heures des repas les produits
de l'industrie agroalimentaire mondiale ; on va, seul ou
entre amis, dans un fast-food, à n'importe quelle heure
du jour et de la nuit, pour meubler sa solitude.

Les pauvres des pays en développement consomment
eux aussi, parfois, quand ils en ont les moyens, ces produits de l'industrie agroalimentaire et des fast-foods ;
même s'ils consomment encore, pour l'essentiel, des
produits traditionnels, selon des recettes ancestrales :
légumes, viandes, poissons, épices, insectes. Le massala

en Inde, le poulet yassa au Sénégal et tous les autres plats nationaux ancestraux restent à la base des repas de bien des peuples. Et leurs repas demeurent plus variés, plus conviviaux. Jusqu'à disparaître eux aussi, engloutis dans la modernité.

L'impossible combat des consommateurs contre le sucre

Partout, la consommation de sucre, mangé et bu, augmente et vient aggraver ces dérèglements alimentaires.

À l'échelle mondiale, le nombre de cas d'obésité triple entre 1975 et 2011, dépassant alors le nombre de sous-alimentés[224].

Face aux entreprises, qui matraquent les consommateurs de leurs publicités, les associations de consommateurs, là où elles existent, sont débordées. Et les politiques eux-mêmes s'avouent souvent vaincus : ainsi, aux États-Unis, en 2013, l'État de New York essaie d'introduire une limitation de la taille des bouteilles de soda dans les restaurants, avant que cette décision soit annulée par la cour suprême de New York en 2014.

Autre exemple, en Europe : l'industrie agroalimentaire, tout aussi puissante que son homologue américaine, a réussi à s'opposer à l'imposition du Nutri-Score, un système d'étiquetage des produits en fonction d'une lettre associée à une couleur, que le gouvernement français a fait appliquer à partir de fin 2017, mais de façon non obligatoire[379].

Le Nutri-Score gêne les industriels parce que les produits les moins bien classés affichent des étiquettes orange ou rouge vif ; ils ont déboursé près de 1 milliard de dollars, selon un rapport de Corporate Europe Observatory, pour obtenir que la réglementation européenne n'impose pas cet étiquetage[315].

Les marchés et supermarchés américains sont, eux aussi, inondés de produits dits « allégés », « zéro matière grasse », « sans cholestérol ». Mais rien n'indique que ces produits contribuent réellement à une diminution de l'obésité. Au contraire, la réduction de la consommation de bœuf et de produits laitiers complets s'est accompagnée d'une augmentation de celle de chips et de biscuits salés.

Certains de ces aliments industriels sont aussi censés améliorer la santé (les alicaments[263]) des consommateurs ; artificiellement enrichis (en oméga 3, en « bifidus actif », en probiotiques…) ; ils sont en réalité sans aucun impact positif sur la santé ; et la réglementation européenne et américaine, sous la pression des industriels, n'interdit pas l'inscription d'allégations de nature thérapeutique sur leur emballage : un fabricant peut par exemple écrire en France sur un yaourt « le calcium fortifie les os », même s'il ne peut pas écrire « le calcium prévient l'ostéoporose »[265].

Certaines marques osent même se présenter comme des défenseurs de la santé de leurs consommateurs ; ou de l'environnement, en finançant des programmes de fondations plus ou moins fictives, et au budget dérisoire au regard de leur chiffre d'affaires.

Les fast-foods, qui distribuent de tels produits, continuent à croître et à se diversifier. Ainsi Subway, la chaîne de fast-food, créée en 1965 et qui compte depuis 2010 plus de magasins au monde que McDonald's (avec plus de 45 000 restaurants dans plus de 100 pays), vante-t-elle les qualités nutritionnelles de ses sandwichs avec d'énormes campagnes de publicité ; elle s'affiche même comme le « partenaire santé des Américains », finançant, en 2014, la campagne de Michelle Obama contre l'obésité « Let's move! ». Or un sandwich de cette marque, avec fromage et sauce, est, comme les produits du même genre, une bombe à retardement calorique[445].

Moins on a de repas, plus on consomme

La table n'est plus le lieu symbolique du pouvoir ni de la conversation.

Aux États-Unis, en particulier, si les dîners d'État à la Maison-Blanche gardent parfois de leur lustre ancien, les grands chefs d'entreprise américains ne sont pas connus pour la splendeur de leur table, ni pour la durée de leurs repas, ni pour l'intérêt qu'ils porteraient à la gastronomie.

Il en va de plus en plus de même ailleurs, même si certains dirigeants, de plus en plus rares, continuent de croire, et de vouloir faire croire, que la splendeur de leurs repas démontre leur puissance.

On décide de moins en moins autour d'une table de repas et de plus en plus autour d'une table de réunion où on grignote biscuits et bonbons. Aux États-Unis, en Europe du Nord, en Grande-Bretagne, au Japon en particulier, le repas n'est plus signe de pouvoir.

Les repas d'affaires continuent d'exister, mais ils sont (sauf en France, ou dans quelques rares lieux, dont il sera question plus loin) de moins en moins des occasions gastronomiques et de plus en plus des plateaux-repas servis dans des salles de réunion.

Les repas de famille s'espacent. Le dîner en tête à tête, élément clé de la parade amoureuse dans cette deuxième partie du XXᵉ siècle, s'éloigne aussi. On se rencontre et séduit autrement. La disparition des repas, occasions de débattre, rend beaucoup plus difficile la création de conceptions communes. La solitude pousse à consommer davantage. À grignoter tout et n'importe quoi. Et à acheter tout ou n'importe quoi : la fin du repas à table est le meilleur allié de la société de consommation.

Aussi, depuis la fin des années 1980, quand on mange dans un lieu de pouvoir, pendant une réunion où doit se prendre une décision importante, on ne sert presque jamais de la grande cuisine ni même de la bonne cuisine : par exemple, quelques heures avant le déclenchement par le président George Bush senior de la première invasion de l'Irak, en août 1990, la Maison-Blanche s'est fait livrer 55 pizzas industrielles, alors que la moyenne était jusqu'alors de 5 par jour ; et le Pentagone s'en est fait livrer 101 contre 3 en moyenne[28].

La manière de filmer les repas dans le cinéma américain en dit d'ailleurs long sur l'évolution de la société occidentale : c'est d'abord le dîner mondain entre notables, en tenue d'apparat, servis à table, comme dans *The Passer-By* de Oscar Apfel commandé en 1912 par la Edison Company. Puis, quand la nourriture s'industrialise, on assiste aux ingénieux stratagèmes du repas de Buster Keaton dans *L'Épouvantail* (1920), ou à l'absurde et prophétique machine à manger des *Temps modernes* (1936) de Chaplin.

Après les deux guerres mondiales, dans le cinéma hollywoodien, on ne mange plus en groupe, mais seulement en couple dans *Grease* (1978) ou dans *Quand*

Harry rencontre Sally (1989). Et même tout seul, dans la rue, comme John Travolta et sa pizza à emporter au début de *Saturday Night Fever* (1977). Et quand les fast-foods se multiplient, on les trouve chez Tarantino, qui célèbre le *quarter pounder* dans *Pulp Fiction* en 1994.

L'ancien repas familial est régulièrement tourné en dérision : il est annonciateur de dispute dans *La Guerre des roses* (1989), pesant dans *American Beauty* (1999), pathétique dans *Little Miss Sunshine* (2006).

La France, seule, résiste encore : « la Nouvelle Cuisine »

La France, et quelques autres rares lieux du monde, en Italie, en Amérique latine ou en Asie, continuent de défendre leur modèle alimentaire.

On mange bien plus à la maison, bien plus longtemps et en famille en France que partout ailleurs. Les repas d'affaires y restent une tradition et un lieu de décision majeur.

La gastronomie française va même jusqu'à tenir compte des principes de la diététique pour les réinterpréter et éviter d'avoir pour cela à céder à l'industrialisation faussement hygiénique du modèle américain.

En 1973, dans le numéro 54 du magazine *Le Nouveau Guide Gault & Millau*, apparaît le terme « Nouvelle Cuisine française[131] » pour désigner l'aspiration de certains cuisiniers français à cuisiner d'une façon légère et saine. Parmi eux, Joël Robuchon, Michel Guérard, les frères Troisgros et Alain Senderens.

Ces grands chefs s'opposent à la vision de la gastronomie, jusque-là encore hégémonique, héritée d'Auguste

Escoffier et représentée par Paul Bocuse. Ils préconisent des sauces plus légères, des portions réduites,
des produits d'extrême qualité, travaillés avec beaucoup
de retenue ; des cuissons plus courtes et précises. Ses
préceptes sont exprimés en 1973 par Gault & Millau :
1. « Tu ne cuiras pas trop. » 2. « Tu utiliseras des produits frais et de qualité. » 3. « Tu allégeras ta carte. »
4. « Tu ne seras pas systématiquement moderniste. »
5. « Tu rechercheras cependant ce que t'apportent les
nouvelles techniques. » 6. « Tu éviteras marinades, fai-
sandages, fermentations, etc. » 7. « Tu élimineras les
sauces riches. » 8. « Tu n'ignoreras pas la diététique. »
9. « Tu ne truqueras pas tes présentations. » 10. « Tu
seras inventif. »

Ces principes seront appliqués de plus en plus, non
seulement par de très grands chefs du monde entier,
mais par bien d'autres cuisinières et cuisiniers ; et en
particulier par les cuisiniers amateurs qui lisent avec
passion les livres de ces chefs[131]. Ils seront critiqués par
d'autres, tel Paul Bocuse qui vante encore la cuisine
lyonnaise, dans son abondance et sa diversité.

Étonnamment, un des meilleurs films pour racon-
ter la permanence du repas français est un film danois
sorti en 1987, *Le Festin de Babette*, de Gabriel Axel
et inspiré d'une nouvelle de Karen Blixen. Un autre
film danois raconte mieux qu'aucun autre comment une
conversation à table peut détruire une famille : *Festen*,
de Thomas Vintenberg, en 1998.

Le XXe siècle aura donc vu l'essentiel du monde
converger autour du modèle anglo-saxon. Est-il encore
durablement triomphant ?

Chapitre 7

Aujourd'hui :
les riches, les pauvres
et la faim du monde

L'état de l'agriculture et de l'industrie
agroalimentaire mondiale

En 2019, alors que la population mondiale atteint 7,6 milliards d'habitants[499], on ne cultive (hors prairies et forêts) que 38 % des 14,9 milliards d'hectares émergés[500, 501] ; 3 % des terres agricoles mondiales (et 17 % des terres américaines) sont occupées par des OGM, essentiellement du soja et du maïs[174]. L'élevage occupe 30,4 % des terres mondiales. 1,3 milliard de personnes sont paysans ou leur famille, soit une pour 5,5 personnes[502] ; chaque année 50 millions de paysans quittent la terre pour rejoindre la ville.

La plus grande ferme au monde est chinoise : Mudanjiang City Mega Farm, 9 millions d'hectares, avec 100 000 vaches ; la deuxième est également chinoise, 4,5 millions d'hectares, la Modern Dairy, située à Anhui. Les huit suivantes sont australiennes. Liu Yongxing, fondateur et président chinois de East Hope Group, est le plus grand propriétaire agricole au monde ; il fait partie des dix Chinois les plus riches au monde et du top 100 Forbes avec une fortune estimée à 6,6 milliards de dollars. Son frère, Liu Yonghao, fait également partie des plus grandes fortunes agricoles mondiales[437]. Stewart and Lynda Resnick, propriétaires américains de près de 26 000 hectares, sont à la tête d'une fortune de plus de 4 milliards de dollars ; leurs productions se focalisent sur les pistaches et les amandes. Puis vient Blairo Maggi, fils d'André Maggi, fondateur du géant brésilien du soja, élu depuis sénateur du Mato Grosso et ministre de l'Agriculture du Brésil de mai 2016 à janvier 2019.

La surface moyenne des exploitations agricoles est de 176 hectares aux États-Unis, de 63 ha en France[179], de 1,16 ha en Inde. Seuls 20 % des paysans péruviens et 4 % des paysans haïtiens possèdent un titre de propriété[21].

Le monde produit en 2017 1 841 millions de tonnes de canne à sucre ; 1 135 millions de tonnes de maïs ; 800 millions de tonnes de riz ; 771 millions de tonnes de blé ; 288 millions de tonnes de pommes de terre[446]. Le sorgho, plante herbacée africaine, est aujourd'hui la sixième source de calories végétales dans le monde après le maïs, le riz, le blé, les racines et tubercules (manioc, pommes de terre…), et le soja[286, 287]. Plus de la moitié de la production d'orge, de millet, d'avoine et de maïs sert à nourrir le bétail.

Selon une étude de l'International Service for the Acquisition of Agri-biotech Applications (ISAAA), en 2016, à l'échelle mondiale, 185 millions d'hectares étaient consacrés à la culture d'organismes génétiquement modifiés, par 18 millions d'agriculteurs, dans 26 pays. Les cinq pays qui cultivent le plus d'OGM sont les États-Unis (72,9 millions d'hectares), le Brésil (49 millions), l'Argentine (24 millions), le Canada (11,6) et l'Inde (10,8 millions). Les quatre principales productions agricoles transgéniques sont le soja, le maïs, le coton et le colza. 78 % du soja cultivé mondialement est transgénique. Plus de 90 % du soja et du maïs américains sont génétiquement modifiés[174]. En Europe, la surface cultivée en agriculture biologique a déjà augmenté de 500 000 hectares de 2017 à 2018. Le bio représente 6 % des terres cultivées en France contre plus de 20 % en Autriche. En Europe, 24 % des fermiers bio sont des fermières ; ce ratio monte à 41 % en Lettonie.

L'élevage représente 40 % de la valeur de la production agricole mondiale. Chaque année, près de 60 milliards d'animaux sont abattus, soit 720 millions de tonnes. Plus de la moitié de la viande de bœuf mondiale est commercialisée sous forme de steak haché. En 2017, le premier pays producteur de viande bovine était les États-Unis avec une production de 12 millions de tonnes, puis le Brésil (9,5 millions tonnes), l'Union européenne (7,8 millions de tonnes), puis la Chine (7 millions de tonnes) et l'Inde (4,25 millions de tonnes). L'Argentine n'est plus que le sixième pays producteur de viande bovine avec 2,75 millions de tonnes[360].

On consomme 1,2 milliard de porcs par an, dont la moitié en Chine ; ils ont une durée de vie de six mois ; 99 % d'entre eux reçoivent des antibiotiques de leur naissance jusqu'à huit semaines avant leur mort ; et l'essentiel du porc est consommé après avoir été transformé.

En 2018, le monde a consommé près de 123 millions de tonnes de volaille.

On estime que plus de 25 millions de chiens sont mangés chaque année dans le monde, bien que peu de pays l'autorisent encore ; Chine, Corée du Sud, Indonésie sont les principaux consommateurs[438].

Aujourd'hui, les poissons et crustacés d'élevage sont nourris pour près de 30 % par des farines de poissons de moindre valeur (anchois, maquereaux, sardines), dont la production représente 10 % du produit de la pêche mondiale.

Il est difficile de connaître avec précision la quantité d'insectes consommés dans le monde, tant elle demeure un moyen d'autosubsistance de populations qui les récoltent directement dans leur environnement proche. Près de 2 000 espèces d'insectes sont en tout cas la nourriture principale de plus de 2 milliards de personnes. La FAO estime que, dans certaines régions d'Afrique, la consommation d'insectes représente jusqu'à 30 % de la consommation annuelle de protéines ; en République centrafricaine, par exemple, 95 % des populations vivant en forêt dépendent des seuls insectes pour leurs apports en protéines. En Afrique australe, en Amérique du Sud et en Asie du Sud-Est, des insectes sont vendus (ou troqués) sur le marché villageois local ou sur des stands dans les rues[172].

On dénombre plus de 100 000 espèces d'algues à travers le monde, mais on n'en consomme qu'une infime proportion (145). Globalement, les algues sont riches en vitamines, minéraux et protéines tout en étant peu caloriques, mais leur trop grande richesse en iode doit inciter à les consommer avec modération.

Parmi les espèces d'algues les plus consommées figurent des algues rouges (nori, dulse), des algues vertes (laitue de mer), des algues brunes (wakamé, kombu) et des microalgues (spiruline). L'algue la plus consommée au monde est le wakamé, plus communément appelé fougère de mer ; elle contient plus de calcium que le lait et une grande quantité de vitamines (B1, B2, B9, B12,

C, K). Le nori est une algue conseillée dans les régimes végétariens en raison de sa grande richesse en protéines (environ 40 %). Le kombu est très riche en fibres[199, 367].

Peu de matières agricoles quittent le pays de leur production : seulement 20 % du blé mondial est exporté. L'Union européenne exporte 32 % de sa production agroalimentaire. Les Américains exportent environ 20 % de toutes leurs productions agricoles (dont 79 % de leurs noix, 67 % de leurs amandes, 62 % de leurs pistaches, 50 % de leur soja, 55 % de leur riz, 46 % de leur blé, mais seulement 16 % de leurs volailles et 10 % de leur viande de bœuf)[476].

La Chine est un cas extrême : elle doit nourrir 20 % de la population mondiale avec seulement 9 % des terres arables et 6 % des réserves d'eau douce mondiales. Environ 400 millions de paysans chinois possèdent une surface cultivable moyenne d'un demi-hectare. L'agriculture chinoise ne représente plus que 10 % du PIB. La Chine est le premier producteur mondial de riz, de blé, de pommes de terre et le deuxième de maïs. Elle est le premier producteur mondial de porc et le second de volaille : un porc sur deux vit en Chine[477]. Tout cela est réservé à la consommation intérieure.

Elle est en plus importateur net de produits agroalimentaires : elle importe plus de 80 millions de tonnes de soja, principalement des États-Unis et du Brésil[478], 4 milliards de dollars de produits alimentaires infantiles et 3,4 milliards de dollars d'huile de palme[479]. En 2017, la Chine possédait en plus dix millions d'hectares de terres agricoles à l'étranger, notamment en Australie, en Asie du Sud-Est et en Afrique[480]. Terres qui produisent exclusivement pour le marché chinois.

Même les riches ont déserté la table

La différence entre l'alimentation des plus riches et celle des plus pauvres, et même entre celle des classes moyennes et des plus pauvres, reste abyssale, croissante même.

Aujourd'hui, hors de France et de quelques rares autres lieux, bien manger n'est plus un signe de puissance ; et la table n'est plus un lieu de pouvoir. Les très riches préfèrent posséder des maisons, des voitures, des bateaux, des œuvres d'art. Leurs distractions principales sont les voyages, le sport, l'aventure, la drogue parfois ; ils ne vont dans les très grands restaurants que pour y dépenser beaucoup, en particulier pour de grands vins. Entre 2018 et 2019, une quarantaine de restaurants en Corée et en Chine ont rejoint les mille meilleurs restaurants du monde[526]. L'Espagne, les États-Unis, la Grande-Bretagne comptent de plus en plus de restaurants sur cette liste. On en trouve aussi en Russie et en Afrique. Et on trouve de plus en plus de grands restaurants dans les pays émergents.

Pour attirer encore les riches, certains des restaurants les plus luxueux du monde leur proposent des plats de plus en plus extravagants, produits de grand luxe ou produits de laboratoire : le restaurant *Fleur*, de l'hôtel Mandalay Bay à Las Vegas, propose ainsi le « FleurBurger », hamburger à base de bœuf Wagyu, de foie gras de canard et de truffes noires, accompagné d'une bouteille de vin de Bordeaux Château Petrus 1995. Coût : 5 000 dollars. Le restaurant espagnol *Mugaritz*, du chef Andoni Luis Aduriz, propose des « patatas kaolin », plat en trompe-l'œil à l'apparence de pierres posées sur du gravier, réalisé à partir de pommes de terre trempées dans un argile gris, le kaolin. Julien Binz, chef français étoilé pour son restaurant homonyme, à Ammerschwihr, en Alsace, a cuisiné en 2018 un repas complet n'utilisant ni fruit, ni légume, ni viande, ni poisson, mais seulement des composés primaires tels que les protéines, les lipides et les vitamines obtenues par fractionnement des aliments classiques ; ce qu'il appelle la cuisine « note à note[188] », renvoyant, de fait, aux sources de la diététique, sous un prétexte gastronomique.

Ces cuisiniers se considèrent non plus comme des artisans, mais comme des artistes. Et ils le sont ; comme celles de leurs prédécesseurs, leurs œuvres sont éphémères ; on ne peut ni les revendre, ni les stocker, ni les louer, ni les mettre à disposition d'un vaste public. Elles ne peuvent être appréciées que par ceux qui les détruisent en les consommant. Comme dans les autres arts, certains de ces artistes vendent leurs œuvres à des prix extravagants. Quelques-uns sont mondialement célèbres ; et on vient de toute la planète pour se montrer chez eux et consommer leurs productions. Certains même ne sont plus jamais devant leurs fourneaux ; ils se contentent de créer des recettes et de définir des critères de qualité des produits à utiliser par leurs seconds, à l'image des grands peintres de la Renaissance italienne faisant travailler des élèves et des copistes dans leurs ateliers. Ainsi peuvent-ils durer bien au-delà de leur mort, tels Paul Bocuse ou Joël Robuchon.

Les classes moyennes mangent métissé

Les classes moyennes urbanisées des pays riches mangent, elles, de plus en plus une nourriture standardisée : du pain blanc, des légumes, de la viande blanche et du bœuf, du poisson, des pâtes, des fruits, du chocolat, des pommes de terre, du sucre, des épices ; des produits de l'industrie agroalimentaire et du fast-food ; elles boivent des sodas, de la bière et du café. Celles des pays émergents aspirent à des niveaux de consommation et des modes de vie similaires, tout en continuant de se nourrir surtout des plats de leur tradition encore extrêmement différenciés. Le mélange se fait dans les deux sens : les cuisines de l'Asie envahissent l'Europe autant que celles de l'Europe envahissent l'Asie. En France, le nombre de restaurants chinois ou japonais est supérieur à celui des fast-foods d'origine américaine.

La mondialisation alimentaire n'est donc pas une unification autour du modèle occidental, mais un métissage qui reste régionalement différencié autour de bases locales : dans un plat à tout faire d'origine géographique très spécifique (pizza, *Irish stew*, bortch, couscous, nems, tortillas…), chacun ajoute ce qu'il veut, de sa propre culture.

Ainsi, près de 30 milliards de pizzas[481], de nature diverse, sont consommées dans le monde chaque année. Les États-Unis en sont le plus grand consommateur avec environ 3 milliards de pizzas par an[482], la France est deuxième avec 745 millions d'unités en 2016[483], puis l'Italie. Les Chinois mangent des plats très différents selon les provinces ; partout, ils consomment du *jiaozi*, un ravioli formé d'une pâte de farine de blé tendre ayant la forme d'un chausson. La nourriture japonaise, en particulier les sushis, s'est répandue d'une façon foudroyante sur la planète. Elle est considérée comme simple et saine. Elle s'est progressivement exportée dans les années 1990. Au départ, la principale cause de son exportation était la recherche d'une alimentation plus saine, car la cuisine japonaise est réputée pour être pauvre en huiles et en matières grasses, notamment par rapport aux cuisines européenne et américaine. En 2015, il existait plus de 90 000 restaurants japonais à travers le monde.

En 2013, la tradition culinaire japonaise, le « *washoku* », a été inscrite sur la liste représentative du patrimoine culturel immatériel de l'humanité à l'UNESCO. Le *washoku* allie à la fois les traditions liées aux produits, respectueuses de la nature, la préparation du repas et les savoir-faire transmis au sein de la famille à l'occasion de la préparation. Mais il insiste aussi sur l'aspect du partage du repas et l'éducation qui découle, au sein du foyer, et qui doit réunir toute la famille.

Le régime coréen est perçu, comme le régime japonais, comme un régime plus sain que les régimes occidentaux. Il est riche en légumes, modérément riche en poissons, fruits de mer, viande blanche, et pauvre en viande rouge. Ainsi, selon les statistiques de l'OCDE, le taux de surpoids et d'obésité est de 33 % en Corée du Sud contre 70 % aux États-Unis et au Mexique.

Le plat national indonésien est encore le *nasi goreng*, plat à base de riz frit assaisonné de soja et diverses épices (échalote, ail…). En Inde, chaque État a sa cuisine, du tandoori et du dhal du Penjab à la fabuleuse cuisine végétarienne du Gujarat. En Éthiopie, le plat national est le *wat*, ragoût de viande agrémenté d'épices, notamment le berbéré, typiquement éthiopien (mélange d'épices incorporant entre autres de la cardamome et du piment) ; il est servi sur l'*injera*, galette à base de farine de teff (céréale à grains très fins de la Corne de l'Afrique), qui sert de base à quasiment tous les repas du pays. Les Brésiliens mangent de la feijoada, faite de porc et de haricots. Les Péruviens du *pollo a la brasa*, poulet mariné à la braise.

Les Argentins des empanadas, chaussons farcis à la viande.
Et les Nigérians mangent de l'ofada, un ragoût de bœuf.

Tous ces plats se mêlent, au gré des voyages réels ou
virtuels des cuisiniers.

Et même ce qui semble uniforme est très différencié :
par exemple, le café est très différent selon qu'il est
préparé à la turque, à l'anglaise, à l'italienne, à l'américaine ou à la française. De même, il existe une quinzaine
de variantes de Coca-Cola en fonction des pays[503]. Et
presque autant de Big Mac.

On continue cependant de manger surtout du riz ou
du blé, selon qu'on est d'un côté ou de l'autre d'une
ligne qui passe quelque part en Inde, entre les États
de l'Est, tel le Bengale occidental (très dépendants de
la culture du riz), et ceux du Nord-Ouest, comme le
Rajastan (où le riz est quasiment absent du régime alimentaire)[484, 485]. Cette ligne remonte à travers la Chine
et la Russie et n'a pas bougé depuis deux millénaires.

Les plus pauvres continuent de mourir de faim, ou de ce qu'ils mangent

En 2017, 9,1 millions de personnes meurent encore
chaque année de malnutrition, dont 3,1 millions
d'enfants de moins de 5 ans ; soit un tiers des décès
de ces enfants ; 815 millions de personnes souffrent de
la faim[157] ; 2 milliards souffrent de carences en micro-
nutriments ; près de 155 millions d'enfants ont des
retards de croissance dus à la dénutrition[187]. En Afrique
subsaharienne, une personne sur quatre est sous-alimen-
tée. Devant le manque de protection sociale en Afrique
subsaharienne, plus de la moitié des familles vivent dans

l'extrême pauvreté avec des revenus qui ne dépassent pas 1,25 dollar par jour. Il est impossible pour ces familles d'avoir accès au crédit et de se lancer dans une agriculture génératrice de revenus. Ne pouvant payer de la main-d'œuvre, l'exploitation agricole demeure dans le cercle familial, les enfants ne sont pas envoyés à l'école, la famille n'investit pas dans la santé et l'extrême pauvreté se transmet donc de génération en génération.

De plus, les plus pauvres doivent dépenser une proportion beaucoup plus importante de leur budget en alimentation que les classes moyennes : si l'alimentation ne représente plus qu'environ 15 % du « panier de la ménagère » des classes moyennes en Occident, il représente encore plus de 60 % pour toute la population du Congo[486].

Pour réduire encore la part des dépenses alimentaires dans leur budget, les plus pauvres des pays développés mangent des produits industriels très bon marché, fabriqués par l'industrie, dont on a vu plus haut les conditions d'apparition et la manière dont ils se sont imposés. Dans tous ces produits, pour les rendre acceptables et addictifs, les industriels ajoutent aujourd'hui de plus en plus de conservateurs, de colorants, d'édulcorants, d'exhausteurs (substances qui renforcent le goût et/ou l'odeur d'une denrée alimentaire)[295]. Pour ces consommateurs, les jus de fruits frais sont remplacés par des nectars artificiels coupés au sucre artificiel ; ce qui est vendu sous le nom de « pain de mie » comporte du vinaigre, de l'huile de palme, des émulsifiants, du sucre et des conservateurs qui permettent de le garder trois à quatre mois[504] ; le jambon est enrichi en sucres et en nitrates ; certains fromages ne contiennent plus la moindre goutte de lait ; et ce que l'on présente comme de la mozzarella sur les pizzas bon

marché n'est en réalité souvent qu'une préparation à base
d'amidon, de gélifiants et d'épaississants[447].

Les plus pauvres ne consomment pratiquement plus
aucun fruit, légume, viande ou poisson frais. Ainsi, un
Américain pauvre consomme aujourd'hui vingt fois trop
de viande rouge, dix fois trop de volaille, mais moitié
moins que nécessaire de légumes et moins encore de
fruits. Un Français de condition modeste consomme
onze fois trop de viande rouge et deux fois et demie
trop de volaille ; on retrouve les mêmes ratios dans
toute l'Union européenne. Et toujours moitié moins que
nécessaire de fruits et légumes. C'est pire encore pour
un Africain, qui consomme sept fois trop de féculents.
Tous sont carencés en noix et en légumineuses[161]. Et les
produits ultra-transformés sont spécialement fabriqués
pour, consommés par, les plus pauvres.

Les conséquences de cette alimentation catastrophique sont terribles, dans tous les pays :

- Aux États-Unis, en 2017, selon une étude de l'Université de Washington, 400 000 décès de maladies
  cardiovasculaires par an sont dus à de mauvaises
  habitudes alimentaires, en général parmi les plus
  pauvres[487].
- En Grande-Bretagne, selon une étude publiée
  en 2018 dans le *British Medical Journal*, sur une
  cohorte de 105 000 personnes, il y a une corrélation entre la consommation régulière de nourriture
  ultra-transformée et le risque de cancer[152].
- Et de même, en France, selon l'Inserm, « une augmentation de 10 % de la proportion d'aliments
  ultra-transformés dans le régime alimentaire s'est
  révélée être associée à une augmentation de plus de

10 % des risques de développer un cancer au global et un cancer du sein en particulier[440] ». De plus, une étude publiée en 2018 par l'agence Santé publique France montre que, pour la période 2008-2013, il y a eu, en France, 1,5 million de cas d'infection alimentaire, pour 17 000 hospitalisations et 200 décès par an. En particulier, les salmonelloses (injection de bactéries de salmonelles liées à une mauvaise cuisson de la viande ou à des ruptures dans la chaîne du froid) représentent à elles seules 25 % de ces morts[153].

Le repas de famille a presque disparu

Aujourd'hui, les classes moyennes du monde entier imitent très souvent le modèle américain, avec une cuisine ouverte sur l'appartement et une pièce unique à vivre, le *living-room*, qui mêle salon et salle à manger, faisant disparaître le lieu spécifique du repas et de la conversation. Le petit déjeuner lui-même est de plus en plus en libre service sans que nul parent ou enfant ne s'asseye plus à table. La cuisine elle-même disparaît des appartements les plus petits et les plus récents.

Pour les plus pauvres, comme pour les classes moyennes, les déjeuners se prennent pour l'essentiel dans une cantine ou sur son poste de travail. Et ils sont aujourd'hui très brefs ; même en Europe : environ vingt-deux minutes pour les salariés.

Au total, les Américains passent en moyenne 1 h 02 par jour à table ; 1 h 36 pour les Chinois et 1 h 19 pour les Indiens. Les habitants des pays du nord de l'Europe passent moitié moins de temps à table (1 h 13 pour les Suédois, 1 h 16 pour les Estoniens, 1 h 21 pour les

Finlandais) que ceux des pays du Sud (entre 2 h 02 et 2 h 05 pour les Espagnols, les Grecs et les Italiens)[448].

Le nombre d'entrées et de desserts a nettement diminué. On consomme de plus en plus ce qui se mange vite et de façon nomade : des sandwichs, des sushis, des pizzas, des tortillas, des brochettes. Quand on mange encore assis à une table. La cuisine asiatique, qui organise un partage de plats placés au centre de la table, est particulièrement adaptée à ce genre de comportement.

Ceux qui continuent de cuisiner y passent peu de temps, souvent avec des produits pré-préparés et livrés par d'innombrables fournisseurs. En 2013 sont créées Deliveroo (firme britannique, fondée par Will Shu) et Take Eat Easy (belge). En 2014, Foodora naît en Allemagne des mains du groupe informatique Rocket Internet. Take Eat Easy disparaît en 2016, écrasée par la concurrence. Uber propose depuis 2014 le service Uber Eats, qui repose sur la livraison par scooter, vélo ou voiture.

Les repas du soir disparaissent aussi, de plus en plus. Avec la disparition de la salle à manger, on mange de moins en moins souvent autour d'une table, et, quand c'est le cas, chaque convive mange de plus en plus différemment du reste de la table. On mange en général devant un écran : la déstructuration des repas et celle des familles s'entretiennent l'une l'autre.

L'alimentation est ainsi de plus en plus annexe, associée à d'autres activités ou distractions, de moins en moins sous forme de repas : on grignote à toute heure face à l'écran personnel de son téléphone. Des firmes sont même allées jusqu'à développer des couverts qu'on peut clipper sur le téléphone pour s'en servir en même temps.

En Occident, le déjeuner de famille du dimanche disparaît aussi peu à peu. Au point que, aux États-Unis, l'importance énorme attachée à Thanksgiving reflète la raréfaction du repas dominical : comme si on ne mangeait plus en famille qu'une fois par an.

Les livres de cuisine enregistrent cependant encore des ventes importantes. La nourriture est même devenue l'un des thèmes favoris des réseaux sociaux, substitut de la convivialité traditionnelle. Le partage d'une photo et le recueil de commentaires et autres « like » suffisent à créer un sentiment de partage alimentaire et de gratification sociale. En avril 2017, le *Financial Times* affirme que 208 millions de photos postées sur Instagram utilisaient le hashtag *#food*. En octobre 2017, un Anglais sur cinq a partagé une photographie de ce qu'il mange sur les réseaux[189].

Apparaît même en Corée du Sud une forme extrême de repas collectif virtuel : le *social eating*, dont le principe est de laisser sa webcam allumée le temps de son repas, pour regarder un autre manger ou pour se donner en spectacle. La Coréenne Park Seo-yeon réunit chaque jour des dizaines de milliers d'internautes à chacun de ses repas.

La nourriture des bébés

Selon les recommandations de l'OMS, un nourrisson doit être exclusivement nourri par allaitement au cours des 6 premiers mois de sa vie, car le lait maternel est riche en anticorps ; et partiellement au moins aussi jusqu'à l'âge de 2 ans en complément d'une autre alimentation adaptée[365]. Ces recommandations sont largement respectées dans les pays à revenus faibles et moyens, mais sont ignorées dans les pays développés : selon une étude de 2016 publiée dans la revue *The Lancet*, dans les pays riches, seulement un enfant sur cinq est allaité au cours des six premiers mois de sa vie, contre presque 100 % dans les pays en développement[121]. Si cela était pratiqué dans les pays développés – ce que les conditions de vie des femmes au travail interdisent –, cela permettrait de sauver environ 800 000 enfants par an dans le monde et d'éviter de nombreuses pathologies (diarrhées et pneumonies)[365]. Et, comme il est hors de question de revenir sur l'entrée des femmes sur le marché du travail, ni de prolonger assez le congé maternité, le problème reste entier.

En conséquence, l'Europe et l'Amérique du Nord concentrent à elles deux 40 % du total du marché de l'alimentation infantile et l'Asie représente 50 %. Le marché est très peu développé en Afrique, au Moyen-Orient et en Amérique latine, avec environ 10 % du marché total pour ces zones. Selon une étude réalisée par ResearchAndMarkets, le marché mondial des emballages d'aliments pour bébés a atteint 50 milliards de dollars en 2017. Deux firmes européennes, Danone (notamment sa filiale Blédina) et Nestlé, contrôlent environ 80 % du marché mondial de ces produits[364].

Manger à l'école

Pour les enfants scolarisés, dans de très nombreux pays, le déjeuner est aujourd'hui pratiquement toujours pris à la cantine. Il est parfois le seul repas de la journée.

En France, 6 millions d'élèves mangent tous les jours à la cantine, du primaire au secondaire ; un décret y rend obligatoire des critères nutritionnels, portant sur « la variété et la composition des repas proposés, la taille des portions, le service de l'eau, du pain, du sel et des sauces » ; quatre ou cinq plats doivent être proposés par repas (entrée et/ou dessert, plat protidique, garniture, produit laitier) ; les menus doivent être variés (la variété est calculée sur la base de la fréquence des apports nutritionnels en lipides, sucres, sel et autres, sur vingt repas consécutifs) ; la taille des portions encadrée ; l'historique des menus doit être conservé pendant trois mois. Selon une enquête de UFC-Que Choisir réalisée en 2013, la consommation de féculents, légumes et produits laitiers est en ligne avec les exigences réglementaires ; mais la viande et le poisson sont peu proposés en tant que tels, sinon comme lointains supports à des plats de mauvaise qualité nutritionnelle (poissons panés, cordons-bleus…)[177].

Aux États-Unis, depuis 2011, des critères nutritionnels stricts sont imposés aux cantines des écoles et lycées alors que, précédemment, les restrictions étaient minimes et des frites étaient servies à chaque repas. L'introduction de légumes, et plus globalement de menus équilibrés, a ainsi au début été difficile à supporter pour de nombreux élèves américains, qui jetaient les légumes à la poubelle, ou jeûnaient[340].

Des distributeurs de produits alimentaires sont parfois encore installés dans les écoles, avec des conséquences désastreuses sur le régime alimentaire des enfants.

Depuis 2014 et la campagne contre l'obésité de Michelle Obama « Let's move » aux États-Unis, ces distributeurs automatiques ne proposent plus de barres chocolatées ou de sodas ultrasucrés, remplacés notamment par des briques de lait écrémé ou des jus pur fruit. Cependant de nombreux adolescents américains s'en sont plaints, notamment sur Twitter, avec le mot-dièse #BringBackOurSnacks[340].

Manger au travail

On mange de plus en plus au bureau, d'un sandwich ou d'une salade apportée de la maison ou d'une boutique voisine[276].

Les Anglo-Saxons en particulier pratiquent le « sandwich-écran ». Aux États-Unis, il est même fréquent de manger debout au travail. 62 % des actifs américains prennent régulièrement leur pause du midi à leur bureau ; ils déjeunent seuls pour la moitié d'entre eux[296, 297]. Le temps moyen de la pause méridienne aux États-Unis s'est raccourci : de quarante-trois minutes en 2014, il est passé à moins de trente minutes en 2018[298]. Par ailleurs, la pression sociale conditionne les comportements : un quart des patrons américains pensent qu'un employé qui s'accorde régulièrement des pauses le midi est moins productif, et 13 % des employés craignent d'être jugés négativement par leurs collègues s'ils prennent cette pause[299].

En Asie du Sud-Est, un travailleur sur deux mange assis à son bureau au moins deux fois par semaine. En Chine, les journées de travail sont de grande amplitude et la pause est plus longue : 1 h 30, voire 2 heures. Une sieste d'une demi-heure accompagne souvent la fin du repas[300, 301, 302, 303].

En Inde, principalement à Mumbai, les employés de bureau mangent à midi presque tous des repas préparés à la maison, mais ne les apportent pas eux-mêmes : des livreurs de rue, les dabbawalas, récupèrent les plats préparés par la famille et les apportent au travail. Le système est très normé avec des lieux de collecte et des lieux de récupération, des codes couleur servant à identifier les lieux exacts. Les dabbawalas récupèrent également les plats vides et les rendent aux familles. Chaque jour, près de 5 000 dabbawalas délivrent 200 000 boîtes à Mumbai avec 3,4 erreurs par million de livraisons[505].

Les horaires espagnols restent très décalés avec un déjeuner à 14 heures, suivi parfois d'une sieste et d'un après-midi de travail jusqu'à 21 heures.

En France, pays d'exception, la pause déjeuner perdure, même si elle se réduit rapidement (cinquante minutes contre 1 h 30 il y a vingt ans) ; et si au moins vingt-cinq employés souhaitent manger dans les locaux de l'entreprise, il est obligatoire de mettre un local à leur disposition avec des tables, des chaises, un four, un réfrigérateur et un robinet d'eau potable[275]. Aujourd'hui, la plupart des cantines d'entreprise françaises consacrent aussi un espace dévolu à la vente à emporter qui devient un espace de détente ou de grignotage ouvert en continu. 15 et 20 % des salariés apportent de leur domicile leur déjeuner au bureau.

Dans bien des entreprises dans le monde, les machines à café deviennent les lieux principaux de la conversation, remplaçant le repas. On s'y rencontre très brièvement, et souvent par hasard ; et les relations y sont en général superficielles et furtives.

Le véganisme devient mondial

Environ 10 % de la population anglaise est végétarienne ; 9 % en Italie ; 9 % en Allemagne ; 8,5 % en Israël ; 7 % aux États-Unis ; 4 % au Canada ; 2 % en France, où un tiers des ménages se disent « flexitariens[407] ». Au total, les Français adultes ont réduit leur consommation de viande de 15 % entre 2003 et 2015[488]. Selon une étude de la PBFA (Plant Based Food Association), en 2017, le marché américain de la nourriture végan a atteint 3,3 milliards de dollars, connaissant une croissance de 20 % par rapport à l'année précédente[489]. Selon la Vegan Society, la demande pour une alimentation non carnée a connu une progression de 987 % en 2017[366].

L'étourdissement des animaux (reconnu comme essentiel pour réduire la souffrance animale avant leur abattage) est désormais obligatoire dans certains pays européens, même s'il entre en contradiction avec la pratique de l'abattage rituel (notamment dans les religions juive et musulmane). En Californie, le gavage des canards et des oies est interdit depuis 2017, car considéré comme cruel envers les animaux.

En France, la loi de 1997 qui transpose une directive européenne de 1993 dispose : « Toutes les précautions doivent être prises en vue d'épargner aux animaux toute excitation, douleur ou souffrance évitable pendant les opérations de déchargement, d'acheminement, d'hébergement, d'immobilisation, d'étourdissement ou de mise à mort[494]. »

De plus, quand un animal devient domestique, il n'est plus consommé. C'est le cas désormais très souvent du lapin et des chevreaux et, parfois même, des agneaux.

Les végans mangent en particulier, sous diverses formes, du tofu et du soja, très concentrés en protéines.

Le quinoa a pris une importance particulière. Venu de Bolivie et du Pérou, il est aujourd'hui cultivé dans plus de soixante-dix pays : Amérique du Nord (Canada, États-Unis), Europe du Nord (Danemark, Suède), Europe du Sud (Italie), Afrique (Kenya), Asie (Himalaya, Inde). En France, il est cultivé dans la région

Centre-Val-de-Loire notamment. Il est donc l'un des seuls végétaux qui contiennent tous les acides aminés indispensables que le corps ne peut produire lui-même et qu'on trouve surtout dans la viande. Il ne contient pas de gluten ; ses lipides sont surtout des acides gras recommandés (oméga 3) ; il contient des minéraux, des oligoéléments (manganèse, fer, cuivre, phosphore, potassium), des fibres, des glucides (70 %) et des protéines (15 %) riches en acides aminés. Enfin, il est source de vitamines B et E. Le quinoa s'impose comme un substitut du riz ou des pâtes. En 2013, une campagne de promotion soutenue par les Nations unies a fait exploser sa consommation[402].

Manger religieux

En Inde, les obligations alimentaires d'une grande partie des religions poussent à être végétarien. Le régime ayurvédique ne représente encore cependant qu'un marché mondial de 3 milliards de dollars[413].

En islam, l'alimentation conforme aux règles religieuses, le halal, représente un marché mondial de 245 milliards de dollars en 2016, soit 16 % du marché mondial total de l'alimentation. La moitié des consommateurs islamiques sont en Asie (surtout en Indonésie, au Pakistan et en Inde)[167]. 84 % des 5,7 millions de musulmans français disent manger de la viande halal quotidiennement, pour un marché de 6 milliards d'euros en 2016.

Le marché de la nourriture casher est, lui, estimé à 21 milliards d'euros dans le monde, 4,5 milliards d'euros en Europe et 377 millions en France[168].

Manger des insectes

Les humains, on l'a vu, consomment des insectes depuis toujours. Et malgré l'uniformisation des modes de vie, cette consommation perdure aujourd'hui et se développe, même, surtout parmi les plus pauvres.

Comme les poissons, les insectes ne sont la propriété de personne et sont pillés par tous. Près de 2,5 milliards d'êtres humains (surtout en Asie, Afrique et Amérique latine) se nourrissent aujourd'hui de quelques-unes des 2 000 espèces d'insectes comestibles. Et certains insectes (en particulier la larve de la mouche soldat noir, la mouche domestique commune, et du ténébrion meunier) servent aussi à nourrir les animaux[172].

L'Asie est le continent qui en consomme le plus, venant de cent cinquante à deux cents espèces différentes. La Thaïlande est le premier producteur et le premier consommateur mondial d'insectes : près de deux cents espèces y sont consommées, en ville et à la campagne ; les espèces les plus consommées sont les criquets, les sauterelles et les grillons ; on les mange frits, accompagnés de piments et de sauces au soja ou sous forme de woks de criquets, de brochettes de scorpions, de salades de nids de fourmis rouges à la citronnelle. Au Laos, on mange des larves de scarabées rhinocéros cuites dans du lait de coco et rôties. Dans toute l'Asie du Sud-Est, les charançons rouges sont considérés comme une friandise, et on fait des sauces avec la punaise d'eau douce[442]. En Chine et au Japon, on consomme des chrysalides de ver à soie, frites ou en omelette.

En Amérique du Sud, les espèces les plus consommées sont les sauterelles (au Venezuela particulièrement), les punaises, les punaises d'eau (qui servent d'accompagnement à la viande au Mexique), les fourmis (à l'apéritif, notamment en Colombie) et les chenilles de papillon au Mexique. Les recettes principales sont l'*ahuahutle* (caviar d'œufs de punaise d'eau incorporé aux tortillas), les *chapulines* (criquets frits, assaisonnés, et intégrés aux tacos) et le *mezcal* (boisson mexicaine à base d'agave et de chenilles de papillons)[441].

En Afrique, les insectes sont principalement consommés durant la saison des pluies, quand la chasse et la pêche sont impraticables. Plus de 1 900 espèces d'insectes sont utilisées. Les principaux sont les coléoptères (31 %), les chenilles (18 %), les abeilles, les fourmis et les guêpes (14 %), puis les sauterelles, les criquets et les grillons (13 %), les cigales et les cochenilles (10 %), les termites (3 %), les libellules (3 %) et les mouches (2 %). Le ver mosan est une nourriture riche en protéines très prisée au Botswana, en Namibie, au Zimbabwe et en Afrique du Sud. Selon la FAO, 95 % des populations rurales de République centrafricaine ont besoin d'insectes pour leur subsistance. 91 % des Botswanais et 70 % des Congolais en consomment. En République démocratique du Congo, pays très entomophage, la consommation de chenilles atteint 300 grammes par ménage et par semaine. En République centrafricaine, les chenilles sont aussi une part importante de l'alimentation, des Pygmées notamment ; en Afrique du Sud a été établie une filière de la production d'insectes, notamment de mouches soldat noir, avec l'aide de la Fondation Bill et Melinda Gates. Au Nigeria et en Angola, on consomme aussi beaucoup de termites, cuits ou crus. À Madagascar, on mange des larves de guêpes cuisinées dans du beurre, de l'ail et du persil. On estime que près de 10 milliards de vers mopane (nom de l'arbre sur lequel ils vivent) sont récoltés chaque année en Afrique australe[172].

Dans la plupart de ces pays, ce sont les plus pauvres qui consomment encore des insectes, l'entomophagie étant progressivement vue comme une pratique appartenant au passé.

L'Europe consomme aussi des insectes, presque sans le savoir. En 2010, l'entomologiste néerlandais Marcel Dicke estimait entre 500 grammes et 1 kilo la consommation involontaire annuelle d'insectes par Européen, dissimulés sous forme de résidus dans les produits à base de fruits et légumes (jus, soupes, conserves…)[171]. Par exemple, le colorant alimentaire E120, qui entre dans la composition de nombreux bonbons, gâteaux, taramas et sodas, dont le Coca Cola, est fabriqué à partir de l'acide carminique extrait de la cochenille sud-américaine *Dactylopius coccus*[171].

L'Union européenne a autorisé en juillet 2017 l'utilisation de sept insectes en aquaculture : les mouches soldat noir et domestiques (*Hermetia illucens* et *Musca domestica*), le ténébrion meunier et mat (*Tenebrio molitor* et *Alphitobius diaperinus*), et les grillons domestiques, domestique des Tropiques et des steppes (*Acheta domestica*, *Gryllodes sigillatus* et *Gryllus assimilis*)[289]. Les États-Unis avaient déjà ouvert l'alimentation des poissons d'élevage à la farine de larve de mouche soldat noir en 2016[449].

Depuis le 1er janvier 2018, l'Europe accorde aux insectes le statut de « novel food » (ou « nouveaux aliments »), défini comme « denrée alimentaire dont la consommation humaine était négligeable au sein de l'Union avant le 15 mai 1997 »[284] (et qui comprend entre autres, en plus des insectes, les OGM, les micro-organismes, les algues, les aliments d'origine minérale ou à base de nanomatériaux). L'Autorité européenne de sécurité des aliments (EFSA) identifiait en 2015 plusieurs risques relatifs à la consommation d'insectes : le déficit d'études scientifiques sur les éventuels dangers biologiques, chimiques, bactériologiques et allergéniques potentiels ; les dangers chimiques (substances toxiques fabriquées par l'insecte lui-même ou apportées par l'environnement) ; les dangers physiques (parties dures du corps de l'insecte pouvant représenter un risque de blessure lors de l'ingestion) ; les dangers allergènes ; et les dangers microbiologiques (parasites, virus, bactéries et champignons portés par les insectes)[169].

Les normes du *Codex alimentarius* (corpus de normes relatives à la sécurité de l'agroalimentaire créé en 1963 par la FAO et l'OMS) interdisent la présence d'insectes entiers dans les lots de farine ou de graines destinés à la vente, mais tolèrent une proportion de 0,1 % de fragments d'insectes par masse d'échantillon[380].

La première alimentation du monde : l'Italie

Selon un sondage de l'institut français YouGov, publié en avril 2019, la cuisine nationale la plus appréciée au niveau mondial est la cuisine italienne. Elle est plébiscitée par 84 % de la population mondiale selon les estimations de ce sondage réalisé sur 25 000 personnes dans 24 pays différents. La cuisine française arrive en cinquième position (après la cuisine chinoise, japonaise, et thaï), prisée par 70 % de la population mondiale[505'].

Différents facteurs permettent d'expliquer la suprématie italienne. La première est sans doute la forte tradition de l'émigration italienne qui a exporté sa cuisine. Dès le XVIIIᵉ siècle, les guerres et les fréquentes recompositions frontalières ancrent le mouvement dans l'identité des populations de l'Italie actuelle et aux XIXᵉ et XXᵉ siècles, l'émigration s'accentue. On estime à 27,5 millions le nombre d'Italiens qui quittent leur pays entre 1876 et 1985, avec une forte préférence pour l'Amérique du Nord et du Sud, mais aussi pour les pays européens[506']. Ces mouvements ont donc transmis le goût de la cuisine italienne dans différentes régions du monde.

D'autre part, si les restaurants français sont souvent des restaurants de luxe à l'étranger, la gamme de restaurants italiens est beaucoup plus variées et s'adresse à l'ensemble des milieux socio-économiques : pizzerias, lasagneries, trattorias traditionnelles, restaurants de luxe. Les produits emblématiques de la cuisine italienne sont aussi des produits que l'on peut qualifier de grand public : pizzas, pâtes, bruschettas ; qui peuvent plus facilement s'adapter aux préférences culinaires de chaque pays. Un autre atout non négligeable face à l'évolution mondiale des régimes alimentaires : pâtes, pizzas ou risottos peuvent parfaitement s'inclure dans les régimes végétariens ou végétaliens[507'].

L'exportation importante de vins et fromages italiens contribue aussi à la renommée de sa cuisine. En 2014, l'Italie a produit 12 millions de quintaux de fromage[508']. Selon l'organisation internationale de la vigne et du vin, en 2016, l'Italie était le premier pays producteur de vin avec 50 920 000 hectolitres[509'].

Aujourd'hui, l'engouement pour les produits italiens se manifeste aussi à travers l'essor de la chaîne de magasin-restaurants Eataly. Fondée en 2007, elle compte désormais 35 magasins à travers le monde. Il existe deux spécificités aux productions italiennes : la forte saisonnalité et la spécialisation régionale en raison de la diversité des écosystèmes. Même en Italie, les produits d'une région ne sont pas forcément disponibles dans le reste du pays. Eataly s'est donc inspiré du concept du grand bazar d'Istanbul pour rassembler l'ensemble des spécificités régionales italiennes dans chacun de ses magasins. Au sein de l'Union européenne, l'Italie est le pays qui compte le plus grand nombre de produits avec des certifications Appellation d'origine protégée et Indication géographique protégée[508', 510'].

Le cas particulier français persiste

Les pays qui attachent le moins d'importance à la qualité de ce qu'ils mangent connaissent la plus grande croissance économique, mais ont le plus perdu de leur identité culturelle. À l'inverse, les pays qui aiment bien manger et passer du temps à table travaillent moins que d'autres, ont moins de croissance marchande, mais conservent plus que d'autres leur identité culturelle. C'est le cas en particulier de la France, de l'Italie et de quelques autres pays.

Comme depuis au moins dix siècles, on l'a vu, le rapport des Français à la table reste particulier : en 2019, ils passent en moyenne, 2 h 11 par jour à table, soit beaucoup plus que tous les autres pays de l'OCDE (dont la moyenne est de 1 h 31 par jour) et le double des Américains[448]. La France est également le pays qui respecte le mieux les horaires de repas : la moitié des Français déjeunent entre 12 h 30 et 13 h 30.

Seulement un Français sur dix regarde la télévision au petit déjeuner, un sur cinq au déjeuner et un sur quatre au dîner, ce qui est beaucoup moins qu'ailleurs.

Le repas traditionnel quotidien, partagé en famille à table, est encore plébiscité par les deux tiers des Français. Il reste, en général, d'une qualité correcte, sauf chez les plus pauvres. Il n'y a pas de carences en vitamines en France sauf pour la vitamine D (dont manquent 45 % des Français), la vitamine C (chez les fumeurs), et parfois l'acide folique (chez la femme enceinte)…

Pour la première fois, la gastronomie d'un pays, la France, a été classée, en 2010, au patrimoine mondial de l'Unesco. Même si la définition de ce repas est très restrictive, puisqu'elle est limitée aux repas accompagnant les fêtes familiales : « Le repas gastronomique des Français est une pratique sociale coutumière destinée à célébrer les moments les plus importants de la vie des individus et des groupes, tels que naissances, mariages, succès et retrouvailles. Il s'agit d'un repas festif dont les convives pratiquent, pour cette occasion, l'art du "bien manger" et du "bien boire". Le repas gastronomique met l'accent sur le fait d'être bien ensemble, le plaisir du goût, l'harmonie entre l'être humain et les productions de la nature. […] Le repas gastronomique doit respecter un schéma bien arrêté : il commence par un apéritif et se termine par un digestif, avec entre les deux au moins quatre plats, à savoir, une entrée, du poisson et/ou de la viande avec des légumes, du fromage et un dessert. […] Le repas gastronomique resserre le cercle familial et amical et, plus généralement, renforce les liens sociaux[274]. »

L'Unesco entrevoit, par cette définition, le rôle de la conversation, sans aller jusqu'au bout du raisonnement :

c'est en particulier par le repas que se constitue l'identité française. Famille, repas, démographie, cuisine, culture, identité nationale entretiennent un rapport très particulier, aujourd'hui comme hier.

Le sucre, l'obésité et la mort

Dans le passé, les maladies liées à l'alimentation étaient surtout liées à des manques : carences, scorbut, choléra. Et on mourait de faim.

Aujourd'hui, si on meurt encore de faim, on meurt aussi d'excès : en 2019, presque 2 milliards d'adultes sont en surpoids et 650 millions sont obèses[224]. Un Américain sur six entre 2 et 18 ans est en surpoids ou obèse. C'est de plus en plus le cas en Amérique centrale, en Asie du Sud et en Afrique subsaharienne. En France, 7 millions d'adultes (soit un sur sept) sont obèses et 50 % des adultes sont en surpoids.

L'apport excessif de sucre dans l'organisme, notamment par les sodas et les aliments industriels, en est largement responsable : un Américain consomme en 2015 en moyenne 46 kilos de sucre ; un Français 35, un Allemand 37, un Britannique 34, un Indien 18,5[450, 451, 452]. Alors que l'OMS conseille de ne pas dépasser 18,2 kilos de sucre par an. Aux États-Unis, le HFCS (sirop de fructose, dont on a vu qu'il a remplacé récemment le sucre de canne dans les produits alimentaires industriels) représente 22 % de la consommation en sucre des ménages, soit 18 kg par an et par personne[450].

L'obésité entraîne l'augmentation de la forme acquise du diabète : selon les chiffres de la Fédération internationale des diabétiques, 425 millions de personnes ont déclenché cette forme de maladie dans le monde en 2017. Le nombre de diabétiques est passé de 4,5 % de la population adulte mondiale en 1980 à près de 8,5 % en 2017[490].

L'obésité entraîne aussi des troubles musculo-squelettiques (arthrose) et des maladies cardio-vasculaires (reconnues par l'OMS comme la première cause de mortalité au monde). Le sucre serait également impliqué dans le développement de certains cancers et de certaines pathologies dégénératives[512].

Les médecins sont même allés jusqu'à nommer explicitement « maladie du soda » ou encore « maladie du foie gras » la stéatohépatite non alcoolique (acronymisée NASH), inflammation du foie qui se déclare lorsque l'organe se trouve contraint de stocker sous forme de graisses la surabondance de sucre qui lui parvient. Difficilement diagnosticable du fait de l'arrivée tardive des symptômes, cette pathologie connaît une nette augmentation au sein des pays industrialisés et représente aujourd'hui la deuxième justification de transplantation de foie aux États-Unis[512].

Au total, selon la Commission européenne, 2,8 millions d'Européens meurent tous les ans de causes liées à l'obésité ; les soins liés à l'obésité représentent au moins 7 % des budgets nationaux pour la santé dans l'UE[491].

Il n'y a pas que le sucre qui tue

Plus généralement, indépendamment du sucre ou de l'abus de nourriture, une alimentation malsaine provoque aussi des maladies chroniques, des cancers, des dépressions.

La cuisson de la viande rouge et la transformation des produits carnés provoquent l'apparition de composés chimiques cancérogènes, comme les hydrocarbures aromatiques polycycliques (HAP) et les composés N-nitrosés. En 2015, le Centre international de recherche sur le cancer (CIRC) de l'OMS a classé la viande rouge comme « *probablement* cancérogène pour l'homme » ; plusieurs études épidémiologiques montrent une association positive entre la consommation de viande rouge et le développement du cancer colorectal ; et, dans une moindre mesure, des cancers du pancréas et de la prostate[290].

Plus grave encore, la consommation de viande transformée (jambon, saucisses, saucissons, viandes en conserve et en sauce…) est définitivement considérée comme « cancérogène », au même titre que le tabac et l'alcool. Chaque portion de 50 grammes de viande transformée consommée quotidiennement augmente le risque de cancer colorectal d'environ 18 %. Selon les estimations du Global Burden of Disease (organe de recherche épidémiologique basé à l'Université de Washington), 34 000 décès par cancer peuvent annuellement être imputés aux États-Unis à la consommation de viande transformée ; 50 000 autres pourraient l'être à la viande rouge si son effet cancérogène était formellement établi, ce qui ne l'est pas encore. À titre de comparaison, le tabac est responsable de plus d'un million de décès dans le monde par cancer par an et l'alcool de 600 000 par an[290].

Les aliments « ultra-transformés » (c'est-à-dire ayant subi plusieurs étapes de transformation industrielle et composés de plus de quatre ingrédients, dont des additifs tels que les conservateurs, les colorants, les amidons modifiés, les huiles hydrogénées) ont des qualités nutritionnelles plus faibles que les aliments naturels et intègrent davantage de lipides, d'acides gras saturés, de sel et de sucre. Ils sont particulièrement rentables pour l'industrie et particulièrement dangereux pour les consommateurs : une étude de NutriNet-Santé, dirigée par le professeur Serge Hercberg, menée de 2009 à 2017 sur une cohorte de 105 000 Français, a établi une corrélation de 6 à 18 % entre la consommation d'aliments ultra-transformés et la prévalence de cancer. Cependant, comme les personnes mangeant le plus de plats préparés sont aussi les moins fortunées, et donc les plus exposées à d'autres risques sanitaires, ces résultats sont à prendre avec précaution[440]. Les frites, les biscuits industriels consommés par des enfants de moins de 3 ans contiennent des acrylamides dans des proportions cancérogènes.

Enfin, les deux tiers des résidus de pesticides qu'on trouve dans les aliments contiennent de probables perturbateurs endocriniens, facteurs de cancers hormono-dépendants, de réduction de la fertilité, d'obésité, de cancers, de maladies congénitales, neurologiques ou immunitaires. L'OMS a établi une « présomption moyenne » de corrélation entre une manipulation récurrente de tels produits chimiques et des maladies souvent graves. Il est possible en particulier que le glyphosate ait un grand impact sur la santé des agriculteurs l'utilisant au quotidien et que les doses de ce produit, présent dans de nombreux produits alimentaires consommés quotidiennement comme les céréales, les légumineuses ou les pâtes, soient assez fortes pour être potentiellement nocives. Même si des tests effectués en 2017 montrent que les doses consommées de ce produit respectent encore les limites maximales en résidus fixées par les standards européens.

La consommation de métaux lourds (plomb, mercure, cadmium) et de toxines provoque aussi des maladies.

On en trouve dans l'alimentation. En particulier le plomb (qu'on peut trouver dans les légumes ou dans l'eau) peut avoir des conséquences cardio-vasculaires chez l'adulte ; le méthylmercure et l'arsenic entraînent des risques neuronaux et cérébraux ; le cadmium atteint le fonctionnement rénal[136, 346].

La consommation de farines animales (produites en brûlant des os d'animaux) par des espèces herbivores provoque la transmission de l'encéphalopathie spongiforme bovine (ESB), maladie mortelle pour les bovins. Cette maladie est transmise ensuite à l'homme par ingestion de viande. La crise de la vache folle a fait, depuis 1986, 223 victimes humaines dans le monde, dont 177 britanniques et 27 françaises[291].

Une maladie touchant le cochon peut, dans certains cas, se transmettre à l'homme ; une épidémie grippale entre juin 2009 et août 2010, que l'OMS a qualifiée de « pandémie », a fait entre 151 700 et 575 400 morts. On a d'abord suspecté l'un des plus grands élevages industriels de porcs du Mexique, situé à La Gloria dans l'État de Veracruz, d'être le point de départ de la pandémie. Le département de l'Agriculture des États-Unis a également émis l'hypothèse d'une émergence de la maladie au sein d'un élevage de porcs asiatique ; le virus aurait ensuite envahi le territoire américain par l'intermédiaire d'un voyageur ayant contracté le virus. Dans les deux cas, l'élevage industriel a été mis en cause.

La concentration d'animaux dans des espaces de plus en plus contraints et dans des conditions d'hygiène inadéquates est un facteur qui favorise l'incubation de nouvelles souches de virus[293, 294].

Enfin, l'anorexie est une maladie liée à des troubles alimentaires qui touche 3,3 millions de personnes dans

le monde en 2017. Les victimes sont en grande majorité des adolescentes et des jeunes adultes (15-25 ans)
des pays développés : 0,9 % des jeunes Américaines et
0,5 % des jeunes Françaises en souffrent[292] ; moins de
0,01 % des Africaines[109]. Selon les critères de l'American Psychiatric Association, la maladie se caractérise
par un refus de maintenir le poids corporel au-dessus
de la normale minimale, la peur de prendre du poids
ou de devenir obèse, une perturbation dans la manière
dont le poids corporel, la forme ou la silhouette sont
perçus, une influence exagérée du poids ou de la silhouette sur l'estime de soi[110]. En particulier, selon une
étude de l'université de Pittsburgh (États-Unis), parue
en 2016 dans le *Journal of the Academy of Nutrition and
Dietetics*[154], l'addiction aux réseaux sociaux peut entraîner
de l'anorexie. L'anorexique ne veut pas de la conversation ; en tout cas, pas avec ceux qui veulent le nourrir[110].

Enfin, la consommation du gluten et du lactose n'est
un problème de santé que pour les 3,5 % des personnes
qui y sont vraiment allergiques, et pas pour les 35 % de
l'humanité qui se croient, à tort, eux aussi allergiques.

*On surproduit des végétaux,
de la viande et du poisson*

La production alimentaire est une formidable source
de gaspillage.

En 2018, 1,3 milliard de tonnes de nourriture (perte et
gaspillage) sont parties à la poubelle (30 % des céréales,
20 % des produits laitiers, 35 % des poissons et des fruits
de mer, 45 % des fruits et légumes et 20 % de la viande),
soit un tiers de tout ce qui est produit sur terre[412].

En plus, 350 millions de tonnes ont été perdues en 2018 en raison de l'insuffisance d'infrastructures de stockage. Et l'équivalent de 110 milliards de dollars est perdu en raison du dépassement de la date de péremption dans les magasins.

En France, chaque citoyen jette chaque année 20 kilos de nourriture, dont 7 kilos de produits encore emballés, soit l'équivalent d'un repas par semaine ; surtout des légumes et des fruits. Le tiers de ces gaspillages a lieu dans les domiciles ; le reste dans les restaurants et les cantines collectives.

Chaque année, l'humanité jette 20 milliards de tonnes de déchets alimentaires dans les mers et les lacs. Le « vortex de déchets du Pacifique nord », vaste étendue de déchets (7 millions de tonnes) située entre Hawaï et le Japon, serait grand au moins comme trois fois la France, constitué à 46 % de filets de pêche. Ces déchets plastique, pour l'essentiel alimentaires, sont en partie consommés par les poissons et donc indirectement par l'homme : près de 30 % des poissons, huîtres et moules consommés en Europe contiennent vraisemblablement du plastique.

On gaspille aussi beaucoup d'eau douce (pas nécessairement potable), en particulier pour produire de la viande : pour produire 1 kilo de maïs, il faut 500 litres d'eau ; 600 litres pour produire 1 kilo de blé ; 4 000 litres pour 1 kilo de poulet ; 4 800 litres pour 1 kilo de porc ; et 13 500 litres pour 1 kilo de bœuf. Un repas « carné » classique consomme 12 000 litres d'eau, tandis qu'un repas végétarien, apportant les mêmes calories, en consomme 3 500 litres. Ainsi, le besoin d'eau sur la planète est passé de 600 km³ par an en 1900 à 3 800 km³ par an en 2018, dont 70 % consommés par l'agriculture.

On surproduit des produits de la pêche : on pêche de plus en plus, et de plus en plus profond : en 1960, on pêchait jusqu'à 100 mètres de profondeur ; 300 mètres en 2017. La pêche en eau profonde n'est interdite que dans la seule Union européenne et seulement au-delà de 800 mètres.

40 % des stocks halieutiques sont classés comme surexploités : le hareng Nord-Atlantique, l'anchois du Pérou, le pilchard de l'Atlantique austral, le thon, la morue. 41 % des thons sont exploités à un niveau « biologiquement non durable » depuis 2013. En Méditerranée et en mer Noire, les merlus, les soles et les rougets sont surexploités, et seulement 59 % des stocks sont exploités à un niveau « biologiquement durable ». En 2017, on pêche 500 000 tonnes de morue par an, alors que le maximum durable est de 200 000. 90 % de la population des grands poissons (thon, requin, cabillaud et flétan) a déjà disparu ; de 24 à 40 % des vertébrés marins vont disparaître.

Plus de cinq cents espèces de poissons et d'invertébrés marins figurent aujourd'hui sur la liste rouge de l'Union internationale pour la conservation de la nature (UICN) des espèces menacées. Les requins et les raies sont menacés d'extinction. Chaque année, 100 millions de requins sont pêchés, alors que leur pêche est interdite. La population de requins a baissé de 80 % en quinze ans ; les populations de requins-tigres, requins-marteaux halicores, requins-bouledogues et requins obscurs ont diminué de 95 % depuis le début des années 1970. Le napoléon, chassé pour ses mâchoires, et le dauphin de l'Irrawaddy sont en train de disparaître. Il y a en 2017 environ dix fois moins de baleines qu'en 1800, même si sa pêche est désormais mondialement interdite[11].

Se nourrir surproduit des gaz
à effet de serre

Manger, plus que toute autre activité humaine, produit des gaz à effet de serre.

En particulier, près de 18 % de la totalité des gaz à effet de serre produits par l'activité humaine sont dus, directement ou indirectement, aux animaux d'élevage (la moitié par les bovins). 40 % de ces émissions sont dues à leurs fermentations gastriques, 45 % au transport, 10 % au stockage et 5 % à l'abattage[182, 183].

De plus, les pays du Nord exportent, en les subventionnant, des poulets et du blé en Afrique, ce qui produit du CO_2 lors de leur transport et détruit les productions concurrentes de céréales et de volailles africaines. À l'inverse, les industriels des pays du Nord détruisent des zones naturelles majeures principalement dans les pays en voie de développement, pour y produire des fruits et des légumes hors saison qu'ils transportent à grands frais chez les consommateurs. Par exemple, on produit hors saison, pour l'Europe du Nord des fraises en Espagne ; et on déforeste l'Amazonie pour produire hors saison des avocats exportés (par avion) vers l'Europe ; cela consomme dix à vingt fois plus de pétrole que des aliments équivalents produits là où ils sont consommés. Pire encore si c'est un légume cultivé sous une serre chauffée à l'autre bout du monde, puis surgelé et transporté par avion à 8 000 kilomètres.

Au total, la consommation alimentaire d'un Européen représente 30 % de son empreinte écologique. Et trop peu de gens se préoccupent des économies qui seraient possibles : manger moins, manger local, manger végan, manger de saison aurait un effet considérable sur la réduction de la production de gaz à effet de serre.

On détruit les sols

Entre 2001 et 2015, l'agriculture industrielle (cultures et élevage) a été responsable de 27 % de la déforestation totale[428]. Au Brésil, la déforestation est principalement liée à la culture du soja et à l'élevage, mais le taux de déforestation y a tendance à diminuer. L'Asie du Sud-Est, très en retard en matière de législation pour la protection des forêts, déforeste encore massivement, menaçant près de 200 espèces animales dont des espèces emblématiques, comme le tigre ou l'orang-outan.

En 2018, seul un quart des espaces terrestres mondiaux n'ont pas encore été concernés directement ou indirectement par les activités humaines[492]. 87 % des zones humides ont disparu[493]. En 2016, l'Union internationale pour la conservation de la nature, une organisation internationale fondée en 1948 pour la protection de la biodiversité, estimait que 14,7 %, soit 20 millions de kilomètres carrés répartis en plus de 200 000 zones différentes, des espaces terrestres et 10 % des espaces maritimes avaient le statut d'espace protégé. Ainsi l'objectif fixé par la Convention sur la diversité biologique, signée en 1992 par 168 pays, d'avoir protégé 17 % de la surface terrestre et 10 % des espaces maritimes à l'échelle mondiale sera atteint sans trop de difficultés[385].

À l'échelle mondiale, 30 % de la destruction des espaces naturels et des forêts sont provoqués par les besoins de l'élevage. Il contribue à hauteur de 18 % au total des émissions de gaz à effet de serre dans le monde.

Aux États-Unis, l'élevage serait responsable de 55 % de l'érosion des sols et de 37 % des pesticides ; 50 % des antibiotiques ainsi qu'un tiers du phosphore présents dans les eaux territoriales américaines seraient liés à l'élevage[183].

L'élevage consomme déjà 8 % des ressources mondiales d'eau douce. C'est le secteur économique qui pèse le plus lourd dans la pollution des eaux par les antibiotiques, les hormones et les pesticides en raison des cultures destinées à l'alimentation animale. En plus de polluer l'eau, l'élevage empêche le renouvellement des ressources d'eau douce, puisque les animaux tassent la terre, empêchant l'eau de s'y infiltrer[183].

Avec 23 kilos de pesticides utilisés par hectare de terre agricole, le record est détenu par le Costa Rica, qui en déverse pratiquement dix fois plus sur ses cultures que la France, pour produire bananes, ananas, melons, et des cultures qui exigent une grosse quantité de fongicides et d'insecticides – allant jusqu'à 49 kilos de pesticides par an et par hectare de bananes et 30 kilos pour l'ananas[506]. Le glyphosate est présent dans le Roundup®, un herbicide très répandu chez les agriculteurs et produit par Monsanto depuis les années 1970. De nombreux produits analogues dont les formules chimiques varient en fonction des adjuvants sont aussi utilisés.

Les intrants chimiques détruisent les micro-organismes qui assurent la fertilité de l'épiderme de la planète : une zone d'environ 30 centimètres d'épaisseur, la plus riche des différentes couches, concentre 80 % des êtres vivants (bactéries, champignons, insectes)[387]. L'utilisation du glyphosate a augmenté avec la mise au point d'OGM résistants : on peut ainsi le répandre sur les cultures pour stopper la croissance de tous les végétaux autres que ceux génétiquement modifiés.

Les intrants chimiques entraînent aussi des conséquences tragiques sur la diversité des sols et augmentent
la dépendance à des ressources de plus en plus rares
(comme le phosphore) et à des entreprises quasi mono-
polistiques, comme celles qui détiennent les brevets sur
les semences[304, 305].

Au total, les intrants chimiques, combinés à la salini-
sation des sols et aux labours, menacent la fertilité des
terres arables ; et les rendements stagnent ou baissent ;
un phénomène inquiétant que la communauté scientifique appelle le « rendement plafond ». Dans certaines
régions, les rendements ont même tendance à diminuer. Aujourd'hui, à l'échelle mondiale, c'est un tiers
des terres agricoles qui sont menacées de devenir stériles
à cause des pratiques de l'agriculture intensive.

Le rythme de l'érosion a dépassé celui de la formation
des sols (la pédogénèse)[133].

On réduit la diversité du vivant

Comme les multiples espèces humaines se sont
réduites à une seule en quelques millions d'années, il
en va de même pour la nature, en quelques dizaines
d'années.

Les produits phytosanitaires provoquent aussi la disparition de certaines espèces et la prolifération d'autres
espèces dites « opportunistes » ; ils s'attaquent à certains
micro-organismes qui constituent l'écosystème sous-terrain, les éliminent et altèrent ainsi la fertilité des sols[387].
Sous l'action de ces engrais, certaines algues prolifèrent,
réduisent la concentration en oxygène et provoquent la
disparition de nombreuses espèces animales. En Beauce,

par exemple, alors qu'il y avait 2 tonnes de lombrics par hectare en 1955, il y en a moins de 200 kilos aujourd'hui.

91 % des variétés de maïs, 95 % des variétés de choux, 81 % des variétés de tomates ont déjà disparu[4]. Nous avons perdu 90 % de la diversité animale au cours du XXe siècle ; et, d'après l'Union nationale de l'apiculture française, 30 % des colonies d'abeilles disparaissent chaque année contre 5 % en 1995.

Alors que, il y a 10 000 ans, l'alimentation humaine reposait encore sur plus de 5 000 espèces végétales différentes, aujourd'hui quatre espèces (blé, maïs, pomme de terre et riz) assurent près de 60 % de la sécurité alimentaire mondiale.

Et comme on se nourrit de moins en moins d'espèces, on les protège moins et on les laisse disparaître. Le rapport 2018 de World Wildlife Fund[185] estime que la surexploitation ou l'activité agricole et parfois la combinaison des deux sont responsables de la disparition de 75 % des espèces animales ou végétales depuis le début du XVIe siècle. Les populations animales sauvages ont globalement été réduites de 60 %.

Au total, l'uniformisation de ce qu'on mange uniformise la nature et en réduit la capacité à résister aux chocs et aux crises.

Le Grand Secret

Les grandes firmes agroalimentaires ont plus que jamais les moyens de faire taire ceux qui prétendent lutter contre les poisons qu'elles produisent et qu'elles imposent aux consommateurs. Elles ont même les moyens de corrompre des chercheurs, pour leur faire produire et publier des études mensongères.

Aux États-Unis, en 2016, des documents de la Sugar Research Fondation (le lobby du sucre devenu récemment la Sugar Association) ont montré que l'association a versé, en 1967, 50 000 dollars à trois chercheurs de Harvard, qui ont publié, dans la très respectée revue *Journal of the American Medical Association*, une étude, commandée et orientée par ce lobby, qui prétendait établir que le sucre avait une moindre influence sur l'obésité et les maladies cardiovasculaires que les graisses saturées ; ce qui a détourné le débat pendant plusieurs années[227, 337].

De la même façon, Coca-Cola a versé, de 2012 à 2014, plusieurs millions de dollars à des chercheurs de l'université du Colorado, avec à leur tête le Dr John Peters, pour démontrer, fallacieusement, que le sucre n'était pas toxique[227]. Selon Associated Press, en 2011, des industriels de la friandise (Skittles, bonbons aux fruits, marque filiale de Mars ; Hershey, confiseries chocolatées ; et Butterfingers, marque de barre chocolatée appartenant à Nestlé) ont financé une étude expliquant que les enfants mangeant du sucre pesaient *in fine* moins lourd que les enfants qui n'en consommaient pas. Une autre étude financée par Quaker Oats a aussi été publiée dans la revue *Food & Nutrition Research*, expliquant que les flocons d'avoine chauds rassasiaient plus qu'aucun autre petit déjeuner[337].

En 1974, une ONG anglaise de lutte contre la pauvreté, War on Want, a publié une étude, « The Baby Killer[180] », dans laquelle elle dénonçait les campagnes de promotion et de distribution agressives de lait en poudre par les multinationales occidentales, dans les pays en développement, et notamment en Afrique subsaharienne. Nestlé avait en particulier engagé de vastes campagnes de publicité, offrant des promotions faramineuses. Or, selon l'Unicef, un enfant nourri au lait en poudre dans des conditions non hygiéniques court entre six et vingt-cinq fois plus de risques de mourir de diarrhée, et quatre fois plus de risques de mourir de pneumonie dans ses premières années par rapport à l'alimentation par le lait maternel.

Au total, le nombre de morts à cause d'une mauvaise alimentation infantile liée à ces produits était estimé à 1,5 million d'enfants par an par l'OMS à la fin des années 1990, alors même que des réglementations internationales avaient été adoptées pour contrer ce phénomène. En 1998, l'association IBFAN (International Baby Food Action Network) publie le palmarès de dix violations montrant que les industriels continuent de distribuer des échantillons gratuits[342, 343, 344].

En Inde (deuxième producteur et premier consommateur mondial de sucre avec 50 millions de planteurs de canne à sucre), le lobby du sucre est très puissant. Près d'un tiers (130 sur 543) des élus de la chambre basse du Parlement, la Lok Sabha, sont des élus de seulement deux États du pays, l'Uttar Pradesh et le Maharashtra, qui produisent à eux deux plus de 70 % du sucre du pays. Un universitaire de Dartmouth College, Sandip Sukhtankar, a relevé que, sur les 183 raffineries de l'État du Maharashtra qu'il a étudiées, 101 comptaient dans leurs conseils d'administration une ou plusieurs personnes ayant été candidates à des élections locales et nationales entre 1993 et 2005[347].

En Europe, les lobbies du sucre dépensent une moyenne de 21,3 millions d'euros par an pour peser sur les décisions de la Commission européenne[460].

En France, les industriels du sucre (qui représentent près de 40 000 emplois) et leur syndicat (le Syndicat national des fabricants de sucre) ont créé des officines de lobby, comme le Cedus (Centre d'étude et de documentation du sucre), qui a notamment conçu des sites Internet de propagande ; l'institut Benjamin-Delessert se focalise sur le milieu médical et décerne des prix dont l'un des bénéficiaires déclare : « Il ne faut pas diaboliser le sucre »[507, 508]. Le site www.lesucre.com publie des articles de « fact-checking » visant à contrer les attaques contre la consommation de sucre dans les médias. Par exemple, il fournit des contre-arguments sur les liens entre sucre et obésité (« C'est l'excès calorique d'un apport élevé en sucre qui peut entraîner une prise de poids, et non le sucre en lui-même ») ; entre sucre et diabète (« Il est faux d'affirmer que la consommation de sucre est *la* cause du diabète. Ce type de diabète est essentiellement la conséquence d'une surcharge pondérale, liée à une surconsommation alimentaire globale et non à une surconsommation de sucre en particulier ») ; et entre sucre et addiction (« Chez l'homme, on ne constate pas de telle dépendance, qui implique tolérance et symptôme de sevrage, même s'il existe bien chez certaines personnes des comportements compulsifs vers les aliments gras sucrés, jamais vers le seul sucre. De plus, ces compulsions alimentaires peuvent être amplifiées par les régimes restrictifs »).

Aujourd'hui, en France, et dans toute l'Union européenne, depuis décembre 2016, l'étiquetage d'un produit préemballé doit nécessairement contenir la « déclaration nutritionnelle », c'est-à-dire la quantité de calories, de matières grasses (dont acides gras saturés), de glucides (dont sucres), de protéine et de sel, contenus dans le produit[339], pour une unité donnée (souvent

100 grammes). Aux États-Unis, depuis mai 2016, la déclaration nutritionnelle a été revue, pour notamment mieux mettre en avant le taux de calories et préciser, dans la catégorie « sucres », les « sucres ajoutés ». On doit aussi faire connaître les graisses (dont saturées), le cholestérol, le sodium (sels), les protéines, le potassium, le fer, le calcium et la vitamine D[338].

La prise de conscience

Si la confiance dans ce qu'on mange reste forte aux États-Unis, en Espagne, en Grande-Bretagne, 40 % de la population chinoise est préoccupée par sa sécurité alimentaire en 2016, alors qu'ils n'étaient que 12 % en 2008[453]. Aux États-Unis se développe aussi, sous le nom de « negative nutrition », un sentiment de peur face au gras, qu'on appelle « lipophobie », essentiellement au sein de la classe moyenne, qui pratique désormais un peu plus de sport.

Le cas de la France reste particulier : 84 % des Français se disent soucieux de leur alimentation. Près de 80 % d'entre eux jugent « probable le risque que les aliments nuisent à leur santé », contre 59 % en 2012. Seulement 38 % des Français ont confiance dans les aliments transformés ; 40 % dans la distribution. Seuls 28 % font confiance à leur alimentation du quotidien.

Selon une étude d'Opinion Way, en 2016, 63 % des Français privilégient régulièrement la consommation de produits régionaux et 93 % le font partiellement. Parallèlement, 61 % des personnes interrogées en France se disent prêtes à dépenser plus en produits

régionaux afin de soutenir l'économie locale ; 42 %
privilégient les produits locaux pour s'assurer de l'origine des produits ; 32 % pensent que ces produits sont
de meilleure qualité ; 24 % affirment que les produits
locaux ou régionaux correspondent davantage à leurs
valeurs personnelles et culturelles ; 54 % des consommateurs souhaitent que leur région propose plus de
produits locaux ; 80 % achètent des produits locaux
pour soutenir la production de leur région ; 48 % sont
sensibles au respect du bien-être animal ; 64 % sont
favorables à un étiquetage nutritionnel. Seul un Français
sur dix ne mange jamais bio ; 65 % d'entre eux sont des
consommateurs réguliers, contre 37 % en 2003.

L'orthorexie[208, 209] (terme forgé par le Dr Steven
Batman en 1997 ; du grec *orthos* et *orexis*, « appétit »)
désigne l'obsession de manger sainement. Une personne
souffrant de cette pathologie peut exiger de manger des
fruits et légumes cueillis depuis moins de deux heures
ou mastiquer pendant des heures une même bouchée
pour la rendre plus digeste. Cela peut provoquer des
carences alimentaires graves et rendre impossible de
partager un repas avec d'autres.

Les adolescents annoncent
que le meilleur est peut-être possible

Les jeunes d'aujourd'hui, partout dans le monde,
font passer l'alimentation après bien d'autres préoc-
cupations. Ils veulent eux aussi, comme les adultes, et
souvent plus qu'eux, manger vite, n'importe quand et
hors de la table familiale. Et la France n'est pas indemne
de cette évolution.

En France, 61 % des jeunes affirment manger au moins un repas sur deux devant un écran ; 54 % affirment ne pas manger au moins un repas sur deux à heure fixe ; 48 % d'entre eux ne prennent pas de petit déjeuner au moins un matin sur deux ; 47 % prennent seul au moins un repas sur deux. Plus d'un jeune sur trois déclare qu'il lui arrive de grignoter toute une journée (35 % disant au moins un jour sur deux) ; plus d'un jeune sur quatre déclare sauter un repas sur deux. 54 % des 18-24 ans commandent des repas en ligne.

L'alimentation est rarement un sujet de révolte des jeunes, comme l'est par exemple le climat, ou le cursus scolaire et universitaire. En 2007, près de 100 000 jeunes Mexicains sont pourtant dans la rue pour dénoncer la forte hausse du prix de la tortilla (près de 40 %), élément essentiel de la nourriture du pays. En 2008, au Maroc, des affrontements ont lieu entre jeunes manifestants et policiers après des émeutes de la faim, entraînant la mort de plusieurs protestataires. *Idem* à Haïti (quelques morts et des centaines de blessés après des émeutes liées à l'augmentation de plus de 50 % de denrées comme le riz ou les haricots, ces émeutes ayant poussé le Sénat à destituer le Premier ministre en place, Jacques-Édouard Alexis), en Égypte (cinq morts vraisemblablement dans des émeutes liées à l'inflation et à une pénurie de pain), en Somalie[135, 345].

Quelquefois, très rarement, des parents de jeunes enfants se révoltent contre la qualité de leur cantine scolaire. En France, en 2014, des parents d'élèves à Marseille ont monté un collectif dénonçant les repas servis dans les cantines de la ville, après que des insectes ont été plusieurs fois retrouvés dans les assiettes de leurs enfants. Ces parents d'élèves ont alors mis en place une

« opération Limaces » consistant à retarder le paiement de la cantine[341].

L'alimentation est, chez certains jeunes, un important sujet de conversation : selon une enquête américaine commandée par Farm Rich (entreprise de plats préparés), les adolescents américains entre 13 et 19 ans passent en moyenne environ 1 000 heures, soit trente-neuf jours, à penser à la nourriture ; Facebook est leur principale source d'inspiration culinaire (27 %), la deuxième étant YouTube (21 %). Selon une étude de Zizzi, chaîne de restaurants en Grande-Bretagne, les 18-35 ans américains passent cinq jours par an à regarder des images d'aliments sur Instagram, et 30 % évitent un restaurant si sa présence sur Instagram est faible[454]. Sur Instagram, les photos de nourriture, plats, boissons, se comptent en milliards. Et quand ils pensent alimentation, ils pensent surtout boissons. Ou drogues.

Au total, l'alimentation est, pour la plupart des jeunes d'aujourd'hui, une activité essentiellement utilitaire, rarement thérapeutique, rarement essentielle. Elle passe après l'habillement, les loisirs et la téléphonie : plus d'un jeune Américain sur quatre est prêt à sacrifier la qualité et la quantité de son alimentation au profit de son habillement (31 %) et de la téléphonie (25 %). Cette tendance est vraie mondialement. Les jeunes sont encore rarement prêts à se mobiliser pour que leur nourriture soit plus saine.

Cela n'annonce pas pour l'avenir une génération plus consciente des enjeux et mieux préparée à y faire face. Comme le disait un vieux proverbe : « On n'est pas sorti de l'auberge », expression argotique du XIXᵉ siècle, dans laquelle le mot « auberge » désignait… la prison.

Chapitre 8

Dans trente ans, des insectes, des robots et des hommes

Beaucoup se sont risqués, dans le passé, à prévoir l'avenir de l'alimentation. Et bien souvent en se trompant.

Ainsi, en décembre 1900, l'ingénieur et conservateur de musée américain John Elfreth Watkins publiait, dans le *Ladies' Home Journal*, 28 prédictions pour l'an 2000. Nombre d'entre elles sont tombées juste : le réfrigérateur, la télévision et les moyens de communications sans fil (qui, en fait, existaient toutes déjà, à l'échelle de prototypes). Il s'est cependant largement trompé en prévoyant que la transmission d'un courant électrique dans les sols allait permettre de stimuler la croissance des végétaux et d'obtenir des « petits pois gros comme des betteraves », des « fraises grosses comme des oranges » et « un melon pouvant nourrir une famille entière »[252, 253].

En 1960, on imaginait qu'en l'an 2000 on mangerait des pilules et de la nourriture lyophilisée, comme le faisaient alors les hommes se préparant à partir pour la première fois dans l'espace ; on le retrouve en 1968 dans les rations aromatisées et standardisées des astronautes du film *2001 : l'Odyssée de l'espace* de Stanley Kubrick.

En 1973, dans *Soleil vert*, Richard Fleischer décrit comment, en 2022, après avoir épuisé toutes les ressources de la planète, l'humanité en serait réduite à se nourrir d'une unique pilule quotidienne, produite à partir de cadavres humains.

Bien d'autres prévisions ont suivi, iréniques ou catastrophistes, annonçant l'abondance absolue ou la destruction de l'humanité faute de nourriture ou encore à cause des poisons dont elle se nourrit.

Dans ce qui suit, je vais me risquer aussi à des prévisions, en mêlant les tendances lourdes du passé, telles qu'elles découlent de ce qui précède, et les bouleversements, les ruptures, les mutations qu'on peut imaginer pour l'avenir. Je me nourris ici des précisions faites à partir de mes recherches précédentes et publiées dans plusieurs de mes livres[9].

De fait, les histoires de l'alimentation, telles que racontées plus haut, la démographie, l'urbanisation, la technologie, les migrations, les mœurs, les idéologies, les rapports économiques, sociaux et géopolitiques, l'état de la Terre, les pollutions, la crise climatique, déterminent très largement ce que la Terre pourra produire, ce que les hommes voudront et pourront manger, la façon dont ils mangeront et les conditions dans lesquelles pourront éventuellement s'organiser les conversations qui fondent et soutiennent toute société. Et ce que cette prédiction annonce est plutôt sombre.

Des ruptures extraordinaires sont cependant encore possibles et rendent l'avenir encore maîtrisable.

D'abord, les besoins

En 2050, à moins d'un cataclysme, il faudra nourrir environ 9 milliards d'êtres humains ; l'Asie et l'Afrique auront à nourrir respectivement 875 millions et 1,3 milliard d'habitants de plus qu'en 2019.

75 % de la population mondiale, contre 55 % de celle d'aujourd'hui, vivra en ville, loin de la terre et de la nature. La moitié de la population totale du monde aura rejoint une sorte de classe moyenne. Celle-là aspirera à des niveaux de consommation et de vie similaires aux classes moyennes occidentales d'aujourd'hui. 70 % d'entre elle se trouvera en Asie ; le reste sera surtout en Afrique.

À ces humains, il faudra ajouter les milliards d'animaux d'élevage, de poissons et d'insectes qu'il faudra nourrir aussi, pour qu'ils nourrissent ensuite les hommes.

Pourra-t-on nourrir 9 milliards d'humains ?

Pour nourrir beaucoup plus de gens sur le même modèle de consommation que l'Occident d'aujourd'hui, il faudrait augmenter de 70 % d'ici à 2050 la production alimentaire mondiale[157]. Cela semble totalement hors de portée.

On ne détruira pas seulement ainsi l'humanité mais la planète : en 2050, pour nourrir l'humanité selon le même modèle nutritionnel que celui des États-Unis d'aujourd'hui, il faudrait, selon un professeur de sciences environnementales à l'Université de Columbia,

Dickson Despommier, déforester assez pour les rendre cultivables des terres d'une superficie équivalente à celle du Brésil[23]. Pour augmenter les rendements, on devra intensifier l'utilisation de produits chimiques et le recours aux OGM. Les sols seront largement saturés, avec deux fois trop de produits azotés et trois fois trop de produits phosphorés épandus. La vitesse d'érosion de la biodiversité sera multipliée par 100. Enfin, d'ici à 2050, selon la Banque mondiale, le volume des déchets alimentaires annuels dans le monde pourrait atteindre 3,5 milliards de tonnes.

Par ailleurs, l'élevage aggravera la dégradation du climat et le manque d'eau potable.

Selon la FAO, les pays en développement seront les plus touchés par les conséquences du dérèglement climatique sur l'agriculture, avec un impact négatif sur la productivité de 9 à 20 % d'ici à 2050. Ainsi, en 2050, même si l'Afrique devrait pouvoir assurer elle-même sa consommation de tubercules (patates douces, ignames, manioc), elle ne devrait en revanche pas être capable de produire plus de 80 % de sa consommation de céréales. En Afrique de l'Ouest, les baisses de productivité pourraient même atteindre 25 % pour le maïs et 50 % pour le sorgho[495].

Un autre rapport de la FAO[386] publié en 2015 estime que si rien n'est fait d'ici à 2050 pour remédier à l'appauvrissement des sols, celui-ci sera alors responsable d'une perte de plus de 253 millions de tonnes de céréales, équivalente à celle qu'on obtiendrait si l'ensemble de la surface agricole de l'Inde (150 millions d'hectares) devenait incultivable.

Selon ce rapport, au moment où il faudrait augmenter ainsi la capacité agricole de la planète, le changement climatique en marche la réduira : si, sous les hautes latitudes comme en Europe du Nord, en Ukraine, en Russie et au Canada, le réchauffement pourrait avoir des effets agricoles provisoirement bénéfiques, il réduirait à l'inverse de 20 % la production alimentaire de très nombreux pays et sera globalement négatif. Il pourrait en particulier réduire la production agricole africaine de 30 % d'ici à 2080, alors que la population de ce continent va plus que doubler dans la même période.

Et, de toute façon, on manquera de ressources pour produire les engrais dont on aurait besoin : la disponibilité du phosphore pourrait atteindre son maximum vers 2040 selon une étude de Dana Cordell, aujourd'hui professeure à l'Université technique de Sydney[134].

Il sera donc impossible de nourrir tant de gens.

D'autant plus qu'il faudra consacrer une part croissante du budget des ménages à se soigner, apprendre, se loger, se protéger, se distraire. En conséquence, la part du revenu qu'on pourra consacrer à se nourrir, qui tourne désormais dans les pays développés autour de 15 %, se réduira encore partout ; et en particulier dans les pays en développement.

Pour tenter de résoudre cette équation apparemment impossible, il ne suffira pas de développer de nouvelles technologies agricoles visant une meilleure gestion des sols (par l'installation de capteurs météo pour l'optimisation de l'irrigation, par l'usage de drones intelligents pour repérer les zones à cultiver). Il faudrait aussi, si on continue avec le même modèle, utiliser beaucoup plus d'engrais, défricher d'immenses espaces aujourd'hui encore occupés par des forêts. Et donc accélérer ainsi l'épuisement des ressources des sols et de la mer, et aggraver la perte de diversité du vivant jusqu'à détruire totalement la planète et affamer les générations suivantes.

Au total, il est clair que la totalité des humains de 2050 ne pourront pas accéder au niveau et au style de vie alimentaires actuels de la classe moyenne américaine ou européenne d'aujourd'hui.

Si l'on continue sur le modèle actuel, il est vraisemblable qu'il faudra continuer de distinguer cinq façons de manger : les très rares et très riches gastronomes, qui pourront s'offrir le service de vrais chefs, chez eux ou dans des restaurants ; les initiés qui ne mangeront que des choses saines, pensant servir la planète, mais sans se préoccuper en réalité réellement d'autre chose que de leur bonheur personnel ; les classes moyennes supérieures qui tenteront d'imiter les très riches ou les initiés ; les très nombreuses classes moyennes inférieures, qui mangeront surtout de la nourriture industrielle, de plus en plus catastrophique et ruineuse pour la planète ; enfin, les très pauvres, qui continueront de manger comme il y a mille ans, en ayant parfois accès aux pires des produits de l'industrie agroalimentaire et à des produits naturels, de plus en plus rares et chers.

Les très riches mangeront de mieux en mieux et de moins en moins

En marge de la nourriture de masse, dont il sera question plus loin, se développeront de nouvelles nourritures pour riches, et pour très riches. Elles seront préparées dans les meilleurs restaurants, ou par les cuisiniers personnels des milliardaires et des puissants.

Fréquenter ces restaurants sera beaucoup moins que par le passé une symbolique du pouvoir, mais plutôt un plaisir de nouveaux riches ou de vrais gastronomes.

Certains de ces plus riches consommateurs voudront consommer les viandes les plus originales, les poissons les mieux protégés, les fruits et les légumes les plus parfaits, et surtout les millésimes les plus rares. En payant pour cela un prix de plus en plus extravagant.

Le grand cuisinier sera de plus en plus considéré comme un artiste offrant des plats de plus en plus coûteux. Les meilleurs de ces chefs voudront garantir à leurs clients la qualité et la pureté des conditions de production des produits qu'ils utiliseront et ne se contenteront pas, comme le font aujourd'hui les meilleurs d'entre eux, de faire leur marché eux-mêmes. Ils auront, comme certains déjà, leurs propres jardins, leurs propres fermes, leurs propres élevages. Ils utiliseront aussi des produits extrêmement rares, venus du plus loin possible, ou ressurgis du passé le plus lointain. Superfruits, superlégumes. Végétaux rares ou oubliés. Ils inventeront aussi de nouvelles formes, matières et textures.

La gastronomie occidentale cédera le pas, en partie, à celle qui viendra d'Asie ; elle incorporera plus encore qu'elle ne le fait aujourd'hui les produits les plus populaires de ce continent. On verra en particulier, on voit déjà, les insectes entrer dans les ingrédients de la haute gastronomie mondiale. Ce qui, accessoirement, sera une façon de préparer les classes moyennes occidentales à accepter d'en consommer.

D'autres riches ou puissants choisiront la sobriété, la simplicité, faisant passer leur santé et leur esprit, ou d'autres plaisirs, avant ceux de la nourriture. La table n'étant plus pour eux le lieu symbolique du pouvoir, ils consommeront ostensiblement peu de nourriture, avec les produits les plus sains, les plus naturels, les plus simples possible. L'origine primera sur les calories. Le sucre et la viande seront bannis de leur alimentation. La frugalité sera considérée comme une preuve de raffinement et d'intelligence ; le surpoids comme un signe de bêtise, de faiblesse et d'incompétence.

Et cela aura, comme par le passé, des conséquences sur le comportement des classes moyennes, qui voudront imiter la façon de se nourrir des plus riches et tenteront de trouver, dans des magasins spécialisés, des produits presque équivalents.

Des choix culturels de plus en plus asiatiques et métissés

À l'avenir, comme par le passé, les cuisines diront l'importance que les nations attachent au bien-vivre et à leur propre identité, ce qui ne sera pas plus qu'auparavant corrélé à leur développement économique : en général, les rares pays qui continueront d'aimer bien manger conserveront plus que d'autres leur identité et travailleront moins que d'autres ; leur développement économique en pâtira : le capitalisme continuera d'exiger la frugalité de ses classes dominantes.

Comme les cuisines italienne, puis française, puis américaine se sont successivement imposées au monde, après la cuisine arabe, on pourrait pronostiquer le triomphe des cuisines chinoise, indonésienne et indienne. Après tout, les unes et les autres renvoient à des puissances géopolitiques futures et correspondent très bien, par leur mode de consommation, aux exigences du monde à venir : des nourritures variées, qu'on peut servir individuellement et de façon nomade ; tout à fait adaptées à des repas rapides ou à un grignotage permanent.

Les États-Unis n'auront plus, en tout cas, le monopole du modèle de l'alimentation des classes moyennes. Et on verra bientôt, on voit déjà, apparaître des chaînes de fast-food venues d'Asie, d'Afrique et d'Amérique latine.

Le marché des nourritures religieuses augmentera aussi significativement : le régime ayurvédique verra croître très significativement son audience en Inde, comme en Europe et en Amérique. Selon une étude de WiseGuyReports publiée en 2018, ce marché qui atteignait une valeur de 3,4 milliards en 2015, devrait frôler les 10 milliards en 2022[413]. Et bien plus en 2050.

Celui de la nourriture casher pourrait atteindre une valeur de 60 milliards (11,6 % de croissance annuelle) en 2025[168].

Enfin, la nourriture halal pourrait intéresser 2,2 milliards de personnes en 2025 et 2,75 milliards en 2050, auxquelles s'ajouteraient des populations non musulmanes séduites par la qualité diététique de cette cuisine. La valeur de ce marché sera alors telle (739 milliards de dollars en 2025 et 1500 milliards en 2030) qu'il pourrait attirer les grandes firmes actuelles de l'agroalimentaire, ou de nouvelles. À moins que la protection des animaux ne vienne réduire le marché de la viande halal et pousse un grand nombre de musulmans vers le véganisme[167].

Aussi, au croisement des cuisines asiatique et musulmane, toutes deux promises à un bel avenir, on peut s'attendre à une plus grande diffusion des cuisines iranienne, indienne, pakistanaise et indonésienne.

Moins de viande et de poisson

D'ici à 2050, si l'on continue au rythme actuel, la consommation moyenne de viande dans le monde, par habitant et par an, devrait atteindre 52 kilos (contre 41 aujourd'hui) en Occident, et passer de 30 à 44 kilos dans les pays en développement. La consommation de porc devrait augmenter de 42 %, celle de bœuf de 69 % et celle de volaille de 100 % ; la demande de lait progressera de 60 %[182]. Pour y parvenir, il faudrait doubler le nombre de volailles et augmenter d'au moins 50 % le nombre de bœufs abattus. Objectifs impossibles à atteindre.

Il en ira de même pour les poissons, qui ne pourront plus venir de la mer : dès 2030, seulement un tiers des poissons consommés viendront de la mer, le reste venant de la pisciculture[11]. On consommera massivement des crevettes, du krill et surtout des algues (qui contiennent, on l'a vu, plus de calcium, de protéines, de fer, de vitamines, de minéraux, de fibres et d'antioxydants que tout fruit ou légume connu).

On verra, on voit déjà, apparaître des substituts à la viande, en particulier à la viande de bœuf, comme le tofu, les graines de soja, les protéines végétales ; et aussi du lait, des yaourts, des fromages d'origine végétale. On verra même se développer de la viande et des poissons artificiels : en 2013, des chercheurs britanniques ont réussi à produire un steak de viande à partir de cellules de viande ; le procédé, extrêmement complexe, a coûté plus de 250 000 livres sterling et a pris plus de trois mois[455]. Ce coût devrait vite baisser. En 2015, les ingénieurs de la start-up New

Wave Foods ont créé un substitut végétal à la crevette :
ils ont utilisé la nourriture principale de la crevette,
une algue, pour obtenir une crevette végétale avec le
même goût et la même couleur que la crevette animale ;
la firme travaille maintenant à la création de homard
et de crabe artificiels. Ces procédés ne sont déjà plus
au stade de la recherche et leur coût de fabrication
s'effondre rapidement.

En août 2018, la start-up Memphis Meat, pionnière
dans le développement de la viande artificielle, a levé
près de 20 millions de dollars d'investisseurs tels que
Bill Gates, Richard Branson, Elon Musk et la firme
d'agroalimentaire Tyson Foods[456].

En novembre 2018, la Food and Drug Administration
et le département de l'Agriculture américains ont
annoncé la mise en place d'une nouvelle législation
relative à l'encadrement et à la labellisation de la production de viande artificielle. Selon un document du
Congrès américain, les premiers lots de viande produite
in vitro pourraient être commercialisés d'ici à 2030[457].
Pour cela, on utilisera aussi la technologie d'édition de
l'ADN CRISPR-Cas9, qui permettra de modifier le code
génétique des animaux, des insectes et des plantes avec
une précision sans précédent[334].

Végétarien, autrement

En 2050, au moins le tiers de la population mondiale
sera végétarien, par choix ou par obligation.

On consommera de nouvelles plantes : sur près de
30 000 espèces végétales comestibles, seulement 30
sont aujourd'hui cultivées à très grande échelle. On

utilisera en particulier de nouvelles variétés de pomme de terre : on n'en utilise que 231[458] en France, sur les 5 000 variétés différentes, dont la très grande majorité est aujourd'hui exclusivement cultivée dans les Andes, comme l'atahualpa, pomme de terre péruvienne à très haut rendement[176].

On peut aussi s'attendre à la réapparition de produits végétaux totalement oubliés aujourd'hui, comme s'est imposé récemment le quinoa, cette plante herbacée de la famille des chénopodiacées, qui, on l'a vu, avait servi de base à l'alimentation des civilisations précolombiennes pendant cinq mille ans avant d'être interdite par les Espagnols[53]. En 2019, le monde en produit 149 000 tonnes et pourrait en produire 100 millions en 2050.

Parmi les végétaux dont on peut prévoir la réapparition figure le fonio, une céréale cultivée en Afrique de l'Ouest depuis plusieurs millénaires. Dans la deuxième moitié du XXe siècle, sa culture a pourtant failli disparaître, car il est difficile à décortiquer à main nue. Toutefois, grâce à l'automatisation du décorticage, sa culture renaît depuis le début des années 2000 ; elle est passée de 373 000 tonnes à 673 000 tonnes entre 2007 et 2016, même si sa production est encore limitée (620 000 tonnes en 2015, dont 75 % en Guinée)[368]. Son apport nutritionnel se rapproche du riz, dont il se démarque par un apport élevé en cystine et en méthionine ; sa culture est très facile : il peut pousser dans des zones arides en raison de ses besoins en eau très limités ; il peut aussi s'épanouir sur des sols très peu fertiles, fatigués par l'agriculture intensive. Actuellement, il est surtout utilisé dans les régimes sans gluten.

L'industrie saisira ce marché pour le détourner. On verra en particulier apparaître de nombreux produits industriels à connotation végétarienne :

Hampton Creek a produit une mayonnaise de substitution, Just Mayo®, à base de plantes – sans cholestérol, graisses saturées ni allergènes et utilisant seulement deux calories d'énergie par calorie de nourriture. Le tout, pour la moitié du prix d'un œuf. Alors qu'une poule consomme 39 calories d'énergie pour une calorie alimentaire en produisant des œufs.

La marque française Feed propose des boissons en poudre au goût de « légumes du jardin », « carottes et potiron », « tomates à la provençale » et « cèpes » pour le rayon salé, « fruits rouges », « café » et « chocolat » pour le rayon sucré ; et garanties sans OGM, sans lactose, sans gluten et véganes. La marque affirme que l'on peut « remplacer n'importe quel repas avec un Feed, sans aucun risque de carence (petit déjeuner, déjeuner, dîner) ». La boisson de cette marque nommée « tomates à la provençale » comporte 6 % de tomates (en poudre et en morceaux), 1 % d'herbes de Provence et aussi : « Farine d'avoine, matière grasse végétale (huile de tournesol, antioxydant : extrait de romarin), isomaltulose, protéine de pois, lin jaune, farine de riz, arômes, oignon grillé en poudre, sels minéraux, fibre d'acacia, sel, ail, épaississants : gomme de guar et gomme xanthane, poivre noir, maltodextrine, mix vitaminique (A, B1, B2, B3, B5, B6, B8, B9, B12, C, D, E, K), piment de Cayenne, antioxydant : extrait naturel de romarin[443]. »

On reparlera plus loin de ces aliments en poudre.

Plus d'insectes

Même si la tendance alimentaire mondiale est à l'occidentalisation, qui les exclut, et même si les classes moyennes des pays émergents en consommeront de moins en moins (en raison de la hausse de leur niveau de vie), le monde entier devra consommer, au total, de plus en plus d'insectes.

Leurs qualités nutritives sont considérables : ils sont très riches en protéines et en autres nutriments ; et plus faciles à collecter que les animaux ne le sont à élever. Leur consommation d'eau est bien inférieure à celle des animaux. Leur élevage détruit moins les sols sur lesquels ils sont installés que celui du bétail : pour fournir la même quantité de protéines, un grillon nécessite six fois moins d'alimentation qu'un bovin, quatre fois moins qu'un mouton et deux fois moins qu'un porc ou un poulet ; les sauterelles exigent douze fois moins de nourriture que les bœufs pour produire la même quantité de protéines. Leur élevage peut être également utilisé pour éliminer les déchets, dont certains insectes se nourrissent.

Des insectes nouveaux pourront être utilisés, en particulier pour nourrir les nouveau-nés : en 2016, on a découvert une nouvelle espèce de cafard, le *Diploptera punctata*, qui produit une sorte de lait qui pourrait être plus nutritif que le lait de vache ; ce petit insecte vivipare (les petits grandissent dans le ventre de la mère) produit en effet une sécrétion très nutritive qui pourrait être synthétisée en laboratoire et permettrait de créer une nouvelle nourriture pour les nouveau-nés[509].

Au total, selon Andreas Aepli, PDG de Bühler Insect Technology[166] (entreprise regroupant le géant de l'industrie mécanique Bühler et une compagnie leader du secteur de l'entomoculture), les insectes pourraient représenter en 2050 15 % de la production mondiale de protéines et seront encore, comme aujourd'hui, consommés pour l'essentiel en Asie.

En Occident, on peut penser que le marché des insectes se développera d'abord pour l'alimentation animale, puis pour fournir des protéines aux sportifs. Certains insectes (la mouche soldat noir, la mouche domestique, les vers de farine, les criquets, les grillons, les sauterelles et les vers à soie) deviendront ainsi une base alimentaire importante des animaux d'élevage, en particulier pour les volailles, les porcs et les poissons.

Selon l'ONG européenne International Platform of Insects for Food and Feed (IPIFF), le volume de la production de protéines issues d'insectes en Europe pourrait passer de 2 000 tonnes en 2018 à plus de 1,2 million de tonnes en 2025[288].

Devant l'ampleur de leur marché mondial, les insectes attireront de plus en plus la convoitise de l'industrie agroalimentaire ; de nombreuses entreprises s'activent déjà pour prendre le contrôle de cette nouvelle manne : Poquitos sert des tacos à base de criquets. Exo produit des barres protéinées à partir de criquets. La start-up française IN produit des steaks à partir d'insectes. Pour être plus facilement acceptées sur le marché occidental, certaines entreprises proposent des insectes sous forme de chips, snacks, barres énergétiques, farine, etc. En France, Micronutris utilise la poudre d'insectes pour faire des biscuits et des chocolats. Khephri fait de l'élevage d'insectes pour les pays en développement ;

Ynsect en fait des farines pour nourrir les animaux. Aux États-Unis, Exo Protein cherche à produire des « barres » avec des insectes. Fondée en 2016, la start-up française InnovaFeed produit des mouches soldat noir (*Hermetia illucens*) destinées à l'alimentation animale et plus particulièrement à la pisciculture[371] ; en 2019, cette firme va ouvrir une deuxième usine de production à Nesle, dans la Somme ; quatre usines supplémentaires seront construites d'ici à 2022, ce qui devrait faire de cette bio-tech française le leader européen du secteur de la production de protéines d'insectes[395].

On pourra aussi en élever à domicile : Tiny Farms a lancé le projet « Openbugfarm », un kit pour créer sa ferme et produire des insectes pour la consommation domestique ; le kit ne se contente pas de produire des vers en quantité : chaque utilisateur peut recueillir les données de son élevage et les envoyer à Tiny Farms qui annonce s'en servir pour améliorer le processus. Les Autrichiennes Katharina Unger et Julia Kaisinger ont élaboré un petit meuble à étages visant à élever des « vers à farine » (larves du ténébrion meunier, un insecte coléoptère) ; ces vers, riches en protéines, sont nourris à partir de déchets ménagers ; introduits à l'état de larve dans le tiroir supérieur du meuble, les vers chutent d'étage en étage au fur et à mesure de leur croissance, et sont récoltés dans le tiroir inférieur une fois qu'ils ont atteint la taille de 3 cm ; cette « ruche de table » permet de produire chaque semaine jusqu'à 500 grammes de vers de farine, qui peuvent ensuite être consommés frits ou sous forme de farine[459].

Enfin, McDonald's étudie la possibilité de remplacer une partie du soja qu'il utilise pour nourrir les poulets de ses fournisseurs par des algues et par des insectes[369].

Pourtant, bien des objections se dressent contre l'expansion de la consommation d'insectes :

D'abord, celle-ci peut entraîner des allergies, comme ce peut être le cas lors de la consommation d'autres invertébrés tels les crustacés, car les uns et les autres appartiennent à la famille des arthropodes, ces invertébrés qui ont un squelette externe en partie constitué de chitine[370] ; or cette molécule, de la famille des glucides, est aussi un allergène connu.

Ensuite, il faudra être certain que les élevages industriels d'insectes sont bien clos et que les milliards d'insectes ainsi élevés ne se répandront pas dans la nature et ne propageront pas de maladies.

Enfin, il faudra éviter de faire disparaître, en les consommant excessivement, les insectes nécessaires à la survie des écosystèmes : les insectes sont responsables de la pollinisation de cultures qui représentent un tiers de l'alimentation mondiale[417]. S'ils n'ont aucun rôle dans les cultures comme le blé ou la betterave sucrière, leur impact est estimé à 23 % de la production mondiale de fruits, 12 % de la production mondiale de légumes et même 39 % du café et du cacao[418]. À l'échelle mondiale, la valeur économique de la pollinisation par les insectes se chiffre ainsi à 150 milliards d'euros.

Ils sont aussi une nourriture naturelle pour les oiseaux ; en Europe, les insectes représentent 60 % de l'alimentation des oiseaux et sont responsables de 80 % de la pollinisation des espèces sauvages[146].

Or, les insectes sont déjà très menacés : dans un article de 2019, il a été établi que 41 % des espèces d'insectes étudiées sont en déclin et 31 % menacées d'extinction[93]. Au total, la biomasse d'insectes sur la planète décroît de 2,5 % par an. Une étude publiée en 2017 a montré qu'en Europe, entre 1990 et 2017, les populations d'insectes volants ont déjà diminué de 75 %[146]. Surtout dans les régions d'agriculture intensive.

L'utilisation massive de pesticides et d'engrais, la destruction de zones assurant la reproduction et la protection des insectes (prairies non exploitées, haies), les cycles de rotation des cultures (beaucoup plus courts et excluant les cultures de légumineuses) bonnes pour les sols contribuent aussi, au moins autant que leur consommation, à la destruction massive des populations d'insectes[419]. La consommation d'insectes devra donc être gérée avec la plus grande prudence.

Moins de sucre

On continuera, si le même modèle persiste, à consommer massivement du sucre industriel, drogue parmi les drogues, pour se consoler de la solitude et compenser les manques les plus divers. On tendra, en moyenne mondiale, vers 50 kilos par an et par habitant, soit trois fois plus que nécessaire. Et ce, malgré les menaces les plus évidentes que ce poison représente et les coûts qu'il entraîne pour la société.

Une interdiction de la consommation de sucre industriel se profile, dans certains pays occidentaux d'abord, puis ailleurs. Elle prendra du temps à se généraliser. Sans doute passera-t-elle par une taxation et des campagnes très insistantes, comme elles ont lieu pour le tabac.

Le Mexique (où le surpoids et l'obésité sont les plus répandus, touchant 73 % de la population) s'y emploie déjà en luttant en particulier contre la consommation de soda ; en 2014, il a adopté une taxe de 10 % sur les sodas, dont la moyenne de consommation est de 163 litres par an et par habitant[420]. La Norvège a rehaussé sa taxe sur les boissons sucrées en 2018 ; elle atteint dorénavant 48 centimes d'euro par litre. En Estonie, le 1er janvier 2018, une taxe de 10 à 30 centimes d'euro par litre selon la teneur en sucre ou édulcorant des boissons est entrée en vigueur[421]. Certains pays africains s'y préparent aussi.

Pour ne pas être accusées un jour de comportement criminel, comme le sont les entreprises de tabac, certaines entreprises agroalimentaires, parmi les plus réfléchies, ont entrepris de renoncer à certaines de leurs productions très sucrées pour les remplacer par des produits nouveaux, sains et durables. Soit par leurs recherches propres. Soit en rachetant des entreprises spécialisées.

En 2015, la PDG de PepsiCo, Indra Nooyi, avait stupéfié les investisseurs en déclarant que « les colas étaient un truc du passé[256] », sans que cette déclaration ait eu de conséquence tragique pour son cours de Bourse ; et depuis, les laboratoires de cette multinationale comme de plusieurs autres travaillent à d'innombrables nouveaux produits et rachètent des starts-up prometteuses : après avoir pris le contrôle de Tropicana, en 1998, et bien d'autres firmes de produits naturels, PepsiCo a acquis en 2018 la société israélienne Sodastream, leader du marché de la gazéification à domicile, pour 3,2 milliards de dollars ; anticipant ainsi sur le désir prochain des consommateurs de ne plus acheter d'eau en bouteille ou de soda, mais de fabriquer eux-mêmes l'un et l'autre, sans sucre ni additif[256].

De son côté, Coca-Cola a lancé SmartWater, eau de source filtrée puis évaporée par distillation pour en éliminer l'ensemble des impuretés. Chlorure de calcium, magnésium et bicarbonate de potassium y sont ensuite ajoutés. Cette eau est vendue cinq fois plus cher que ses concurrentes[256].

D'autres firmes agroalimentaires font semblant de faire de même, annonçant sans cesse qu'elles vont bientôt mettre des produits sains sur tous les marchés, alors qu'en réalité elles ne se préoccupent que de sauver leurs profits en lançant de nouveaux produits industriels, qui n'ont de bio que leur campagne publicitaire.

Manger pour se soigner

On verra se développer, pour les plus riches, des aliments ayant une dimension thérapeutique : des fruits enrichis en vitamines ; des superaliments, composés d'un cocktail de nutriments ; des œufs fortifiés par des micro-algues.

Cela commence par le développement du marché de ce qu'on nomme les « superfruits », c'est-à-dire des fruits très riches en antioxydants, particulièrement importants dans la prévention de maladies comme le cancer et les maladies cardiovasculaires. Parmi ces fruits : la baie de goji, la noix de pécan, les myrtilles, la baie d'açaï, la baie d'argousier, l'acérola, la cerise noire, la canneberge, le bleuet. L'argousier est ainsi dix fois plus riche en vitamine C, antioxydant puissant, que l'orange ; il est aussi riche en vitamine E, autre antioxydant aux propriétés anti-inflammatoires. La canneberge renferme aussi une quantité élevée de flavonoïdes, une famille d'antioxydants très puissants[422].

Selon Future Market Insights, le marché mondial des superfruits, qui était déjà de 38 milliards de dollars en 2015, devrait augmenter de 6 % par an d'ici à 2030[423].

Plus généralement, selon une étude de Grand View Research, le marché mondial des aliments supposés sains, qui était de 130 milliards en 2015, devrait atteindre environ 225 milliards de dollars en 2024. Les produits laitiers devraient représenter un tiers des supports de ce marché ; les produits boulangers et les céréales un quart ; les huiles et produits gras 15 % ; et les poissons et viandes 15 %. Les nutriments intégrés à ces produits seront les caroténoïdes, les fibres alimentaires, les acides gras, des minéraux, les probiotiques et les vitamines[181].

À terme, grâce à l'intégration de nano-capsules libérant progressivement des nano-éléments dans les aliments, on pourra y distiller des médicaments ; on pourra aussi changer la couleur, le goût et les éléments nutritifs d'un fruit, d'un légume, d'un pain, d'une viande, d'un poisson ; on pourra aussi réduire leur teneur en graisse, en sel, en calorie, augmenter leur durée de conservation et ralentir leur mûrissement.

On consommera aussi bientôt des aliments nouveaux, inspirés de ceux qui sont considérés comme thérapeutiques par certains animaux. Par exemple, le régime alimentaire des chimpanzés (composé de plus de 300 aliments, dont certains les soignent) pourrait être une source d'inspiration pour de nouveaux médicaments et alicaments humains[373]. En particulier, les tiges des plantes de la famille *Vernoni*, et les feuilles des plantes de la famille *Trichili*, consommées par les chimpanzés, ont des vertus antipaludiques ; les feuilles d'*Aspilia* sont efficaces pour se débarrasser des parasites

intestinaux ; enfin, les chimpanzés atteints de troubles
intestinaux se soignent avec de l'écorce d'*Albizia*[374].

Des chercheurs ont aussi observé des comportements
identiques chez des insectes : les mouches drosophiles,
lorsqu'elles sont infectées par des parasites, se mettent
à consommer des fruits en état de décomposition riches
en alcool qui élimine les parasites[375].

C'est déjà une première façon de se nourrir en imitant
la nature. Il y en a d'autres.

Imiter la nature

Certains comportements de végétaux ou d'animaux
pourront donner des idées pour produire autrement
de quoi se nourrir.

Ainsi, l'eau douce des bassins de poissons contient
des bactéries qui transforment l'ammoniac de leurs
déjections en nitrate. En mettant les racines de plantes
cultivées hors sol en contact avec cette eau, on pourra
les nourrir de ces nitrates, tout en purifiant l'eau, qui
sera ensuite reversée aux poissons. Le système d'Oasis
Aquaponic, créé par la chercheuse américaine Michelle
Leach, peut produire de cette manière à la fois 200 kilos
d'un poisson d'eau douce, le tilapia, et 300 kilos de
tomates par an. Il peut aussi être alimenté par des
panneaux solaires[424].

L'équipe de l'Université technique de Zvolen, en
Slovaquie, s'est inspirée de la capacité de certaines
espèces de lézards vivant dans des zones arides à collecter de l'eau à partir de l'humidité et à la redistribuer dans leur corps, grâce à leur peau, pour inventer
le BIOCultivator[376] : écosystème autonome qui permet,

sur le modèle de la peau des lézards, de puiser l'humidité dans du compost, de la condenser et de la redistribuer directement aux racines de plantes, de manière optimale, sans arrosage[377].

Une équipe de l'Université de l'Oregon s'inspire du système digestif du ver de terre et de l'intestin grêle humain pour mettre au point un système de drainage capable de mieux conserver les nutriments dans le sol et d'empêcher de les laisser s'écouler, ce qui diminue la quantité d'engrais nécessaire[496].

Enfin, l'entreprise Slant, créée en 2012 au Chili et installée depuis dans la baie de San Francisco en Californie, a défini un logiciel qui imite la façon dont les fourmis communiquent entre elles pour identifier les meilleurs trajets et les risques sur le chemin (grâce à des interactions individuelles et à travers des pistes de phéromones envoyant des informations sur les aliments qu'elles vont récupérer), grâce à une plate-forme permettant aux consommateurs de s'informer mutuellement sur la qualité des aliments proposés par l'industrie[444]. Ce comportement des fourmis a déjà, par ailleurs, été utilisé pour créer Waze, une application qui permet aux conducteurs de s'informer entre eux sur les conditions de trafic et les trajets optimaux.

Des artefacts se nourrissant d'artefacts

Le XXIe siècle verra aussi se réduire la barrière entre les hommes et les animaux ; comme ont été réduites, puis éliminées, au moins en principe, les barrières entre les différentes ethnies humaines. Seront fermés progressivement bien des abattoirs et des élevages en batterie

d'animaux torturés toute leur vie. Cela sera certainement un facteur majeur de l'accélération de la lutte
contre la souffrance animale, de la chute de la consommation de viande et du développement du véganisme.

Puis, après avoir pris conscience de l'humanité des
animaux, il en ira de même pour les végétaux : on prendra conscience que les végétaux ont, comme les animaux, des comportements très proches de la conscience
humaine et développent de très nombreux comportements d'altruisme. Cela aura des conséquences majeures
sur l'alimentation humaine et on commencera même à
penser à renoncer à consommer le règne végétal[52].

Si les plantes ne sont pas dotées d'un organe central
dévolu à l'intelligence ou à la conscience, les cellules
végétales fonctionnent en réseau et se transmettent des
informations par des signaux électriques et chimiques,
ce qui revient à la mise en œuvre d'une certaine forme
d'intelligence.

Les végétaux communiquent en effet entre eux grâce
à des signaux moléculaires comme l'émission de gaz au
niveau de leur feuillage ou la transmission de substances
par les racines, processus à travers lequel les arbres les
plus jeunes sont nourris par les plus vieux. Les feuilles
de certaines espèces d'arbres, comme les pins parasols
d'Antibes et les chênes verts du Midi, émettent ainsi des
gaz qui inciteraient leurs congénères à rester à distance,
créant une zone de vide d'au moins une dizaine de
centimètres entre leurs branchages. Un plant de seigle
possède jusqu'à 14 millions de racines, parcourant une
distance totale de près de 600 km et une zone représentant plus de 200 km^2 ; ce réseau de racines transmet à la
plante des informations qui lui permettent de prendre
des décisions intelligentes.

Les plantes communiquent aussi avec les insectes et les animaux pendant la pollinisation ; certaines plantes libèrent des substances chimiques agréables aux insectes, oiseaux et petits mammifères pollinisateurs qui viennent s'en délecter en échange du transport du pollen. En 2017, une étude de l'Université d'Aarhus au Danemark a montré que les arbres semblent même avoir un pouls, beaucoup plus lent que celui de l'homme ; et même peut-être une conscience, une empathie, un altruisme.

L'altruisme des plantes se développe d'abord entre des espèces apparentées. Si on limite l'espace sous-terrain des plantes, par exemple en les plaçant dans un pot, des plantes non apparentées vont chercher à développer au maximum leurs racines au détriment des autres, tandis que des plantes apparentées vont développer un nombre raisonnable de racines et privilégier le développement aérien, pour ne pas nuire à leurs congénères. Des impatiens jaunes apparentées ont ainsi été plantées ensemble de façon à ce que leur racines se touchent. Les impatiens jaunes apparentées dont les racines étaient en contact se sont développées en allongeant la tige, favorisant de ce fait la croissance de chacune des autres. En revanche, pour des impatiens jaunes non apparentées (que les racines se touchent ou non) ou apparentées (dont les racines ne se touchaient pas), le développement des plantes s'est fait par agrandissement des feuilles, conduisant à la mort de certains autres plants[378, 425].

Deux espèces de plantes non apparentées peuvent aussi mener une collaboration mutuellement bénéfique qu'on appelle « symbiose ». Il est fréquent par exemple que des champignons s'associent aux racines d'un végétal afin d'y trouver du sucre, tandis qu'ils fournissent en échange aux racines du végétal des minéraux, dont certains sont difficiles à trouver, comme le phosphore par exemple[426].

Si la prise de conscience de cet altruisme végétal se développe, cela pourrait-il remettre en cause, un jour lointain, leur consommation ? Aurons-nous alors la possibilité de nous nourrir du vivant ? Nous nourrirons-nous uniquement d'aliments de synthèse ? Verra-t-on les animaux eux-mêmes remplacés par des robots pour certaines de leurs fonctions ?

Déjà, on voit surgir des artefacts faisant office de substitut aux insectes. En mars 2018, Walmart a déposé un brevet visant à développer des abeilles-robots destinés à remplacer les colonies d'abeilles, dans le processus si essentiel de pollinisation, qui, on l'a vu, concerne un tiers de la nourriture humaine ; ces robots miniatures, totalement autonomes, équipés de capteurs, permettront de localiser les cultures, de cibler le pollen des plantes pour le transporter et le distribuer aux plantes alentour, sur le principe même de la pollinisation par les abeilles.

Qui serons-nous alors ? Des artefacts nourris d'artefacts, mécaniques, puis biologiques ? Deviendrons-nous des clones nourris de clones ?

Ultime vertige : quand les cellules souches pourront être utilisées pour fabriquer des animaux et des végétaux, des organes et des êtres vivants d'un genre nouveau, nous nous consommerons nous-mêmes, comme dans une forme ultime de retour du cannibalisme. Dans l'illusion de l'immortalité. Dans un silence de mort.

Chapitre 9

Manger seul
dans un silence surveillé

On l'a vu, depuis l'aube des temps, la structure des repas a toujours été conditionnée par la nature des aliments et par les conditions sociales de celui qui les consomme : qui mange, ce qu'il mange, comment il le mange, avec qui il le mange, de quoi il parle en mangeant, comment est distribué le pouvoir, tout cela est intrinsèquement lié.

On a d'abord mangé cru, ce qu'on trouvait, à tout moment, quand on pouvait, bien avant de maîtriser le langage. Puis on a mangé à des heures de plus en plus stables, en fonction de la venue du jour et de la nuit. À toute époque, en particulier depuis l'avènement de la sédentarité, les repas ont fourni les principales occasions de converser, de structurer les langues et les cultures, les classes sociales et les pouvoirs, de gérer les familles, les entreprises, les villes, les nations, les empires.

Depuis quelque temps, la sédentarité s'éloigne de nouveau ; on a commencé par proposer à ceux qui ne rentrent plus chez eux à l'heure des déjeuners des repas portables ; puis des repas rapides, réduisant le temps disponible pour la conversation. Jusqu'à retourner maintenant aux habitudes nomades les plus anciennes : manger seul, debout, n'importe où, à n'importe quelle heure, des aliments aisément transportables.

Et quand le repas s'éloigne, la conversation disparaît. Le silence s'installe. Avec des conséquences immenses.

Ces tendances sont et seront universelles ; même si les différences géographiques et culturelles resteront malgré tout considérables. Avec, en particulier, encore pour un moment, une spécificité française.

Pour en finir avec la cuisine

Comme dans les immeubles romains, où il n'y avait pas de cuisine, cette pièce, apparue pour l'essentiel au Moyen Âge, est en train de disparaître. Cette évolution a commencé, on l'a vu, au milieu du XXe siècle, avec l'apparition de ce qu'on a appelé la « cuisine américaine », une pièce ouverte sur le salon et où un bar sert à la fois de séparation et de table de repas.

Cette évolution va s'accélérer dans les décennies à venir : dans des sociétés de plus en plus urbaines, où la surface habitable coûte de plus en plus cher, de moins en moins de gens consacreront une pièce entière de leur domicile à préparer leurs repas. Et encore moins une pièce pour le partager. D'abord plus de salle à manger. On mangera de plus en plus dans la « pièce à vivre », le « living-room », non plus en conversant autour d'une table, mais devant un écran ; d'abord commun, puis devant des écrans séparés. En se préoccupant de ce qui est sur l'écran plus que de ce qui est dans l'assiette.

On aura encore un moment un espace pour stocker des plats ou des produits et un lieu pour finaliser des plats achetés pratiquement tout prêts, mais bientôt plus de quoi les préparer. On se nourrira surtout de repas tout faits, venus d'ailleurs, frais, conservés, surgelés ou congelés. Des repas portables, sur des plateaux-repas qu'on pourra manger sans risque de se salir.

On se retrouvera dans une situation proche de celle de la Rome antique, où seuls les très riches avaient, dans leur vaste villa, une cuisine et des gens pour s'en occuper, et où les autres achetaient leur nourriture aux marchands des forums.

De fait, chacun mangera de plus en plus à son heure, en venant prendre dans le réfrigérateur ou un distributeur de quoi grignoter. Et le conditionnement de la nourriture sera de plus en plus adapté à cet usage : individuelle, portable, prête à consommer.

Quand il y aura encore des repas (à domicile, dans les cantines, les trains, les avions, les usines), des robots aideront à leur préparation : une chaîne de fast-food américaine a créé en 2014 un bras robotique Flippy qui dépose les steaks sur une plaque de cuisson et les place ensuite sur le pain. En 2015, Moley Robotics a présenté un robot cuisinier, supposé capable de reproduire plus de 100 recettes de chefs étoilés[200]. Il faudra encore très longtemps avant que les recettes de grands chefs puissent être répliquées un peu partout, avec leur tour de main, par des robots cuisiniers.

L'impression alimentaire à domicile permettra même peut-être un jour de concevoir et de lancer à distance et à l'avance la fabrication d'un repas. Il existe déjà des imprimantes à pizzas ou à chewing-gum, pour des coûts encore trop élevés pour être rentables. Par exemple,

Foodini, une imprimante 3D alimentaire créée par la start-up espagnole Natural Machines, peut en théorie fabriquer des gâteaux, des pizzas, des pâtes. Le centre culinaire contemporain de Rennes a créé une imprimante 3D pour crêpes[427] ; cette imprimante est reliée à un ordinateur sur lequel on a installé un logiciel appelé « pancake painter » pour décider de la forme de la crêpe. L'imprimante se charge ensuite de disposer la pâte sur une plaque de cuisine, de manière à obtenir la forme désirée.

Cela n'ira sans doute pas très vite : rien n'est moins automatisable, plus complexe, que le travail d'un chef, qui mobilise tous les sens : le toucher, le goût, l'odorat, l'ouïe, la vue. Et tous les talents : l'adresse, la précision, la force. Et tant de savoirs ! Il faudra que les robots soient aussi capables de faire le marché et de choisir les meilleurs produits, des meilleurs origines ; de déplacer avec précaution des éléments très fragiles ; de juger de la cuisson.

Une blockchain pourrait déjà tracer l'origine des produits livrés par un robot à un robot. Et le reste n'est pas hors de portée.

Des conditionnements nomades : repas en poudre

On verra de plus en plus se développer des repas tout préparés, sous des formes diverses, consommables à toute heure et en tout lieu, par des consommateurs qui n'ont ni le temps, ni le goût, ni la compétence pour cuisiner. Et qui pourront être mangés en faisant autre chose que de partager un repas. Déjà, les plateaux-repas en sont une expression. D'autres conditionnements viennent et viendront. Pour permettre de manger seul, sans table, debout, sans risquer de se salir.

En particulier, des aliments en poudre, ou sous forme liquide, se généraliseront pour répondre à ces objectifs. Certains seront proposés comme complémentaires provisoires de repas solides, comme ceux qui existent déjà pour des périodes de régime, ou pour des besoins proprement thérapeutiques. D'autres voudront proposer de tels aliments pour tous les jours et les installer comme des substituts complets et permanents à toute la nourriture solide quotidienne.

Tous ces produits se présenteront sous la bannière alléchante de la *smart food*. Des firmes telles Soylent, Feed, Vitaline, Bertrand, Huel proposent déjà différentes formules de tels repas complets en poudre, tentant de compenser leur forme *a priori* rebutante par leur supposé attrait diététique : sans gluten, végan, bio ; ou à l'inverse hyperprotéiné. Soylent est américaine ; Feed et Vitaline sont françaises, Bertrand est allemande et Huel est britannique. Feed propose de la poudre alimentaire qu'il suffit de secouer 45 secondes dans un shaker pour obtenir un repas complet et, on l'a vu, des repas à l'allure végétarienne. Soylent, créée en 2013 par Rob Rhinehart, a développé ses recettes et les a laissées en *open source*, donc accessibles à tous : son créateur affirme que sa santé s'est améliorée sur de nombreux points grâce à un régime constitué exclusivement de ses propres produits[497].

On ne pourra pas, cependant, se nourrir uniquement ni durablement de nourriture ainsi conditionnée : la mastication est essentielle à la digestion et à la santé des dents ; de plus, elle induit une synthèse des neurotransmetteurs indispensable à la transmission du message de satiété au cerveau. Enfin, l'activité enzymatique de digestion commence dans la bouche, ce qui nécessite une mastication. Des expériences l'ont confirmé. Aujourd'hui, le patron de Soylent s'est remis à « manger aussi de la nourriture », même si 92 % de son alimentation reste constituée de produits en poudre de sa firme[497]. En 2013, le journaliste américain Brian Merchant tenta lui aussi de se nourrir exclusivement d'aliments en poudre conditionnés par Soylent. Après quinze jours de ce régime, si sa santé physique est restée intacte, il a déclaré se sentir déprimé et a renoncé ; sans doute en raison de la solitude plus que de la nourriture. En avril 2018, un entrepreneur, Yassine Chabli, décida de consommer tous ses repas en poudre, seul et en trois minutes ; dans le but de ne consacrer que deux heures et demie par mois pour se nourrir et d'économiser ainsi, disait-il, environ 30 heures par mois. Il abandonna l'expérience dès le deuxième jour. Par ennui.

Vers une solitude alimentaire

Peu importe qu'on s'asseye sur des chaises autour d'une table ou qu'on mange sur des nattes posées sur le sol, manger sert, on l'a vu, à nourrir l'esprit au moins autant que le corps. Si les tendances actuelles se prolongent, le repas perdra ce rôle de partage, de convivialité, d'échange, de création de consensus. La sociabilité du repas, constante dans l'histoire de l'humanité depuis au moins cinq mille ans, disparaîtra. Le repas deviendra plus que jamais une affaire individuelle.

D'abord, le petit déjeuner disparaîtra, chacun se servant dans le réfrigérateur en fonction de ses horaires. Ensuite, le repas du midi disparaîtra très largement, même au travail ; les cantines d'entreprises s'effaceront, au profit de repas pris à son poste de travail.

Enfin, le soir, manger en famille disparaîtra, en même temps que la famille se défait : quand on vit seul, on mange seul, au moins le soir.

Quand on mangera encore ensemble, chacun mangera à son rythme, qui sera différent ; le partage d'un même plat sera de plus en plus rare. Chacun développera son programme alimentaire et sera son propre nutritionniste.

On mangera à toute heure et de plus en plus vite, n'importe où ; en travaillant, en assistant à un spectacle, en voyageant, en marchant, si on marche encore…

Le grignotage s'imposera de plus en plus. Le repas deviendra un moment où chacun passe, picore, boit dans des espaces non réservés à s'alimenter (lieux publics, stades, couloirs, train, voiture), puis s'en va.

Dans la mesure où on passe, et passera, beaucoup de temps dans les transports collectifs, des moyens nouveaux de commercialisation alimentaire y seront développés, sous forme de distributeurs automatiques dans les gares, les trains, les métros. On mangera plus tard dans la voiture autonome, qui contiendra tous les moyens de stocker de la nourriture.

L'alimentation deviendra une activité annexe, secondaire ou associée aux loisirs.

La victoire de la conception anglo-saxonne du repas, imposée par le capitalisme, qui en fait un simple acte fonctionnel dans lequel la notion de plaisir n'intervient pas – sinon sous forme d'ersatz industriel gras et sucré –, sera tragique : ce lieu privilégié de conversation, de contact avec la nature, d'expression de soi, de débat, de recherche de consensus, disparaîtra. Cela créera un déséquilibre social et psychique absolument majeur.

En particulier, la disparition du repas de famille nuira particulièrement à l'éducation des enfants, largement faite jusqu'ici lors de ces moments pendant lesquels l'enfant écoutait les adultes s'exprimer, débattait avec eux, formait sa pensée et apprenait à s'intégrer à la famille et à la société. Ou à les contester.

Les seuls repas collectifs qui subsisteront seront des repas très spécifiques, dont on remarquera l'importance d'autant plus qu'ils seront rares : celui de Noël, celui de Thanksgiving. Plus généralement, les repas des fêtes religieuses et des cérémonies familiales, mariages, naissances, décès.

La société deviendra de plus en plus une juxtaposition de nomades solitaires, narcissiques, nécessairement en conflit (ou autistes pour ne pas l'être), gratifiés par l'image de soi que leur renverront les réseaux sociaux, sur lesquels ils partageront leurs goûts (dont les images de leurs plats préférés), leurs manques et leurs désirs. Même et surtout en mangeant.

En mangeant surtout du sucre, pour combler leur solitude. Car, de même que la solitude nous rend plus susceptibles de consommer de l'alcool ou de la drogue, elle nous encouragera à consommer davantage d'aliments riches en graisses et en sucres. Le lien entre sucre et compensation de la solitude sera de plus en plus évident : on sait maintenant que le sentiment d'exclusion active l'aire cérébrale de la douleur, ce qui déclenche l'envie d'un soulagement, donc de sucre. Après une prise de sucre, le cerveau libère de la dopamine, un neurotransmetteur qui agit sur l'humeur et fait se sentir plus heureux. Certaines études ont ainsi démontré que la réaction cérébrale à la prise d'aliments très sucrés est voisine de celle qui se produit après la prise de certaines drogues comme la cocaïne[94].

La France et quelques rares autres pays resteront, pour un temps, là aussi, une exception. Ils conserveront le repas, en particulier celui du soir. Même si, d'après une projection de l'Insee de 2008, en 2030, quatre ménages français sur dix seront constitués d'une personne seule, qui dînera seule[510].

Certains résisteront en inventant des occasions de repas entre amis, voisins, inconnus rassemblés par les réseaux sociaux. Des fêtes, juste pour ne pas être seuls. Aussi artificielles, ou naturelles, que la nourriture qu'on y consommera.

La société du silence surveillé

La réponse de la société de marché aux angoisses qu'elle produira ainsi sera de focaliser l'attention de chacun non plus sur la conversation, ni même plus sur la consommation de produits consolateurs, mais sur sa propre santé et la façon dont elle est menacée par l'alimentation.

On fournira de plus à chacun les moyens de surveiller l'impact de ce qu'il mangera sur son poids, sur son IMC et sur les différents paramètres de sa santé.

Puis on imposera à chaque humain ce qu'il devra, ou pourra, manger, en fonction de son état de santé. Chacun pensera être libre de ses choix, alors qu'il ne fera que suivre des normes qui lui seront extérieures. Vers 2030, on tiendra aussi compte des spécificités génétiques de chacun, pour définir l'alimentation individuellement et socialement nécessaire.

La société d'hypersurveillance, que j'annonce depuis si longtemps[9], est en train de se mettre en place dans tous les domaines et d'abord dans celui-là. Chacun y sera surveillé par divers acteurs, publics ou privés, qui voudront tout savoir de ce que chacun lit, écoute, regarde, pense, dit, mange, boit, pour lui vendre plus et mieux, pour mieux évaluer les risques sanitaires, pour mieux maîtriser l'ordre social.

Dans ce monde, la valeur suprême ne sera plus dans l'énergie ou le goût ; mais dans l'information et dans les données qui la mesurent ; la maîtrise des données de comportements alimentaires va devenir essentielle.

Le numérique, qui envahit tout, envahira donc aussi l'alimentation, qui semblait pourtant protégée du virtuel.

L'hypersurveillance laissera ensuite la place à l'auto-surveillance, où chacun se surveillera lui-même, pour être conforme à des normes fixées par des analyses statistiques prédictives. On le voit déjà avec la tyrannie des régimes alimentaires, première forme de jouissance de la servitude auto-imposée. L'intelligence artificielle viendra compléter cet arsenal, pour nous fournir les moyens de vérifier mieux encore la conformité de notre nourriture aux normes. Ou plutôt pour nous imposer ce qui nous sera recommandé.

Les objets nomades et les équipements ménagers en seront les outils : des montres connectées et branchées sur le corps évalueront en permanence le taux de glycémie et la tension artérielle ; elles conseilleront d'éviter tel ou tel aliment à tel ou tel moment. Des réfrigérateurs connectés conseilleront les aliments conformes au régime imposé par un médecin ou par une compagnie d'assurances. Ils les informeront de ce qui en sort et de ce qui y entre. Et les compagnies d'assurances, alliées aux gestionnaires de données, tels les GAFA, refuseront des remboursements à ceux qui ne mangeront pas ce que leur réfrigérateur ou leur montre leur enjoindra.

Nous serons alors comme des robots condamnés à nous nourrir d'artefacts imposés par la peur de mourir. Des robots silencieux, n'ayant plus l'occasion de parler à qui que ce soit, sinon pour le travail ou des distractions formatées, en ayant perdu le plus beau des sujets de conversation, la nourriture, et le meilleur cadre pour échanger sur tout sujet, la table.

Nous vivrons dans des sociétés du silence, sous surveillance. Des sociétés du silence surveillé. Résignés à des dictatures nous promettant de vivre plus longtemps, à condition d'oublier que vivre, vivre vraiment, c'est parler, écouter, échanger, ressentir, aimer, jouir, crier, souffrir, transgresser. Toutes choses que le silence surveillé interdira.

Les ennuis continueront pourtant, jusqu'au pire

Rien de tout cela n'arrêtera l'évolution vers le pire, tant pour chacun des humains que pour l'humanité tout entière. Cette humanité de silence surveillé mourra en silence. Elle mourra de ce silence.

De plus en plus de gens mourront en effet de mal manger et de la solitude dans laquelle les enfermera la disparition des repas ; en même temps que l'humanité tout entière disparaîtra de trop manger.

De fait, sans transformations radicales de nos modèles alimentaires d'ici à 2050 (et si l'on mange ce que le chapitre précédent prévoit que nous mangerons), l'obésité continuera à s'étendre et les maladies liées à l'alimentation augmenteront.

Selon une étude du European Congress on Obesity, si nous continuons à nous nourrir comme maintenant, près d'un quart des humains seront obèses en 2045 (ils étaient 14 % en 2017) ; un sur huit sera atteint de diabète de type 2 (contre moins d'un sur dix en 2017). En particulier, au rythme actuel, on comptera aux États-Unis 55 % d'obèses et 18 % de diabétiques de type 2[511]. L'Afrique, pour l'instant protégée de cette épidémie, sera sérieusement atteinte.

Si le modèle agricole et l'élevage continuent ainsi, le système alimentaire mondial rendra, on l'a vu, la planète invivable.

Mais, avant même que la planète ne devienne un enfer, avant même que chacun de nous ne devienne un clone silencieux et surveillé, une catastrophe majeure, provoquée par l'alimentation, est aussi possible. Selon l'assureur Lloyd's[178], elle aurait lieu si se produisait simultanément un épisode plus marqué d'El Niño (phénomène climatique de courant chaud dans le Pacifique), une hausse des températures en Amérique du Sud et une épidémie de rouille du blé (infection entraînant une baisse des rendements et de la qualité des grains). La simultanéité de ces trois événements ferait en effet augmenter drastiquement le prix du blé et/ou du riz ;

en résulterait une famine qui se propagerait rapidement. Les marchés financiers s'écrouleraient, les intermédiaires pour l'approvisionnement seraient débordés. Le silence surveillé freinera toute réaction. Aucune démocratie n'y résisterait.

*

Un tel avenir est intolérable. Certains le comprennent ; beaucoup en vivent déjà l'horreur. Le prévoir, l'annoncer, le crier produira, produit déjà, des réactions, des colères, des rejets, des révoltes.

On assistera un jour, si rien n'est fait avant, à une rébellion alimentaire brutale, bien plus ample que celle qui a pu conduire à la destruction d'un restaurant de fast-food ou des mouvements contre tel ou tel abattoir, ou telle ou telle multinationale.

On verra bientôt, on voit déjà, dans les grands pays, des boycotts, des sabotages d'usines, des dénonciations d'entreprises agroalimentaires, des attaques massives contre tous les abattoirs.

On verra, on voit déjà, les gens réclamer de nouvelles occasions de débattre, de se parler, pour compenser celles, perdues, des repas. Et ce à quoi on a assisté en France durant l'automne et l'hiver 2018 en est la traduction la plus directe : recréer des occasions de parler avec des inconnus, sur des ronds-points, si on ne peut plus, chez soi, parler aux membres de sa famille.

Rien n'est plus dangereux pour la démocratie que d'avoir laissé le capitalisme réduire les gens au silence, pour leur vendre plus de choses encore.

Les gens se vengeront. Pour le pire ou le meilleur.

Car le meilleur est possible, si on transforme la colère en action et si, en particulier, on révolutionne nos façons de manger, de produire de la nourriture, de débattre.

C'est parce que ce que l'on donne aux hommes à manger est, et sera, de plus en plus intolérable qu'ils feront, enfin, la révolution. Tous.

Chapitre 10

De quoi manger
devrait-il être le nom ?

Si on veut que l'humanité perdure, et que chacun puisse vivre pleinement, naturellement, sainement, une vie vraiment humaine, il nous faut bouleverser la façon dont est produite et distribuée aujourd'hui la nourriture ; il faut consacrer beaucoup plus de temps à y penser, à la préparer, à la servir, à la consommer, à développer des relations sociales autour d'elle ; et à comprendre comment les pouvoirs s'y construisent et s'y défont.

Il nous faut sortir de la société de silence surveillé, dans laquelle chacun est condamné à manger, muet, une nourriture qui ne profite qu'à une industrie de plus en plus rapace et cynique, et qui compte sur notre solitude pour nous pousser à consommer plus encore.

Il nous faut faire de l'alimentation, pour chacun, pour tous et pour la planète, une source de santé, d'équilibre, de plaisir, de partage, de création, de joie, de dépassement de soi, de découverte des autres. Une façon de protéger la vie et la nature. Un moyen de tirer le meilleur du corps et de l'esprit. Une occasion unique de retrouver le contact avec la nature et de ne plus jamais le perdre. Un sujet de conversation et d'action, et le repas un prétexte à d'innombrables conversations sur tous les sujets, pour qu'il retrouve sa fonction sociale fondatrice aujourd'hui perdue : créer du lien. Pour tous ; aujourd'hui et pour toutes les générations futures.

Ces objectifs sont encore compatibles. Nous pouvons encore éviter le désastre annoncé dans les précédents chapitres. Nous pouvons encore éviter de nous suicider avec ce que nous ingérons et de détruire la planète avec nous.

Et ce sera d'autant plus facile à faire que – et c'est une très bonne nouvelle – le meilleur comportement alimentaire pour chacun sera aussi le plus utile à la sauvegarde de la planète. Autrement dit : chacun a intérêt à ce que l'autre puisse manger le plus sainement possible.

Rendons-le possible ! Il faut pour cela entreprendre des réformes considérables, à mener au niveau de la planète, au niveau national, et par chacun de nous, dans notre vie quotidienne. Il ne faudra pas être effrayé par l'ampleur de ce qui est à faire. Comme dans d'autres domaines, qui sont liés, comme le climat ou la sauvegarde de la mer, nous n'avons pas le choix. Il faut tout faire en même temps. Et très vite.

Alors, lisez ce qui suit, s'il vous plaît, et agissez !

La meilleure agriculture pour tous sera faite par de petits propriétaires bien formés

Il serait possible de nourrir sainement plus de 9 milliards de personnes. Mille études le montrent. Par exemple, selon une étude française de l'Institut national de la recherche agronomique (INRA) et du Centre de coopération internationale en recherche agronomique pour le développement (Cirad) d'octobre 2018, on pourrait fournir à chaque humain 3 000 calories par jour, dont 500 d'origine animale (contre environ 4 000 actuellement dans les pays développés, dont 1 000 d'origine animale). Une autre étude, intitulée « Strategies for feeling the world more sustainable with organic food », a montré en 2017 qu'en réduisant de moitié la consommation de viande, de produits laitiers et d'œufs (ce qui permettrait de diminuer de moitié la surface destinée à l'élevage et la surface destinée à l'alimentation animale) et en réduisant de moitié le gaspillage alimentaire, il serait même possible de nourrir en 2050 toute l'humanité avec une agriculture mondiale entièrement sans OGM ni engrais chimiques ; car la réduction de la consommation de viande et du gaspillage alimentaire permettrait de compenser le plus faible rendement (entre moins 8 % et 25 %) de l'agriculture biologique par rapport à l'agriculture intensive[186]. Dans le même temps, avec ce modèle, les émissions de gaz à effet de serre et l'érosion des sols diminueraient.

Pour réussir cette gigantesque transition, il faudrait commencer par transformer profondément l'agriculture mondiale. En particulier, il faudrait :

• Améliorer l'accès à la propriété et à l'éducation des paysans des pays en développement. Et pour cela, mettre en place de vrais droits de propriété légaux, pour remplacer le capital informel accumulé par les pauvres dans les structures « extra-légales » (townships, bidonvilles, favelas), évalué à 9 300 milliards de dollars de capital « mort » (non « actif »)[21].

• Augmenter de 50 % les investissements dans l'agriculture des pays en voie de développement. Pour cela, il faudrait garantir aux petits producteurs l'accès au crédit et la propriété de la terre, en s'opposant, par la loi, à l'accaparement des terres à grande échelle par les entreprises agroalimentaires.

• Mettre en place, pour les populations les plus vulnérables du monde rural, dans le monde entier, des services sociaux complets, en particulier la santé, l'assainissement, l'éducation et l'apprentissage. Cela favorisera aussi leurs investissements agricoles : en Éthiopie, les ménages ruraux recevant de l'aide sociale et des moyens de production (crédit, intrants, services agricoles) ont connu une progression plus importante de leur sécurité alimentaire que les populations qui ne bénéficiaient que d'un programme de développement des moyens de production mais pas de programme d'aide sociale[184].

• Modifier les rapports entre les paysans, l'industrie agroalimentaire et les distributeurs, pour leur rendre une part plus juste des revenus tirés du sol. En France, parmi les dispositions de la loi « Agriculture et alimentation » adoptée le 2 octobre 2018, il est prévu que les agriculteurs sont censés proposer un contrat et le prix associé, tenant compte de leurs propres coûts de production.

• Réorienter, en particulier aux États-Unis et en Europe, les subventions à l'agriculture pour qu'elles aillent plus aux paysans cultivant fruits et légumes et moins aux grandes firmes produisant des céréales et des OGM.

• Utiliser une irrigation raisonnée, des engrais adaptés sans excès et des semences mieux choisies permettrait d'augmenter les rendements de l'agriculture africaine de 50 % ainsi que de réduire les importations nettes de céréales et avec des effets négligeables sur l'environnement.

• Sanctuariser les terres non agricoles et les écosystèmes marins, ce qui correspond d'ailleurs à deux des objectifs du développement durable fixés par les Nations unies pour 2030 : l'objectif numéro 14 (« conserver et exploiter de manière durable les océans, les mers et les ressources marines[190] ») et l'objectif numéro 15 (« gérer durablement les forêts, lutter contre la désertification, enrayer et inverser le processus de dégradation des sols et mettre fin à l'appauvrissement de la biodiversité[190] »).

• S'opposer à l'appropriation marchande des semences. En renforçant l'influence de l'Union pour la protection des obtentions végétales, qui oblige le producteur d'une variété à autoriser n'importe qui à utiliser cette variété tout en assurant sa rémunération pour qu'elle puisse légalement et mondialement s'opposer à l'appropriation des semences par les grandes firmes internationales.

• S'assurer que les produits alimentaires ne sont pas le produit de mauvaises conditions de travail des hommes et de souffrances animales. Pour cela, interdire la commercialisation d'un produit alimentaire qui ne disposerait pas d'un label certifiant que les conditions de travail prescrites par l'OIT sont respectées.

• Réduire les intrants chimiques et rétablir la condition des sols les plus pauvres en incluant des légumineuses dans la rotation des cultures et en réhabilitant les haies.

• Interdire progressivement l'usage du glyphosate et des produits analogues dont la nocivité est établie : en 2015, l'OMS a annoncé qu'elle classait trois pesticides (le glyphosate, le diazinon et le malathion) dans la catégorie « cancérogènes probables », dernière catégorie avant la catégorie « cancérogènes certains »[468]. En 2016, l'Anses a annulé la licence des produits chimiques associant glyphosate et un adjuvant appelé POE-Tallowamine[390]. À l'inverse, en novembre 2018, l'Union européenne a renouvelé la licence du glyphosate jusqu'en 2022, en s'appuyant sur un rapport de l'Agence européenne des produits chimiques qui écarte son risque cancérogène. En France, il ne sera plus utilisé dès 2021 que pour 15 % de ses usages actuels. Il faut sans doute en finir partout dans le monde et au plus tôt.

• Augmenter l'usage des produits organiques comme engrais. Ces engrais organiques (moutarde, féveroles, pois fourragers) ou des produits récupérés dans les élevages (fiente de volaille, lisier de porc ou de bovin, fumier, poudre de viande, de plumes ou d'os) favorisent l'activité microbienne du sol. Pour être considérée comme un engrais efficace, la matière organique doit être constituée d'au moins 3 % d'un des trois éléments nutritifs majeurs : azote, phosphore ou potassium[391].

• Récupérer le phosphore (dans les eaux usées, les boues d'épuration et les cendres résultant de l'incinération des déchets alimentaires) pour l'utiliser à la place des engrais minéraux[304, 305].

• Interdire la production des biocarburants dits « de première génération » (ceux produits à partir de cultures dont l'homme se nourrit) pour passer à la deuxième génération (fabriquée à partir des matières cellulosiques qui forment les tiges ou les feuilles non utilisées des plantes) ; puis à une troisième génération de biocarburants (fabriqués à partir de micro-organismes comme les micro-algues qui accumulent de grosses quantités d'acides gras permettant de fabriquer du biodiesel)[348, 349, 350].

• Développer et généraliser autant qu'il est possible l'agriculture biologique, c'est-à-dire protégée de tout ce qui précède.

• Préserver les semences en voie d'extinction, qui seront utiles dans les conditions climatiques futures. En application du Traité international sur les ressources phytogénétiques pour l'alimentation et l'agriculture adopté en 2001 (qui prévoit que chaque État signataire du traité mette à la disposition des autres les informations et le matériel génétiques de 64 cultures constituant 80 % de la production végétale destinée à l'alimentation humaine), ont été déjà créées environ 2 000 banques génétiques végétales dans le monde. La plus importante, la réserve de semences de Svalbard en Norvège, est située à environ 1 300 kilomètres du pôle Nord, à flanc de montagne ; aucun OGM n'est admis dans cette banque, surnommée le « coffre-fort de l'apocalypse » ; elle contient plus d'un million de variétés différentes venues de tous les pays du monde dans des sachets que personne n'est autorisé à ouvrir et contenant chacun plus de 500 graines[467]. Autre banque génétique : l'ONG Navdanya en Inde conserve plus de 5 000 variétés de végétaux, dont des légumes et des plantes médicinales, tout comme le fait Kew Royal Botanic Gardens au Royaume-Uni.

Tout cela pourrait se traduire par une hausse du coût des produits alimentaires ; c'est-à-dire par la nécessité de consacrer une part plus grande des revenus à la nourriture, et donc moins aux autres biens de consommation. Par exemple, si chaque Français consacrait 10 centimes d'euro de plus par jour à se nourrir plus sainement, chaque agriculteur français aurait quasiment

250 euros de revenus en plus par mois. Cela réduirait aussi significativement, à terme, les dépenses de santé.

Il faut assumer qu'on ne dépense pas assez pour se nourrir sainement. C'est un choix politique majeur.

Imposer à l'industrie agroalimentaire mondiale des règles beaucoup plus contraignantes

• Réduire la teneur en graisse, en sel, en sucres ajoutés et en lipides des aliments préparés et des boissons, en particulier ceux et celles qui sont destinés aux enfants. Ces produits devront représenter moins de 30 % du total de l'apport énergétique tout en respectant deux impératifs : les graisses saturées ne devront pas dépasser 10 % de l'apport énergétique total et les acides gras trans (voir Annexes), 1 % au maximum. Les sucres libres (ajoutés par l'industrie dans les aliments ou présents naturellement dans le miel, les sirops, les jus de fruits) devront représenter moins de 10 % de l'apport calorique journalier. La consommation de sel devra être limitée à 5 grammes par jour[392].

• Éliminer les emballages non aisément recyclables des produits alimentaires, y compris des boissons. C'est possible ; beaucoup de progrès ont été faits dans ce domaine. La société suédoise Tomorrow Machine propose désormais des emballages de bouteilles d'huile à base de sucre et de cire caramélisés. Il existe des emballages de smoothies à base d'algues, et des emballages de riz en cire d'abeille biodégradable ; ces emballages ont la même durée de vie que les aliments qu'ils contiennent. La start-up londonienne Skipping Rocks Lab propose de remplacer les bouteilles en plastique par des bouteilles comestibles à base d'algues, qui sont même moins coûteuses que le plastique. Des mesures peuvent être adoptées en vue de limiter la pollution par les emballages plastique, comme filtrer les deltas afin d'empêcher les déchets de passer des fleuves à la mer.

• Augmenter les incitations fiscales et réglementaires contre les emballages plastique. En 2002, l'Irlande a haussé de 15 centimes d'euro le prix des sacs plastique, ce qui a conduit à une diminution de leur utilisation de 90 % en 2017[525]. La France a interdit l'utilisation des sacs plastique fins à usage unique en 2016. Les députés européens ont voté en octobre 2018 l'interdiction de certains produits en plastique à usage unique. On peut aller plus loin et interdire la mise en vente des nouveaux produits dont l'emballage est en plastique, car le recyclage du plastique consomme de l'eau et une quantité d'énergie non négligeable.

• Créer un Tribunal pénal international de l'alimentation, qui jugerait des crimes commis par les dirigeants des entreprises agricoles et agroalimentaires, des réseaux de distribution, des chaînes de restauration rapide, et les autres grands systèmes d'alimentation, lorsqu'ils nuisent gravement et consciemment à des populations, comme consommateurs ou comme producteurs, dans des pays où la justice nationale n'est pas assez forte ou honnête pour leur résister. Ce tribunal serait la seule façon d'impressionner suffisamment les dirigeants de l'industrie pour qu'ils cessent de produire des poisons. Son action pourrait s'appuyer sur des textes et des expertises existants, telles celle de la commission du *Codex alimentarius* de la FAO, et sur l'article 11 du Pacte international relatif aux droits économiques, sociaux et culturels, ratifié en 1966 par 169 États, qui stipule

que « les États parties au présent Pacte, reconnaissant
le droit fondamental qu'a toute personne d'être à l'abri
de la faim, adopteront, individuellement et au moyen de
la coopération internationale, les mesures nécessaires, y
compris des programmes concrets : (a) Pour améliorer
les méthodes de production, de conservation et de distribution des denrées alimentaires par la pleine utilisation des connaissances techniques et scientifiques, par la
diffusion de principes d'éducation nutritionnelle et par
le développement ou la réforme des régimes agraires,
de manière à assurer au mieux la mise en valeur et
l'utilisation des ressources naturelles ; (b) Pour assurer
une répartition équitable des ressources alimentaires
mondiales par rapport aux besoins, compte tenu des
problèmes qui se posent tant aux pays importateurs
qu'aux pays exportateurs de denrées alimentaires[380]. »

Cela devrait suffire à fournir une base juridique solide
pour un tel tribunal.

Le meilleur régime alimentaire pour chacun : l'altruisme alimentaire

Il appartient ensuite à chacun de faire ce qui est le
mieux pour lui, au regard de ce que la science et la
pratique enseignent. Or il se trouve que ce qui est mieux
pour chacun est aussi ce qui aide au mieux à remplir
les objectifs précédents. Donc le meilleur régime indi-
viduel est fondé sur l'altruisme alimentaire : il suffit de
consommer ce qui est bon pour les autres et pour la
nature pour que cela soit bon pour soi.

Pour y parvenir, on peut déjà se fier aux quelques
rares points communs entre les innombrables régimes

élaborés depuis des millénaires (hippocratique, chinois, ayurvédique et autres). Tous recommandent la pratique régulière du jeûne, de ne jamais manger jusqu'au rassasiement, de consommer peu de viande, de sucre et d'alcool ; et de s'interdire de consommer des productions obtenues par un travail contraint, ou en utilisant des produits néfastes à l'homme ou à la nature.

Ces quelques obligations diététiques sont en fait, on l'a vu, aussi imposées par l'état du monde ; l'humanité n'a pas d'autre choix, pour chacun et pour tous, que de diminuer drastiquement sa consommation de viande, d'alcool, de sucre et de produits laitiers, de pratiquer les méthodes de la pêche durable, de favoriser la consommation de fruits et de légumes, de développer l'agroécologie et l'agriculture urbaine. En particulier, dans les pays occidentaux, où on consomme aujourd'hui deux tiers de protéines animales et un tiers de protéines végétales, il faudrait, comme ailleurs, basculer en 2050 à quatre cinquièmes de protéines végétales et un cinquième de protéines animales. Et la ration quotidienne de fruits et légumes devrait être de 400 grammes pour obtenir un apport suffisant en fibres alimentaires.

Ces principes diététiques fort anciens contribueraient à modérer la hausse nécessaire de la production agricole, à réduire les émissions de gaz à effet de serre et à mieux préserver les sols.

Malheureusement, ces régimes sont aussi, sur de nombreux points, contradictoires : le régime « paléo » recommande de se limiter aux aliments censés avoir été consommés au paléolithique ; le régime crétois encense les produits du bassin méditerranéen, notamment l'huile d'olive ; les crudivoristes ne jurent que par les légumes crus ; alors qu'on les préfère cuits à

basse température dans le régime macrobiotique ; le
régime Okinawa recommande de privilégier les fruits,
légumes et céréales complètes, de cuire les aliments à
feu doux, de restreindre drastiquement la consommation
de viande, de laitages, de sucre, de sel et de matières
grasses, de consommer du poisson au moins trois fois
par semaine et de boire au moins 1,5 litre d'eau par
jour et 2 tasses de thé[306, 307]. Enfin, le régime dissocié
invite à ne consommer qu'un seul « type » d'aliment par
jour (poisson, légumes, laitages, fruits, œufs…), tandis
le régime acide-base porte toute son attention sur les
équilibres de pH dans la nourriture ingérée.

Et quand on demande aux diététiciens de préciser
quels fruits et quels légumes s'imposent, ceux qui sont
recommandés par les uns sont diabolisés par les autres.
Cependant, si l'on en croit la diététique la plus récente, il
faut préférer riz, lentilles, quinoa, fèves, haricots, endives,
avocats, tomates, artichauts, aubergines, céleris, brocolis,
olives, cannelle, gingembre, basilic, aneth, lupin, soja
cuit, tofu, champignon, spiruline et pastèque[63].

Et il faut aussi et surtout que ces produits soient de
qualité naturelle irréprochable : les bonnes variétés, les
bonnes graines, cultivées dans le bon sol.

Il faut enfin privilégier la consommation de denrées
brutes, non transformées par l'industrie agroalimentaire
et non emballées avec de la matière plastique.

Au total, les besoins caloriques individuels quotidiens
pourraient être limités entre 1 800 et 3 000 kcal selon le
sexe, le poids, l'activité, la température extérieure, l'âge.
Répartis en protéines (12 % de l'apport énergétique
total, AET) ; lipides (35 à 45 % de l'AET) ; et glucides
(50 à 55 % de l'AET).

Manger beaucoup moins de viande et beaucoup plus de légumes

D'abord, les exigences d'un comportement décent à l'égard des animaux conduiront à réprimer de plus en plus largement les modes d'abattage halal et casher. Cela poussera une partie des fidèles de ces religions à ne plus manger de viande, pour ne pas avoir à manger de la viande non conforme.

Ensuite, et plus largement, dans l'intérêt de la planète comme de chacun, on en viendra à cesser partiellement, puis totalement, de consommer bovins et ovins.

Cela permettrait de limiter les émissions de gaz à effet de serre, de réduire massivement la consommation d'eau, de moins polluer les terres, de réduire l'usage des engrais azotés et la production agricole de certains végétaux.

Pour y parvenir, il faudra aussi développer la production de végétaux oubliés, progressivement abandonnés, qui n'existent plus que dans leur environnement premier, où ils sont encore indispensables à l'alimentation de certaines communautés, notamment en Afrique subsaharienne. Parmi ces innombrables végétaux :

• Le teff, céréale principalement cultivée en Éthiopie (90 % de la production mondiale) et en Érythrée, plus riche en fibres que le riz, et plus riche en fer et en protéines que les trois principales céréales. C'est l'une des rares céréales dont l'apport en calcium n'est pas négligeable. Au-delà de son apport nutritif, son cycle de croissance est rapide (entre 2 et 5 mois) et il s'adapte à une grande variété de conditions climatiques. La moitié des 12 millions de petites exploitations éthiopiennes produisent du teff[120].

• Le moringa, arbre tropical cultivé en Inde, au Sri Lanka, en Arabie, à Madagascar et au Sénégal. Ses racines, feuilles, fruits (gousses), fleurs, graines et l'écorce sont comestibles. Sa feuille est riche en minéraux, vitamines, protéines et antioxydants ; ses racines en protéines, vitamines A, B et C, ainsi qu'en minéraux (calcium et potassium). En Inde, les gousses de moringa sont consommées en curry. Les graines contenues dans les gousses peuvent aussi être mangées crues. La FAO recommande particulièrement la consommation des feuilles de cet arbre aux enfants et aux femmes enceintes. C'est une plante essentielle pour l'avenir de l'humanité[381].

• Le pois bambara, l'une des principales légumineuses à grains, originaire d'Afrique de l'Ouest[382]. Ce végétal pousse dans des zones où peu d'autres végétaux survivent ; il améliore la fertilité des sols en fixant l'azote dans la terre, et ses feuilles conviennent parfaitement à l'alimentation animale. Enfin, sa teneur en protéines (18 %) est très élevée pour un végétal, ce qui est essentiel dans des régions où l'élevage n'est pas possible. Le premier producteur mondial de pois bambara est le Burkina Faso. Sa culture est donc encore très limitée, même si elle gagne de plus en plus de régions. C'est, là aussi, une plante essentielle pour l'avenir de l'humanité.

Et tant d'autres, sur tous les continents.

Il ne faudra pas craindre de consommer ces plantes largement oubliées : pour protéger une espèce végétale, mieux vaut la consommer de façon raisonnable que la négliger et la laisser disparaître.

Manger beaucoup moins de sucre

Le saccharose que nous consommons est lui-même composé de fructose et de glucose. Le fructose des fruits apporte des calories en quantité suffisante pour l'organisme humain. Il faut donc s'interdire tout sucre transformé.

En 2016, l'OMS a appelé à taxer d'au moins 20 % les boissons sucrées à l'échelle mondiale, afin de lutter contre le fléau du surpoids[191]. Certains pays ont commencé à agir en ce sens. En général d'une façon non coercitive, en raison de la pression de l'industrie. Depuis 2008, la France mène une politique de « chartes d'engagement volontaire », par lesquelles 37 entreprises de l'industrie agroalimentaire et de la distribution se sont engagées à réduire la dose de sucre dans leurs produits. Reste encore à vérifier si cela est suivi d'effet d'une façon qui ne soit pas purement symbolique.

Encore faut-il réussir à se passer de sucre, et c'est difficile : la consommation de sucre aide, on l'a vu, au contrôle de soi, qui exige un effort intense pour le cerveau et entraîne une consommation considérable de glucose. Ainsi une personne dont la glycémie est trop faible, telle un diabétique, aura plus de mal à contrôler ses pulsions agressives[145]. Cela exige donc de trouver des substituts crédibles au sucre.

Pour remplacer les sucres, on peut utiliser des polyols et le tagatose (qu'on trouve dans le lait et certains fruits) ; des édulcorants comme l'aspartame (édulcorant artificiel) et la stevia (extraite des feuilles de la *Stevia rebaudiana*). Tous ont un pouvoir sucrant très élevé (plusieurs dizaines de fois supérieur à celui du sucre de table) et n'augmentent pas le taux de glucose dans le sang. Avec un apport calorique minime, voire insignifiant.

Le sirop d'agave a un pouvoir sucré plus élevé que le sucre de canne ou de betterave, mais plus faible que celui de l'aspartame ou de la stevia ; son apport calorique est légèrement inférieur à celui du sucre de table. Il ne contient pas de glucose et donc a un faible indice glycémique ; en revanche, il est très riche en fructose et augmente donc le taux de triglycérides, dont l'excès est une des causes des maladies cardiovasculaires.

D'autres sucres d'origine naturelle (tels le sucre de coco biologique, dont l'indice glycémique est deux fois moins important que celui du sucre de canne, le sucre de bouleau ou l'eau de coco en poudre) pourraient aussi remplacer en partie le sucre de canne ou de betterave, et les sucres industriels tel le HFCS[383].

Manger local

Il faudra, autant qu'il est possible, se nourrir de végétaux produits récemment et dans un rayon de 120 kilomètres. En conséquence, se contenter de produits de saison, sans éléments artificiels et aussi peu que possible transformés par l'intervention humaine.

Cela suppose la multiplication des fermes au voisinage des villes ou des fermes urbaines, ou quasi urbaines, ce qui permettra aussi de réduire les émissions de CO_2 liées au transport de ces produits.

Ces circuits courts représentent déjà 8 % du marché alimentaire français. Et plus encore en Californie. À Détroit, ville exemplaire, ravagée par la crise de l'automobile, l'association Greening of Detroit récupère depuis 2003 des parcelles abandonnées par les ouvriers et la petite bourgeoisie qui ont progressivement quitté la ville, et y a établi plus de 1 600 fermes urbaines. Dans cette même ville, l'association Michigan Urban Farming Initiative a lancé en 2016 en pleine ville un quartier agricole, solidaire, bio et gratuit, qui abrite plus de 200 arbres fruitiers ; sa production est distribuée gratuitement à des familles pauvres de la ville[137].

On pourrait installer dans toutes les villes des potagers le long des fenêtres dans les grands immeubles des cités. Des fermes urbaines pourraient aussi utiliser la micro-irrigation (qui cible directement la racine de la plante, donc peu coûteuse en eau et engrais), l'hydroponie (culture hors sol où la terre est remplacée par un substrat inerte et stérile) et l'aéroponie (les plantes sont suspendues dans un air riche en vapeur d'eau et en nutriments)[23]. La ville de Paris prévoit la création de la plus grande ferme urbaine du monde, sur les toits du parc des expositions de la porte de Versailles.

Au total, selon le microbiologiste Dickson Despommier, un immeuble de 30 étages réservé à l'agriculture urbaine, construit sur une surface au sol de deux hectares, permettrait de produire annuellement l'équivalent de ce que produit une ferme rurale de 970 hectares[106].

C'est aussi ce que recommande le mouvement Slow Food né en Italie en 1986, qui compte plus de 100 000 adhérents à travers le monde. Et qui, pour l'essentiel, ne parle pas de « manger lentement ».

Manger plus lentement

Manger plus lentement suppose de mâcher plus lentement et de séparer les bouchées. Cela est doublement utile :

On a démontré que mâcher très lentement permet de réduire jusqu'à 15 % les apports caloriques et de maintenir la santé des dents. Et on a aussi démontré que séparer les bouchées conduit plus vite à la satiété, puisqu'on laisse le temps à l'estomac d'informer le cerveau de la quantité ingérée.

L'un et l'autre (mâcher lentement et séparer les bouchées) sont donc des facteurs de maîtrise de la quantité ingérée. L'un et l'autre évitent aussi de fatiguer excessivement l'œsophage, l'estomac et l'intestin.

On peut prendre, pour cela, l'habitude de poser ses couverts deux ou trois fois pendant chaque plat ; pour parler, écouter, oublier la nourriture. On peut aussi tracer une ligne imaginaire au milieu de son assiette et ne manger que la moitié avant de s'interrompre un long moment.

C'est plus facile à faire quand on partage un repas avec d'autres, quand manger est une fête, un moment de conversation à propos de ce qu'on mange et de bien d'autres sujets. Et mieux encore, avec celle ou celui qui a cuisiné, et qu'on ne doit pas offusquer en mangeant trop vite ce qu'elle ou il a mis des heures à préparer. C'est aussi plus facile à faire si les autres convives en font autant.

C'est plus difficile à faire lors de repas solitaires, face à un journal, un livre ou un écran, ou lors de repas bâclés sur le lieu de travail, en attendant d'y retourner au plus vite.

La conversation aide donc à manger sainement. En particulier, elle pousse à mieux connaître ce qu'on mange.

Connaître ce qu'on mange

Tous les consommateurs devraient donc avoir aisément accès à l'origine de tous les ingrédients de tout ce qu'ils mangent, des céréales à la viande, des épices aux boissons, des légumes aux produits les plus industriels. En particulier, chacun devrait pouvoir déceler dans les aliments la présence d'OGM, de pesticides, de glyphosate, de sucre industriel, de certains produits allergènes ; et savoir où et quand le produit a été fabriqué.

Des labels aussi exigeants et indépendants que possible devraient être créés et imposés pour renseigner honnêtement les consommateurs.

La blockchain favorisera le développement d'une telle traçabilité efficiente des produits ; en permettant une meilleure connaissance de toutes les étapes : récolte, production, transformation, transport, mise en vente. Plusieurs applications tentent déjà d'y parvenir :

Aux États-Unis, l'application Seafood Watch, téléchargée près de 2 millions de fois, aide les consommateurs à sélectionner les produits de la mer issus de la pêche durable et locale, en les classant selon trois catégories : « meilleur choix », « acceptable » et « à éviter ».

En Chine, ZhongAn Technology a créé une plateforme de blockchain qui permet au consommateur de suivre toutes les étapes de la vie d'un poulet, de son élevage à son conditionnement.

En France, Bleu Blanc Cœur développe des outils pour permettre au consommateur d'avoir accès à des bases de données permettant la traçabilité des produits. Open Food Facts, base de données associative et *open-source* lancée en 2012, vise à répertorier l'ensemble des ingrédients, des allergènes et des compositions nutritionnelles des aliments consommés à travers le monde ; cette base de données recense en 2017 plus de 396 000 références collectées par 7 500 contributeurs. Yuka, aussi en France, s'appuie sur les données d'Open Food Facts pour renseigner le consommateur sur la qualité nutritionnelle des produits ; elle a déjà été téléchargée plus de 7 millions de fois ; même si certains contestent la fiabilité des informations ainsi rassemblées. Enfin, Connecting Food entend aller encore plus loin en utilisant la blockchain pour tracer en direct l'origine des produits et auditer le respect des cahiers des charges des entreprises agroalimentaires, tout au long de leur filière de production.

Une telle connaissance renforcera et sera renforcée par une éducation alimentaire.

Pour une éducation alimentaire

Tout ce qui précède et ce qui suit devrait être enseigné à l'école, sous forme de fiches accompagnant les repas des cantines, et de conseils donnés aux parents, pour que les petits déjeuners, les goûters et les repas du soir à la maison ne ruinent pas ce que la cantine scolaire aura pu apporter.

On devra en particulier enseigner le contenu de l'annexe qui conclut ce livre : qu'est-ce qu'une calorie, une vitamine, un nutriment, un protide, un lipide, un glucide ? Comment vient l'appétit ? Quel rôle jouent notre cerveau, nos dents, notre palais, notre œsophage, notre estomac, nos intestins ? En quoi la nourriture nourrit-elle notre cerveau ? Quelles nourritures, quelles boissons, sont des poisons pour le corps ou pour l'esprit ?

Il faut apprendre aux enfants, dès le plus jeune âge, à supprimer radicalement les sucres transformés de leur alimentation, y compris dans les boissons, à ne manger du chocolat que noir, à ne pas grignoter des produits industriels sucrés ou salés, à mâcher, à manger lentement, à bavarder à table, à y rester le plus longtemps possible, à pratiquer le jeûne, à contrôler l'origine de ce qu'on mange, à s'interroger sur les conditions de fabrication du lait, du pain et de l'élevage des animaux, des produits de la mer ; et enfin sur les engrais utilisés.

Évidemment, il faut aussi les prémunir contre les dangers de l'alcool, du tabac, des graisses et des drogues, dont le sucre fait partie.

Par ailleurs, il faut enseigner aux enfants à cuisiner, à inventer des recettes, à dresser la table, servir, desservir, nettoyer ; à suivre et mener une conversation pendant un repas.

Enfin, il faut apprendre à chacun à se rebeller contre la nourriture qu'on prétend lui imposer ; à considérer que c'est de sa responsabilité de citoyen que de refuser de manger des poisons ; à dénoncer les produits dangereux ; à ne pas être dupe des publicités mensongères, en particulier celles venant des firmes qui prétendent que leurs produits sont diététiques ou bio, quand ils ne le sont pas.

Dans les écoles comme ailleurs, il faudra favoriser l'exercice d'une activité physique régulière : 60 minutes par jour pour un enfant et 150 minutes par semaine pour un adulte[173]. De plus, il faudrait apprendre à rester au moins six heures par jour debout : une étude réalisée dans trois écoles texanes en 2016 a montré que les indices de masse corporelle (poids/taille au carré) d'élèves qui suivent les cours debout sont inférieurs d'un chiffre allant jusqu'à 0,4 point[111]. Une autre étude, publiée en 2018 dans le *European Journal of Preventive Cardiology*[155], montre que la position debout brûle plus de calories (0,15 kcal par minute de plus qu'assis, soit 54 kcal par jour pour 6 heures debout), et qu'elle pourrait réduire le risque de crises cardiaques, d'AVC et de diabète. Enfin, suivre les cours en position debout se traduit (selon une étude américaine dans plusieurs universités américaines publiée dans le *International Journal of Environmental Research and Public Health* en 2016) par une amélioration des performances cognitives de 7 % à 14 %[112].

Manger beaucoup moins

Ceux qui ont assez à manger pourraient utilement, pour eux et pour la planète, manger moins. Et d'abord, commencer par pratiquer des jeûnes réguliers.

On sait que l'organisme commence par assimiler les nutriments consommés, puis, un peu plus tard, consomme les sucres stockés dans le foie, dans les graisses du corps et dans les protéines des muscles ; il élimine les éléments toxiques et régénère le système digestif.

Le prix Nobel de médecine 2016 a été décerné au Japonais Yoshinori Ohsumi pour ses travaux sur l'autophagie, mécanisme mis en œuvre lorsque la cellule, privée de nutriments extérieurs, digère une partie de son propre cytoplasme et permet ainsi son renouvellement[255].

Chez l'homme, la privation volontaire de nourriture favorise non seulement la perte de poids, mais aussi améliore l'acceptation de l'insuline par les diabétiques de type 2, diminue le risque de contracter des maladies cardiovasculaires, freine le vieillissement cellulaire.

Les baleines et les tortues marines peuvent jeûner plusieurs mois et vivent 150 ans. Chez la souris, on a trouvé des effets positifs du jeûne sur les maladies neurodégénératives, comme Parkinson et Alzheimer[255].

En excluant les diètes plus ou moins farfelues (telle celle du médecin britannique Michael Mosley, qui préconise, par exemple, de ne manger « normalement » que cinq jours par semaine, les deux autres jours étant restreints à 500 kcal)[254], le mieux semble être de faire un jeûne séquentiel : ne pas manger pendant 14 heures.

En dehors du jeûne, on doit plus généralement réduire la quantité consommée de produits alimentaires, même positifs ; et, pour y parvenir, diverses techniques permettent de réduire l'appétit et d'atteindre plus vite la satiété. Par exemple, boire de l'eau glacée juste avant un repas.

Enfin, puisque manger c'est parler, moins manger c'est aussi moins parler. Moins parler aide à manger moins et à jeûner. Tel est l'objet de la respiration et de la méditation, formidables aides au jeûne.

Faire, parfois, un jeûne de mots. Faire silence. Pour mieux apprécier, ensuite, le retour à la conversation.

Une « *cuisine positive* », pour une vie et une planète positives

Au total, si tout ce qui précède est appliqué, on a encore une chance de sauver la planète et d'y bien vivre ; de réconcilier ce qui est bon pour le plaisir et la santé de chacun et pour celle du monde.

Une cuisine au service de soi et des générations futures, c'est ce que je nommerai une « cuisine positive ».

Une cuisine qui appliquera ce qui précède alliera la gourmandise à la santé pour soi, les autres et la planète ; le local et l'universel ; une cuisine bio et végétarienne, qui saura tout dire des produits qu'elle utilise et des lieux d'où ils viennent ; une cuisine qui, comme bien d'autres arts, mêlera science et création, nature et raffinement. Une cuisine qui, comme les meilleurs de tous les autres arts, glorifiera la vie et saura, par le souvenir, transmuter la nostalgie en jubilation, et l'éphémère en l'immortel.

Une cuisine que chacun s'accordera le droit de créer : de la même manière que chacun doit s'accorder le droit de dessiner, de peindre, de chanter, de composer de la musique, chacun doit s'accorder le droit d'inventer des recettes positives, en mêlant des produits sains, à sa façon. En le faisant, on peut se tromper, on peut découvrir des merveilles. Une cuisine qui devra, pour devenir vraiment un art total, être mise à la disposition de tous.

Une telle gastronomie, universelle et positive, frugale et sereine, participera de la naissance d'une société positive, à la fois bavarde et joyeuse, altruiste et heureuse.

Une cuisine qui s'inscrira aussi, et peut-être surtout, dans un nouveau rituel de la conversation, à des moments privilégiés, réservés à cela.

Retrouver le plaisir
de parler/manger ensemble

Dans les pays où les repas existent encore, il est très important de les défendre. De protéger ces moments de partage d'un petit déjeuner avec les enfants, d'un déjeuner avec des collègues ou des amis, d'un dîner en famille. Ce qui entraîne, par construction, qu'on ne parte pas trop tôt au travail et qu'on n'en rentre pas trop tard.

Dans les pays où les repas n'existent plus, une des principales revendications sociales devrait être leur rétablissement.

À l'école, les enfants doivent non seulement apprendre à faire le pain, mais apprendre à se parler en le partageant. Et pas seulement de la façon dont ils l'ont fabriqué. Mais de tout. On devrait aussi leur enseigner l'art de la conversation à table, ce qu'il faut dire et ne pas dire, comment s'y conduire, que faire pour être un invitant apprécié de ses hôtes ou un invité qu'on a envie de revoir. Et, en particulier, on devra apprendre aux parents à ne jamais interdire à leurs enfants de parler à table.

De même, l'architecture des maisons, des immeubles, doit être pensée en fonction de cela : maintenir autant que possible une salle à manger dans chaque logement. On pourrait même envisager d'installer dans chaque immeuble un lieu collectif de repas, comme il en existe déjà parfois dans certains immeubles de grand luxe, où un restaurant est réservé aux occupants de l'immeuble. Et, idéal ultime, utilisant les produits d'une ferme installée sur le toit de l'immeuble.

Dans les entreprises, les syndicats devraient inscrire le retour d'un temps significatif réservé au repas collectif en tête de leurs revendications. On s'apercevrait alors que c'est toute l'organisation du travail qui a dérapé pour rendre impossible le repas collectif, et pour contraindre chacun à se contenter de grignoter seul dans son bureau ou en réunion. Il faut donc modifier l'organisation du travail en fonction des repas. Cette obligation doit même être pensée systématiquement dans l'architecture des bureaux et inscrite dans le droit social : créer de vraies occasions de repas entre collaborateurs, en prenant le temps.

Cela ne serait pas nécessairement coûteux : la productivité du travail s'améliorerait si le temps du repas, et sa nature, retrouvaient une réalité. La créativité dans les repas, lorsqu'ils sont légers et sains, est, à mon sens, très supérieure à la créativité lors de réunions autour d'une table avec quelques mauvais produits chimiques à grignoter.

Enfin, le droit social et le droit de la famille doivent être pensés pour permettre que le temps du repas, dans les familles unies, disjointes ou recomposées, soit préservé comme lieu de conversation, de transmission, de création et d'épanouissement.

*

Au total, à la sortie de ce long voyage, on en aura, j'espère, compris l'importance fondatrice. Pour avoir dans d'innombrables autres livres suivi à la trace l'évolution de bien des aspects de l'humanité, aucun ne me semble, désormais, avoir plus d'importance que celui-là. Aucun n'est plus central, fondateur. Aucun ne les résume tous autant que celui-là.

Il est donc urgent de faire en sorte que tous les humains disposent de la meilleure alimentation possible ; une alimentation conforme à chaque culture, que chacun puisse partager avec ceux qu'il aime, pendant un temps raisonnable, plusieurs fois par jour ; dans des lieux qui s'y prêtent, à des moments protégés ; pour fournir à chacun le temps de réfléchir au sens de ce qu'il mange, à la façon de s'en servir pour sauver la planète et à tous les autres sujets essentiels auxquels la vitesse illusoire de la vie factice, le nomadisme suicidaire, le travail en miettes, les vies disloquées, nous empêchent de réfléchir.

Pourra-t-on vouloir tout cela ? Pourra-t-on bouleverser l'organisation de l'agriculture mondiale et donner à chaque paysan des moyens de vivre et de produire sainement ? Pourra-t-on maîtriser la folie criminelle et le cynisme rapace d'une grande partie de l'industrie agroalimentaire ? Pourra-t-on fournir à tous le temps et les moyens de manger sainement, de parler, de vivre ? Pourra-t-on redonner vie aux espèces oubliées ? Pourra-t-on protéger le patrimoine de l'humanité ? Pourra-t-on cesser d'exploiter, de piller, de détruire la planète ? Pourra-t-on retrouver le temps de parler, d'échanger, de rire ?

Ou devra-t-on se contenter d'un silence surveillé, dans lequel personne ne pourra plus parler de rien, tout en mangeant n'importe quoi ?

La réponse à tout cela est dans notre histoire et en chacun de nous. Dans notre lucidité, notre révolte, notre courage aussi.

Annexes

Les principes scientifiques de l'alimentation

Le goût

Il aura fallu deux mille ans pour que se précisent les concepts définissant les différentes saveurs.

Aristote distinguait sept saveurs principales : ce qui est agréable (le doux), ce qui est désagréable (l'amer), l'onctueux, le salé, l'aigre, l'astringent et l'acide. Sa définition restera valide pendant près de deux mille ans. À la fin du XVIIIᵉ siècle, Nicolas Jolyclerc distingue dix saveurs : l'insipide (aqueux), le sec, le doux, le gras, le visqueux, l'acide, le salé, l'âcre, l'amer et l'austère : « L'eau est aqueuse, la farine est sèche, le sucre est doux, l'huile est grasse, la gomme est visqueuse, le vinaigre est acide, le sel est salé, la moutarde est âcre, la bile est amère, la noix de galle est austère[44]. » Le sucré n'est donc pas considéré comme une saveur en soi, mais comme une forme du « doux ». En 1864, le physiologiste allemand Adolph Fick distingue quatre saveurs primaires dont toutes les autres seraient une combinaison : sucré, salé, amer et acide. En 1914, le chimiste Georg Cohn le premier utilise le terme de « goût » pour nommer chacune de ces quatre saveurs. En 1908, le scientifique japonais Kikunae Ikeda distingue un cinquième goût primaire sous le nom d'*umami* qu'on peut traduire par « savoureux ».

Les cinq goûts primaires sont donc : sucré (dont le saccharose) ; salé (dont le chlorure de sodium) ; amer (dont la quinine) ; acide (dont l'acide citrique) ; umami (dont le glutamate).

On connaît un peu aujourd'hui la façon dont le cerveau analyse ces goûts : le goût et l'odorat sont situés dans la même zone corticale, dans des structures nommées calicules ou bourgeons gustatifs. Ces structures sont reliées à des cellules, réparties sur la face dorsale de la langue et sur le palais, le pharynx et le haut de l'œsophage, et qui sont sensibles aux cinq différents « goûts ». Chaque être humain en a en moyenne 10 000, dont 75 % sur la face dorsale de la langue ; le reste étant réparti entre les autres localisations[13]. Ces récepteurs envoient des stimuli différents vers le cerveau. Les saveurs complexes sont ensuite intégrées par le cerveau.

Les besoins alimentaires humains

Les apports de l'alimentation au corps humain se répartissent en trois catégories : l'eau, l'énergie (que l'on peut mesurer en calories ou en joules) et les nutriments spécifiques.

L'eau est le premier constituant de notre corps (65 % chez l'adulte en moyenne) ; elle est présente dans chacun de nos tissus et chacune de nos cellules. Elle est largement impliquée dans les échanges au sein

de l'organisme : c'est grâce à elle que le transfert des
nutriments de l'extérieur vers l'intérieur de la cellule
et le retrait des déchets cellulaires en sens inverse sont
rendus possibles, par homéostasie. Le plasma, qui représente 55 % du sang, en est composé à 90 %. Sa forte
capacité calorifique – faibles fluctuations aux changements de température – la rend indispensable dans la
thermorégulation du corps. Enfin, l'eau entre dans la
composition de fluides lubrifiants, qui réduisent les fric-
tions interosseuses et facilitent les processus digestifs et
respiratoires. Selon l'OMS, une perte en eau de 10 %
peut entraîner la mort[100, 164].

L'apport énergétique se mesure en Calories (avec un
« C » majuscule). C'est d'abord une unité physique : elle
est définie en 1824 par le scientifique français Nicolas
Clément comme la quantité d'énergie nécessaire à élever
la température d'un kilogramme d'eau liquide de 1 °C
– correspondant à 1 000 fois la valeur d'une « calorie »
moderne (« c » minuscule) ou à 1 kilocalorie (kcal).
L'unité Calorie est utilisée pour la première fois dans
les sciences de la nutrition par l'universitaire américain
Wilbur Olin Atwater. Dans un article publié en 1887[117],
il la définit comme l'énergie nécessaire à l'organisme
pour soulever une tonne d'une hauteur de 1,43 pied.
Grâce à cette nouvelle façon de quantifier les apports
nutritionnels humains, les travaux d'Atwater inspireront
le développement des sciences du sport et de la diététique moderne. Intimement liée au concept de chaleur
(d'où elle tire son nom), la valeur calorifique d'un aliment traduit la quantité de chaleur potentiellement
dégagée par sa « combustion » ou son « oxydation »
par les processus métaboliques cellulaires. Tout apport

calorique non dépensé par l'organisme sera nécessairement transformé puis stocké, sous forme de tissu adi-
peux[512]. Au repos, le métabolisme de base d'un homme
adulte utilise près de 18 calories par seconde. Chaque
personne consomme en moyenne 2 851 calories par
jour (de 2 329 au Malawi à 3 374 en France et 3 449
aux États-Unis).

Enfin, les autres apports alimentaires indispensables
à l'homme sont six nutriments :

Les protéines, composées de carbone, d'hydrogène,
d'azote et d'oxygène ; leur principale fonction est de
construire et d'entretenir les cellules et tissus. Elles sont
un assemblage d'acides aminés (AA) qui permettent au
corps de fabriquer toutes les 30 000 différentes sortes
de protéines dont il a besoin. Ces AA comprennent un
groupe carboxyle (COOH) et un groupe amine (NH
ou NH_2). Ils interviennent dans de très nombreux
phénomènes nécessaires au bon fonctionnement de
l'organisme, comme le transport ou le stockage des
nutriments. Ils sont un élément constitutif d'un nombre
important de nos tissus et cellules. Cependant, le corps
humain ne sait fabriquer que 11 des 20 acides aminés nécessaires pour faire des protéines ; neuf autres
doivent venir de l'alimentation. Ils se trouvent tant
dans les végétaux que dans les animaux (toutes les
viandes contiennent ces 9 AA manquant à l'homme).
Les œufs, le fromage, le poulet, les sardines, les graines
oléagineuses, les pois chiches, les lentilles contiennent
beaucoup de protéines. Pour un homme de 75 kg, les
protéines représentent 11,5 kg. L'Agence nationale de
sécurité sanitaire de l'alimentation, de l'environnement

et du travail (Anses) conseille à un adulte en bonne santé de 75 kg de consommer chaque jour 62 grammes de protéines, animales ou végétales[192].

Les lipides, aussi nommés *corps gras*, composés d'une combinaison d'acides dits « gras » (tels les « oméga ») formés de carbone, d'hydrogène, d'oxygène et d'un alcool. Ils remplissent une grande variété de fonctions, notamment fournir de l'énergie, pour que le corps puisse conserver sa chaleur interne. Un individu de 75 kg a besoin de 9,2 kg de lipides ; plus augmente le risque de maladies cardio-vasculaires.

À la différence des acides gras naturels (fabriqués par l'estomac des ruminants et qu'on retrouve dans le lait, les produits laitiers et la viande)[393, 394], les acides gras industriels sont obtenus par transformation d'huiles végétales et utilisés comme agents conservateurs dans les produits agroalimentaires. On les trouve dans les viennoiseries, les céréales, les sandwichs, les pizzas. Une consommation excessive de ces acides gras industriels augmente le risque de maladies cardiovasculaires et de diabète de type 2.

Les minéraux contribuent à entretenir les liquides cellulaires et extracellulaires et le squelette humain. Parmi eux, le calcium et le phosphore sont dans les os ; le fer, le potassium et le sodium dans les cellules nerveuses. Les oligo-éléments (cuivre, fluor et zinc notamment) interviennent dans de très nombreuses réactions enzymatiques, notamment dans le système immunitaire et dans la formation des hormones[193].

Les vitamines, découvertes en 1912 par le biochimiste polonais Kazimierz Funk, jouent un rôle de catalyseur des réactions chimiques du corps. Leur absence peut créer des carences conduisant à des maladies. Ainsi,

le scorbut peut apparaître en cas de carence en vitamine C. On trouve certaines de ces vitamines dans les
fruits et les huiles. La viande contient de la vitamine
B12. Contenus dans le poisson, les noix, les graines
et les légumes verts à feuilles, le tryptophane (un des
9 acides aminés essentiels à l'homme) et la vitamine
B6 sont essentiels à la synthèse de la sérotonine (un
neurotransmetteur impliqué dans la régulation de certains comportements et de l'humeur à l'âge adulte)[194].
Le lait, le fromage, les œufs, le poisson sont riches en
tryptophanes. La vitamine A[195] permet la production
de l'acide rétinoïque impliqué dans la formation des
synapses dont dépend la plasticité cérébrale ; ainsi un
déficit en vitamine A pourrait favoriser une apparition
précoce de la maladie d'Alzheimer.

Les glucides, principalement sucres (glucose, fructose,
galactose) et amidons (glycogènes et fibres), sont formés de carbone, d'oxygène et d'hydrogène. Ils constituent, avec les lipides et les protéines, l'une des sources
d'énergie utilisables par l'organisme. Ils libèrent 4 calories à chaque gramme. Durant la digestion, ils se transforment en glucose, qui permet la production d'énergie
utilisée par les cellules et les muscles. Certaines cellules,
comme les neurones, sont particulièrement tributaires
du glucose pour fonctionner correctement. Le corps
s'attache à maintenir à jeun un taux de sucre dans le
sang (ou glycémie) entre 0,7 g/l et 1,2 g/l[512]. Une étude
du CNRS, réalisée en 2007 sur des rats de laboratoire,
suggère même que le pouvoir addictogène du sucre
serait aussi fort que celui de la cocaïne[94]. Après une
prise de sucre, le cerveau libère de la dopamine, un
neurotransmetteur qui agit sur l'humeur et nous fait

nous sentir plus heureux ; lorsque nous ressentons la solitude, il déclenche l'envie d'aliments sucrés.

Les enzymes assurent le fonctionnement naturel du corps humain en décomposant les aliments non directement assimilables dans l'organisme.

L'intestin

Les aliments descendent dans l'intestin grâce aux contractions de celui-ci au fur et à mesure de la digestion.

Le microbiote intestinal (aussi appelé flore intestinale) comprend entre 10^{12} et 10^{14} micro-organismes, pour un poids total d'environ 2 kg. Tout comme l'empreinte digitale, le microbiote intestinal est propre à chaque individu : il se forme en fonction de l'alimentation et de l'environnement.

L'équilibre du microbiote intestinal dépend de l'alimentation : elle doit être riche en fibres (légumineuses, céréales complètes, agrumes, fruits à coque) et en probiotiques (yaourt, fromages non pasteurisés).

La dégradation fonctionnelle et qualitative du microbiote (la dysbiose) entraîne des maladies auto-immunes et inflammatoires de l'intestin ; elle est aussi impliquée dans le diabète et l'obésité[400, 401].

Les enzymes contenues dans le suc intestinal sécrété par l'intestin synthétisent les différents éléments nutritifs présents dans les aliments avant qu'ils ne soient absorbés à travers les parois de l'intestin. Aussi, les protéines sont synthétisées dans l'intestin en acides aminés et les lipides en acides gras[400, 401].

En quoi l'alimentation influe-t-elle sur notre cerveau ?

Le cerveau, bien qu'il ne représente que 2 % de la masse corporelle, consomme environ 20 % de l'apport énergétique total de notre corps, une proportion qui s'élève lorsque le cerveau produit un effort intellectuel intense.

Les protéines sont impliquées dans la croissance et le développement cellulaire du cerveau. Les acides aminés sont impliqués dans la synthèse des neurotransmetteurs qui régulent l'humeur, le sommeil, l'attention et le poids. Les acides gras oméga-3 et 6 sont indispensables à la bonne santé du cerveau. Les glucides sont responsables de l'apport en énergie au cerveau.

La principale source énergétique du cerveau est le glucose. Une glycémie trop faible se traduit par des capacités cérébrales diminuées, des décisions inhabituelles et inconsidérées, des signes de frustration et des comportements agressifs.

L'alimentation influe donc sur le développement du cerveau à tout âge :

• Avant la naissance : les vitamines B9 et B12 jouent un rôle très important dans le développement prénatal du système nerveux de l'embryon du bébé.

• Pendant les deux premières années : le lait maternel contient (bien plus que le lait animal) des acides gras oméga-3, essentiels à la survie cellulaire et au cerveau. L'allaitement est donc particulièrement recommandé en cas de naissance prématurée afin de rattraper le retard dans le développement du cortex cérébral. Selon une étude menée par des chercheurs de l'Université d'Adélaïde (Australie)[196], l'alimentation au cours des deux premières années de la vie aurait un impact sur le QI : un nouveau-né nourri exclusivement par allaitement pendant quelques mois et qui consomme ensuite des fruits et légumes frais gagne 1 à 2 points de QI à l'âge de 8 ans. À l'inverse, une alimentation infantile trop riche en sucres et en gras (souvent liée à la consommation de plats préparés industriels) se traduit par une baisse du quotient intellectuel de 1 à 2 points à l'âge de 8 ans.

• À l'adolescence : une consommation excessive de graisses et de sucres dégrade les fonctionnalités de l'hippocampe, aire cérébrale impliquée à la fois dans la mémoire et dans la navigation spatiale. En revanche, l'adolescent peut consommer utilement des acides gras oméga-3.

• À l'âge adulte : un repas riche en protéines rend plus attentif. Une alimentation saine et équilibrée limite le risque de dépression. La prise excessive d'aliments sucrés entraîne une réaction identique sur le cerveau à celle qui se produit après la prise de certaines drogues comme la cocaïne. La solitude pousse à la consommation d'alcool, de drogues et d'aliments riches en graisses et en sucres.

Qu'est-ce qui influence notre appétit ?

La « faim » correspond au besoin physiologique de manger, tandis que l'« appétit » renvoie à une envie de manger quelque chose en particulier.

L'appétit peut être influencé par de très nombreux facteurs : la composition chimique des aliments, les sensations, l'arôme, la consistance, le bruit que l'aliment fait quand on le mâche, etc.

L'environnement joue un rôle dans la faim et l'appétit ; l'odeur, l'intensité lumineuse et la musique sont déterminantes dans la quantité de nourriture ingérée. Une étude menée par l'Université d'Oxford a montré que la nourriture peut avoir un goût plus ou moins amer en fonction du fond sonore[197]. Selon une autre étude de l'Université Cornell, une faible intensité lumineuse et une musique douce encouragent à manger des quantités plus petites ; alors que, lorsque l'assiette et l'aliment sont de la même couleur, les individus se servent de plus grosses portions[399].

Le climat influence aussi notre alimentation : lorsqu'il fait froid, nous mangeons des plats plus caloriques. Une étude de l'Université de Géorgie a démontré que, lorsque les températures diminuent, l'être humain consomme en moyenne 200 calories de plus quotidiennement[399].

Lorsqu'on mange en groupe, les convives ont tendance à commander des plats similaires[399].

Le souvenir associé à un plat peut donner envie de manger ce plat à nouveau. Ou rappeler des souvenirs précis associés à ce plat, comme dans le célèbre exemple de la madeleine dont parle Marcel Proust.

La nourriture peut enfin changer profondément la nature d'une personne : dans une ruche, si on nourrit une larve d'une certaine façon, on peut obtenir soit une reine, soit une ouvrière. Il en va de même des humains. Même si on ne sait pas encore grand chose de ces évolutions.

L'alimentation
dans les objectifs écologiques internationaux

En 1963, la FAO et l'OMS ont établi le *Codex alimentarius*[380], ensemble de règles liées aux produits agricoles, dont le but est de protéger la santé des consommateurs et de promouvoir des relations justes entre producteurs, intermédiaires et vendeurs des produits alimentaires.

En 2016, l'objectif numéro 2 du développement durable des Nations unies est ainsi défini : « Éliminer la faim, assurer la sécurité alimentaire en améliorer la nutrition et promouvoir l'agriculture durable[190]. »

Le 14 mai 2018, l'OMS lance une campagne pour l'élimination des acides gras trans (acides gras insaturés) d'origine industrielle.

1

Les dix plus grandes entreprises agroalimentaires

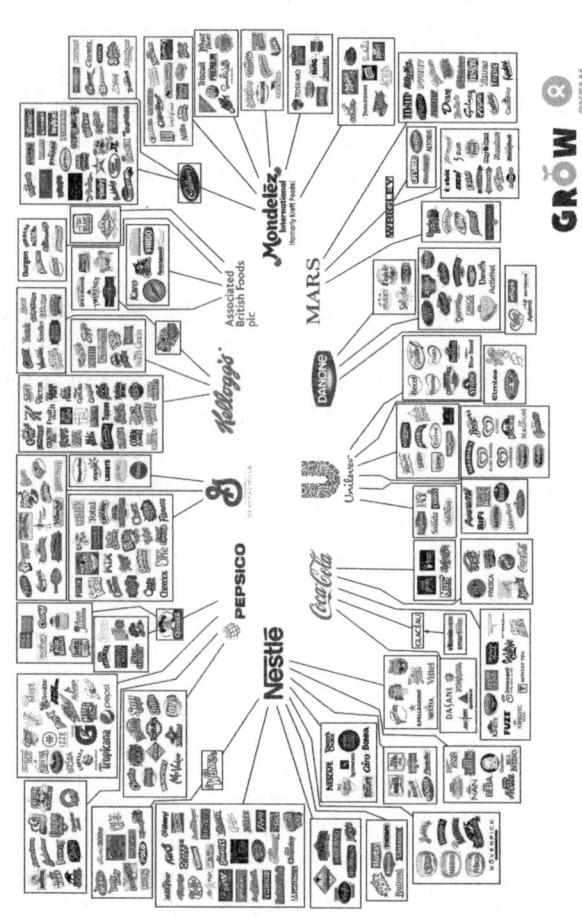

Source : « Behind the Brands », campagne menée par GROW et Oxfam

2

Population maximale de la planète, selon le style d'alimentation adopté par l'ensemble des humains

Style d'alimentation	Calories végétales	Calories animales	% calories animales	Population maximale
Système agricole dans lequel aucune production végétale n'est destinée à l'alimentation animale	2630	170	6 %	10,6 milliards
Système agricole dans lequel l'ensemble de production végétale est destinée à l'alimentation animale	0	2800	100 %	2,1
Situation actuelle	2300	500	22 %	7
Tous comme la France	1540	1260	82 %	4,1

Source : Hervé Le Bras

3

Origines des calories consommées en moyenne par chaque être humain

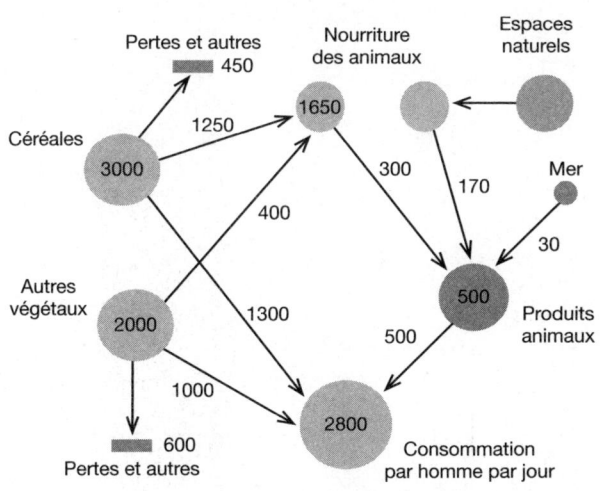

Source : Hervé Le Bras

Bibliographie

Ouvrages

1. Albert (Jean-Marc), *Aux tables du pouvoir. Des banquets grecs à l'Élysée*, Armand Colin, 2009.

2. Albert (Jean-Pierre), Midant-Reynes (Béatrix) (dir.), *Le Sacrifice humain en Égypte ancienne et ailleurs*, Soleb, 2005.

3. André (Jacques), *L'Alimentation et la Cuisine à Rome*, Belles-Lettres, 2009.

4. Ariès (Paul), *Une histoire politique de l'alimentation. Du paléolithique à nos jours*, Max Milo, 2016.

5. Aristote, *Histoire des animaux*, Flammarion, 2017.

6. Attali (Jacques), *La Nouvelle Économie française*, Flammarion, 1978.

7. Attali (Jacques), *L'Ordre cannibale. Vie et mort de la médecine*, Grasset, 1979.

8. Attali (Jacques), *Au propre et au figuré. Une histoire de la propriété*, Fayard, 1987.

9. Attali (Jacques), *Une brève histoire de l'avenir*, Fayard, 2006

10. Attali (Jacques), *Vivement après-demain !*, Fayard, 2016.

11. Attali (Jacques), *Histoires de la mer*, Fayard, 2017.

12. Bar (Luke), *Ritz and Escoffier: The Hotelier, The Chef, and the Rise of the Leisure Class*, Clarkson Potter, 2018.

13. Barman (Susan) *et al.*, *Physiologie médicale*, de Boeck, 2012

14. Baudez (Claude-François), *Une histoire de la religion des Mayas. Du panthéisme au panthéon*, Albin Michel, 2002.

15. Bertman (Stephen), *Handbook to Life in Ancient Mesopotamia*, Oxford University Press, 2005

16. Boutot (Alain), *La Pensée allemande moderne*, PUF, 1995.

17. Boyer (Louis), *Feu et flamme*, Belin, 2006.

17'. Capatti (Alberto), Montanari (Massimo), *La cuisine italienne : histoire d'une culture*, Seuil, 2012.

18. Carling (Martha), *Food and Eating in Medieval Europe*, Bloomsbury Academic, 2005.

19. Courtois (Stéphane), *Communisme et totalitarisme*, Perrin, 2009.

20. Davies (Nigel), *Human Sacrifice in History and Today*, Hippocrene Books, 1988.

21. De Soto (Hernando), *Le Mystère du capital. Pourquoi le capitalisme triomphe en Occident et échoue partout ailleurs ?*, Flammarion, 2005.

22. Dechambre (Amédée) *et al.*, *Dictionnaire encyclopédique des sciences médicales*, G. Masson et P. Asselin, 1876.

23. Despommier (Dickson), *The Vertical Farm: Feeding the World in the 21st Century*, Picador, 2010.

24. Dikotter (Frank), *Mao's Great Famine: The History of China's Most Devastating Catastrophe, 1958-62*, A&C Black, 2010.

25. Elias (Norbert), *La Civilisation des mœurs*, Pocket, 2003.

26. Evans (Oliver), *The Abortion of the Young Steam Engineer's Guide*, Fry and Kammerer, 1805.

27. Ferrières (Madeleine), *Histoire des peurs alimentaires. Du Moyen Âge à l'aube du XXe siècle*, Points, 2015.

28. Flandrin (Jean-Louis), Montanari (Massimo) (dir.), *Histoire de l'alimentation*, Fayard, 2016.

29. Freuler (Léo), *La Crise de la philosophie politique au XIXe siècle*, Librairie philosophique J. Vrin, 1997.

30. Gantz (Carroll), *Refrigeration: A History*, McFarland & Company, 2015.

31. Gardiner (Alan), *Egyptian Grammar: Being an Introduction to the Study of Hieroglyphs*, Oxford University Press, 1950.

32. Gernet (Jacques), *A History of Chinese Civilization*, Cambridge University Press, 1996.

33. Gernet (Jacques), *Daily Life in China on the Eve of the Mongol Invasion*, Stanford University Press, 1962.

34. Gimpel (Jean), *La Révolution industrielle du Moyen Âge*, Seuil, 2002.

35. Glants (Musya), Toomre (Joyce), *Food in Russian History and Culture*, Indiana University Press, 1997.

36. Guillaume (Jean), *Ils ont domestiqué plantes et animaux. Prélude à la civilisation*, Éditions Quae, 2010.

37. Hair (Victor), Hoh (Erling), *The True Story of Tea*, Thames & Hudson, 2009.

38. Hall (John Whitney), McClain (James), *The Cambridge History of Japan*, Cambridge University Press, 1991.

39. Harari (Yuval Noah), *Sapiens. Une brève histoire de l'humanité*, Albin Michel, 2015.

40. Hatchett (Louis), *Duncan Hines: How a Traveling Salesman Became the Most Trusted Name in Food*, University Press of Kentucky, 2001.

41. Hosotte (Paul), *L'Empire aztèque. Impérialisme militaire et terrorisme d'État*, Economica, 2001.

42. Hurbon (Laënnec), *L'Insurrection des esclaves de Saint-Domingue (22-23 août 1791)*, Karthala, 2013.

43. James (Kenneth), *Escoffier: The King of Chefs*, Hambledon and London, 2002.

44. Jolyclerc (Nicolas), *Phytologie universelle, ou histoire naturelle et méthodique des plantes, de leurs propriétés, de leurs vertus et de leur culture*, vol. 1, Gueffier Jeune, 1799.

45. Klinenberg (Eric), *Palaces for the People: How to Build a More Equal and United Society*, Crown, 2018.

46. Kroc (Ray), *Grinding it Out: The Making of McDonald's*, St Martin's Paperbacks, 1992.

47. Le Bras (Hervé), *Les Limites de la planète*, Flammarion, 1994.

48. Levenstein (Harvey), *Paradox of Plenty: A Social History of Eating in Modern America*, University of California Press, 2003.

49. Lukaschek (Karoline), *The History of Cannibalism*, Thèse, Université de Cambridge, 2001, p.16.

50. Macioca (Giovanni), *Les Principes fondamentaux de la médecine chinoise*, Elsevier Masson, 2018.

51. Mancuso (Stefano), *The Revolutionary Genius of Plants: A New Understanding of Plant Intelligence and Behaviour*, Atria Books, 2017.

52. Mancuso (Stefano), Viola (Alessandra), Temperini (Renaud), *L'Intelligence des plantes*, Albin Michel, 2018.

53. National Research Council, *Lost Crops of the Incas: Little-Known Plants of the Andes with Promise of World Wide Cultivation*, National Academy Press, 1989.

54. Ozersky (Josh), *Colonel Sanders and the American Dream*, University of Texas Press, 2012.

55. Passelecq (André) (dir.), *Anorexie et boulimie. Une clinique de l'extrême*, De Boeck, 2006.

56. Pendergrast (Mark), *For God, Country and Coca-Cola: The Definitive Story of the Great American Drink and the Company That Makes It*, Basic Books, 2013.

57. Piouffre (Gérard), *Les Grandes Inventions*, First-Gründ, 2013.

58. Platon, *Le Banquet*, traduction inédite, introduction et notes par Luc Brisson, Flammarion, 2007.

59. Quenet (Philippe), *Les Échanges du nord de la Mésopotamie avec ses voisins proche-orientaux au IIIᵉ millénaire (ca 3100-2300 av. J.-C.)*, Brepols, coll. « Subartu, XXII », 2008.

60. Rastogi (Sanjeev), *Ayurvedic Science of Food and Nutrition*, Springer Science & Business Media, 2014.

61. Römer (Paul), *Les 100 mots de la Bible*, PUF, coll. « Que sais-je ? », 2016.

62. Roth (Robert), *Histoire de l'archerie. Arc et arbalète*, Les Éditions de Paris, 2004.

63. Saldmann (Frédéric), *Vital !*, Albin Michel, 2019.

64. Scholz (Natalie), Schröer (Christina) (dir.), *Représentation et pouvoir. La politique symbolique en France (1789-1830)*, Presses universitaires de Rennes, 2007.

65. Segondy, *La Bible*, Société biblique de Genève, 2007.

66. Sen (Colleen), *Food Culture in India*, Greenwood Publishing Group, 2004.

67. Skrabec (Quentin), *The 100 Most Significant Events in American Business: An Encyclopedia*, ABC-CLIO, 2012.

68. Smith (Andrew), *Savoring Gotham: A Food Lover's Companion to New York City*, Oxford University Press, 2015.

69. Snodgrass (Mary), *Encyclopedia of Kitchen History*, Fitzroy Dearborn, 2004.

70. Stambaugh (John), *The Ancient Roman City*, John Hopkins University Press, 1988.

71. Stoddard (T.), *The French Revolution in San Domingo*, Houghton Mifflin Company, 1914.

72. Thibault (Catherine), *Orthophonie et oralité. La sphère pro-faciale de l'enfant*, Elsevier-Masson, 2007.

73. Toussaint-Samat (Maguelonne), *Histoire naturelle et morale de la nourriture*, Le Pérégrinateur, 2013.

74. Walton (John), *Fish and Chips, and the British Working Class, 1870-1940*, Leicester University Press, 1992.

75. Wilson (Brian C.), *Dr. John Harvey Kellogg and the Religion of Biologic Living*, Indiana University Press, 2014.

76. Yang (Jisheng), *Stèles. La Grande Famine en Chine (1958-1961)*, Le Seuil, 2008.

77. Yogi (Svatmarama), *Hatha-Yoga-Pradîpika*, Fayard, 1974.

Articles

78. Cattelain (Pierre), « Apparition et évolution de l'arc et des pointes de flèche dans la Préhistoire européenne (Paléo-, Méso-, Néolithique) », *in* P. Bellintani et F. Cavulli (dir.), *Catene operative dell'arco preistorico. Incontro di Archeologia Sperimentale*, Giunta della Provincia Autonoma di Trento, 2006.

79. Badel (Christophe), « Alimentation et société dans la Rome classique. Bilan historiographique (IIe siècle av. J.-C.-IIe siècle apr. J.-C.) », *Dialogues d'histoire ancienne*, Supplément n° 7, 2012, p. 133-157.

80. Carré (Guillaume), « Une crise de subsistance dans une ville seigneuriale japonaise au XIXe siècle », *Bulletin de l'École française d'Extrême-Orient*, tome 84, 1997, p. 249-283.

81. Cécile (Michel), « L'alimentation au Proche-Orient ancien. Les sources et leur exploitation », *Dialogues d'histoire ancienne*, Supplément n° 7, 2012, p. 17-45.

82. Fumey (Gilles), « Penser la géographie de l'alimentation (*Thinking food geography*) », *Bulletin de l'Association de géographes français*, 84e année, t. 1, 2007, p. 35-44.

83. Georgoudi (Stella), « Le sacrifice humain dans tous ses états », *Kernos*, n° 28, 2015, p. 255-273.

84. Graulich (Michel), « Les victimes du sacrifice humain aztèque », *Civilisations*, n° 50, 2002, p. 91-114.

85. Marín (Manuela), « Cuisine d'Orient, cuisine d'Occident », *Médiévales*, n° 33, *Cultures et nourritures de l'occident musulman*, 1997, p. 9-21.

86. Métailié (Georges), « Cuisine et santé dans la tradition chinoise », *Communications*, n° 31, 1979, p. 119-129.

87. Nicoud (Marilyn), « L'alimentation, un risque pour la santé ? Discours médical et pratiques alimentaires au Moyen Âge », *Médiévales*, vol. 69, n° 2, 2015, p. 149-170.

88. Plouvier (Liliane), « L'alimentation carnée au Haut Moyen Âge d'après le *De observatione ciborum* d'Anthime et les *Excerpta* de Vinidarius », *Revue belge de philologie et d'histoire*, tome 80, fasc. 4, 2002, p. 1357-1369.

89. Vitaux (Jean), « Chapitre III – La table et la politique », *in* J. Vitaux (dir.), *Les Petits Plats de l'histoire*, PUF, 2012, p. 79-112.

90. Bahuchet (Serge), « Chasse et pêche au paléolithique supérieur », *Sciences et nature*, n° 104, 1971, p. 21-30.

91. Kupzow (A.-J), « Histoire du maïs », *Journal d'agriculture traditionnelle et de botanique appliquée*, vol. 14, n° 12, décembre 1967, p. 526-561.

92. Néfédova (Tatiana), Eckert (Denis), « L'agriculture russe après 10 ans de réformes : transformations et diversité », *L'Espace géographique*, t. 32, avril 2003, p. 289-300.

93. Sanchez-Bayo (Francisco), « Worldwide Decline of the Entomofauna: A Review of its Drivers », *Biological Conservation*, n° 232, 2019, p. 8-27

94. Ahmed (Serge), « Tous dépendants au sucre », *Les Dossiers de la recherche*, n° 6, 2013, p. 34-37.

95. Rippe (James), Angelopoulos (Theodore), « Sucrose, High-Fructose Corn Syrup, and Fructose, Their Metabolism and Potential Health Effects: What Do We Really Know? », *Advances in Nutrition*, vol. 4, n° 2, 2013, p. 236-245.

96. Tours (Bernie de), « Ketchup », *Défense de la langue française*, n° 187, 1998, p. 8-9.

97. Brançon (Denis), Viel (Claude), « Le sucre de betterave et l'essor de son industrie », *Revue d'histoire de la pharmacie*, n° 322, 1999, p. 235-246.

98. Meyer (Rachel) *et al.*, « Phylogeographic Relationships Among Asian Eggplants and New Perspectives on Eggplant Domestication », *Molecular Phylogenetics and Evolution*, vol. 63, n° 3, 2012, p. 685-701.

99. Régis (Roger), « Les banquets fraternels », *Hommes et mondes*, vol. 12, n° 46, 1950, p. 66-72.

100. Jéquier (E.), Constant (F.), « Water as an Essential Nutrient: The Physiological Basis of Hydratation », *European Journal of Clinical Nutrition*, n° 64, 2010, p. 115-123.

101. Aiello (Leslie), Wheeler (Peter), « The Expensive-Tissue Hypothesis, The Brain and the Digestive System in Human and Private Evolution », *Current Anthropology*, vol. 36, n° 2, 1995.

102. Moulet (Benjamin), « À table ! Autour de quelques repas du quotidien dans le monde byzantin », *Revue belge de philologie et d'histoire*, vol. 90, n° 4, 2012, p. 1091-1106.

103. Helfand (William), « Mariani et le vin de Coca », *Revue d'histoire de la pharmacie*, n° 247, 1980, p. 227-234.

104. Bonnain-Moerdijk (Rolande), « L'alimentation paysanne en France entre 1850 et 1936 », *Études rurales*, n° 58, 1975, p. 29-49.

105. Roth (Dennis), « America's Fascination With Nutrition », *Food Review*, vol. 3, n° 1, 2000.

106. Despommier (Dickson), « The Rise of Vertical Farms », *Scientific American*, n° 301, 2009.

107. Leclant (Jean), « Le café et les cafés à Paris (1644-1693) », *Annales*, n° 6, 1951, p. 1-14.

108. GBD 2015 Disease and Injury Incidence and Prevalence Collaborators, « Global, Regional, and National Incidence, Prevalence, and Years Lived With Disability For 310 Diseases and Injuries, 1990-2015: A Systematic Analysis For the Global Burden of Disease Study 2015 », *Lancet*, vol. 388, 2016, p. 1545-1602.

109. Hoek (Hans), « Review of the Worldwide Epidemiology of Eating Disorders », *Current Opinion in Psychiatry*, 2016.

110. Smink (Frédérique) *et al.*, « Epidemiology of Eating Disorders: Incidence, Prevalence and Mortality Rates », *Current Psychiatry Reports*, vol. 14, 2012, p. 406-414.

111. Wendel (Monica) *et al.*, « Stand-Biased Versus Seated Classrooms and Childhood Obesity: A Randomized Experiment in Texas », *American Journal of Public Health*, vol. 106, 2016, p. 1849-1854.

112. Dornhecker (Marianela) *et al.*, « The Effect of Stand-Biased Desks on Academic Engagement: An Exploratory Study », *International Journal of Health Promotion and Education*, vol. 53, n° 5, 2015, p. 271-280.

113. Mehta (R.) *et al.*, « Standing up for Learning: A Pilot Investigation on the Neurocognitive Benefits of Stand-Biased School Desks », *International Journal of Environmental Research and Public Health*, vol. 13, 2016.

114. Ganzle (Michael), « Sourdough Bread », *in* Carl A. Batt (dir.), *Encyclopedia of Food Microbiology*, Academic Press, 2014.

115. Grijzenhout (Frans), « La fête révolutionnaire aux Pays-Bas (1780-1806). De l'utopie à l'indifférence », *Annales historiques de la Révolution française*, n° 326, 2001, p. 107-116.

116. Mac Con Iomaire (Máirtín), Óg Gallagher (Pádraic), « Irish Corned Beef: A Culinary History », *Journal of Culinary Science and History*, vol. 9, 2011, p. 27-43.

117. Hargrove (James), « History of the Calorie in Nutrition », *The Journal of Nutrition*, vol. 136, n° 12, 2006, p. 2957-2961.

118. Currie (Janet) *et al.*, « The Effect of Fast Food Restaurants on Obesity and Weight Gain », *The National Bureau of Economic Research Working Paper*, n° 14721, 2009.

119. Evans (C. E. L.), Harper (C. E.), « A History of School Meals in the UK », *Journal of Human Nutrition and Dietetics*, vol. 22, 2009, p. 89-99.

120. Lee (Hyejin), « Teff, a Rising Global Crop: Current Status of Teff Production and Value Chain », *The Open Agriculture Journal*, vol. 12, 2018, p. 185-193.

121. « Breastfeeding: Achieving the New Normal », *The Lancet*, vol. 387, p. 404.

122. Courtois (Brigitte), « Une brève histoire du riz et de son amélioration génétique », Cirad, 2007, 13 p.

123. Hauzeur (A.), Jadin (I.), Jungels (C.), « La fin du Rubané (Lbk). Comment meurent les cultures ? », *Collections du patrimoine culturel*, 2011, p. 183-188.

124. Ofer Bar (Yosef), « Le cadre archéologique de la révolution du paléolithique supérieur », *Diogène*, vol. 204, 2006, p. 3-23.

125. Gellert (Johannes F.), « Études récentes de morphologie glaciaire dans la plaine de l'Allemagne du Nord entre Elbe et Oder », *Annales de géographie*, t. 72, n° 392, 1963, p. 410-425.

126. Stansell (Nathan D.), Abbott (Mark B.), Polissar (Pratigya J.), Wolfe (Alexander P.), Bezada (Maximiliano M.), Rull (Valenti), « Late Quaternary Deglacial History of the Mérida Andes, Venezuela », *J. Quaternary Sci.*, vol. 20, 2005, p. 801-812.

127. Burkart (J.), Guerreiro Martins (E.), Miss (F.), Zürcher (Y.), « From Sharing Food to Sharing Information: Cooperative Breeding and Language Evolution », *Interaction Studies: Social Behaviour and Communication in Biological and Artificial Systems*, vol. 19 (1/2), 2018, p. 136-150.

128. Barkan (Ilyse D.), « Industry Invites Regulation: The Passage of the Pure Food and Drug Act of 1906 », *American Journal of Public Health*, vol. 75, n° 1, 1985, p. 18-26.

129. Peaucelle (Jean-Louis), « Du dépeçage à l'assemblage. L'invention du travail à la chaîne à Chicago et à Detroit », *Gérer et comprendre*, vol. 73, 2003, p. 75-88.

130. Poullennec (Gwendal), « Le guide Michelin : une référence mondiale de la gastronomie locale », *Journal de l'école de Paris du management*, vol. 89, n° 3, 2011, p. 37-42.

131. Aussudre (Matthieu), « La Nouvelle Cuisine française. Rupture et avènement d'une nouvelle ère culinaire », mémoire dirigé par Marc de Ferrière Le Vayer, Tours, IEHCA, 2014-2015.

132. Vieux (Florent) *et al.*, « Nutritional Quality of School Meals in France : Impact of Guidelines and the Role of Protein Dishes », *Nutrients*, vol. 10, n° 205, 2018.

133. Essemyr (Mats), « Pratiques alimentaires : le temps et sa distribution. Une perspective d'histoire économique », *in* Maurice Aymard *et al.*, *Le Temps de manger. Alimentation, emploi du temps et rythmes sociaux*, Éditions de la Maison des sciences de l'homme, 1993, p. 139-148.

134. Cordell (Dana), « The Story of Phosphorus: Sustainability Implications of Global Phosphorus Scarcity for Food Security », Thèse, Linköping University Electronic Press, 2010.

135. Janin (Pierre), « Les "émeutes de la faim". Une lecture (géo-politique) du changement (social) », *Politique étrangère*, volume de l'été, n° 2, 2009, p. 251-263.

136. Boisset (Michel), « Les "métaux lourds" dans l'alimentation : quels risques pour les consommateurs ? », *Médecine des maladies métaboliques*, vol. 11, n° 4, juin 2017, p. 337-340.

137. Paddeu (Flaminia), « L'agriculture urbaine à Détroit : un enjeu de production alimentaire en temps de crise ? », *Pour*, vol. 224, n° 4, 2014, p. 89-99.

138. Schirmann (Sylvain), « Les Europes en crises », *in* Sylvain Schirmann, *Crise, coopération économique et financière entre États européens, 1929-1933*, Comité pour l'histoire économique et financière de la France, 2000.

139. Thurner (Paul) *et al.*, « Agricultural Structure and the Rise of the Nazi Party Reconsidered », *Political Geography*, vol. 44, 2015, p. 50-63.

140. Fernández (Eva), « Why Was Protection to Agriculture so High During the Interwar Years? The Costs of Grain Policies in Four European Countries », 2009.

141. Finnsdóttir (Fífa), « Man Must Conquer Earth: Three Stages of CCP Policies Resulting in Environmental Degradation in China and Characteristics of Contemporary Environmental Politics », 2009.

142. Martin (Marie Alexandrine), « La politique alimentaire des Khmers rouges », *Études rurales*, n°s 99-100, 1985, p. 347-365.

143. Duchemin (Jacqueline), « Le mythe de Prométhée à travers les âges », *Bulletin de l'Association Guillaume-Budé*, n° 3, octobre 1952, p. 39-72.

144. Cruveillé (Solange), « La consommation de chair humaine en Chine », *Impressions d'Extrême-Orient*, n° 5, 2015.

145. DeWall (C. Nathan), Deckman (Thimothy), Gailliot (Mathew T.), Bushman (Brad J.), « Sweetened Blood Cools Hot Tempers: Physiological Self-Control and Aggression », *Aggress Behav*, vol. 37, n° 1, janvier-février 2011, p. 73-80.

146. Hallmann (Caspar A.), Sorg (Martin), Jongejans (Eelke), Siepel (Henk), Hofland (Nick), Schwan (Heinz), Stenmans (Werner), Müller (Andreas), Sumser (Hubert), Hörren (Thomas), Goulson (Dave), Kroon (Hans de), « More Than 75 Percent Decline Over 27 Years in Total Flying Insect Biomass in Protected Areas », *PLoS ONE*, vol. 12, n° 10, octobre 2017, p. 1-21.

147. Montanari (Massimo), « Valeurs, symboles, messages alimentaires durant le Haut Moyen Âge », *Médiévales*, n° 5, 1983, p. 57-66.

148. Graulich (Michel), « Les mises à mort doubles dans les rites sacrificiels des anciens Mexicains », *Journal de la Société des américanistes*, t. 68, 1982, p. 49-58.

149. Daubigny (Alain), « Reconnaissance des formes de la dépendance gauloise », *Dialogues d'histoire ancienne*, vol. 5, 1979, p. 145-189

150. Abad (Reynal), « Aux origines du suicide de Vatel : les difficultés de l'approvisionnement en marée au temps de Louis XIV » *Dix-septième siècle*, vol. 4, n° 217, 2002, p. 631-641.

151. Duruy (Victor), « Circulaire sur la fourniture d'aliments chauds aux enfants des salles d'asile », *Bulletin administratif de l'Instruction publique*, t. 11, n° 212, 1869, p. 711-712.

152. Fiolet (Thibault) *et al.*, « Consumption of uUltra-Processed Food and Cancer Risk », *British Medical Journal*, février 2018.

153. Van Cauteren (D.) *et al.*, « Estimation de la morbidité et de la mortalité aux infections d'origine alimentaire en France métropolitaine, 2008-2013 », *Santé publique et épidémiologie*, Université Paris-Saclay, 2016.

154. Sidani (Jaime E) *et al.* « The Association Between Social Media Use and Eating Concerns Among US Young Adults », *Journal of the Academy of Nutrition and Dietetics*, vol. 116, n° 9 2016, p. 1465-1472.

155. Saeidifard (F.), Medina-Inojosa (J. R.), Supervia (M.), Olson (T. P.), Somers (V. K.), Erwin (P. J.), Lopez-Jimenez (F.), « Differences of Energy Expenditure While Sitting Versus Standing: A Systematic Review and Meta-Analysis », *European Journal of Preventive Cardiology*, vol. 25, n° 5, 2018, p. 522-538.

Rapports

156. Commission européenne, « Global Food Security 2030 – Assessing trends with a view to guiding future EU policies », 2015.

157. FAO, « L'état de la sécurité alimentaire et de la nutrition dans le monde, 2018. Renforcer la résilience face aux changements climatiques pour la sécurité alimentaire et la nutrition », Rome, 2018.

158. FAO, « Perspectives de l'alimentation. Les marchés en bref », 2017.

159. Insee, « Des ménages toujours plus nombreux, toujours plus petits », 2017.

160. Insee, « Cinquante ans de consommation alimentaire : une croissance modérée, mais de profonds changements », 2015.

161. Commission EAT – Lancet, « Alimentation Planète Santé – Une alimentation saine issue de production durable », 2019.

162. Centre d'études et de prospective, « Nanotechnologies et nano-matériaux en alimentation : atouts, risques, perspectives », 2018.

163. Centre d'études et de prospective, MOND'Alim 2030, « Les conduites alimentaires comme reflets de la mondialisation : tendances d'ici 2030 », 2017.

164. WHO, « Water Requirements, Impinging Factors and Recommended Intakes », 2004.

165. European Federation of Bottled Waters, « Guidelines for Adequate Water Intake: A Public Health Rationale », 2013.

166. Bühler Insect Technology Solutions, « Insects to Feed the World », 2018.

167. Market Research Report, « Halal Food and Beverage Market Size Report by Product (Meat & Alternatives, Milk & Milk Products, Fruits & Vegetables, Grain Products), by Region, and Segment Forecasts, 2018-2025 », 2018.

168. Persistence Market Research, « Global Market Study on Kosher Food: Pareve Segment by Raw Material Type to Account for Maximum Value Share During 2017-2025 », 2017.

169. EFSA, « Risk Profile Related to Production and Consumption of Insects as Food and Feed », 2015.

170. PR Newswire, « Food and Beverages Global Market Report 2018 », 2018.

171. Anses, « Avis de l'Agence nationale de sécurité sanitaire de l'ali-mentation, de l'environnement et du travail relatif à "la valorisation des insectes dans l'alimentation et l'état des lieux des connaissances scientifiques sur les risques sanitaires en lien avec la consommation des insectes" », 2015.

172. FAO, « Insectes comestibles : Perspectives pour la sécurité ali-mentaire et l'alimentation animale », 2014.

173. OMS, « Recommandations mondiales sur l'activité physique pour la santé », 2010.

174. International Service for the Acquisition of Agri-biotech Applications, « Situation mondiale des plantes GM Commercialisées : 2016 », 2016

175. FAO, « Situation mondiale des pêches et de l'aquaculture », 2004.

176. FAO, « International Year of the Potato 2008: New Light on a Hidden Treasure, End-of-year Review », 2008.

177. UFC-Que Choisir, « Étude sur l'équilibre nutritionnel dans les restaurants scolaires de 606 communes et établissements scolaires de France », 2013.

178. Lloyd's, « Realistic Disaster Scenarios. Scenario Specification », 2015.

179. Agreste Primeur, « Enquête sur la structure des exploitations agricoles », 2018.

180. War on Want, « The Baby Killer », 1974.

181. Grand View Research, « Functional Foods Market Analysis by Product (Carotenoids, Dietary Fibers, Fatty Acids, Minerals, Prebiotics & Probiotics, Vitamins), by Application, by End-Use (Sports Nutrition, Weight Management, Immunity, Digestive Health) and Segment Forecasts, 2018 to 2024 », novembre 2016.

182. FAO, « Tackling Climate Change Through Livestock, a Global Assessment of Emissions and Mitigation Opportunities », 2013.

183. FAO, « Livestock's Long Shadow Environmental Issues and Options », 2006.

184. FAO, « Renforcer la cohérence entre l'agriculture et la protection sociale pour lutter contre la pauvreté et la famille en Afrique », 2016.

185. World Wild Fund, « Rapport Planète vivante 2018 : Soyons ambitieux », 2018.

186. Muller (Adrian), Schader (Christian), El-Hage Scialabba (Nadia), Brüggemann (Judith), Isensee (Anne), Erb (Karl-Heinz), Smith (Pete), Klocke (Peter), Leiber (Florian), Stolze (Matthias), Niggli (Urs), « Strategies for Feeding the World More Sustainably with Organic Agriculture », 2017.

187. Global Nutrition Report, « Nourishing the SDGs », 2017.

Sites Internet

188. « Le 1er repas 100 % note à note en France par Julien Binz » : https://restaurantjulienbinz.com/1er-repas-100-note-a-note-france-julien-binz/

189. « Instagram : quand le réseau social s'invite dans nos assiettes » : https://marketingdigitalsdp3.wordpress.com/2017/09/24/instagram-quand-le-reseau-social-sinvite-dans-nos-assiettes/

190. « 17 objectifs pour transformer notre monde » : https://www.un.org/sustainabledevelopment/fr/

191. « L'OMS préconise l'application de mesures au niveau mondial pour réduire la consommation de boissons sucrées » : https://www.who.int/fr/news-room/detail/11-10-2016-who-urges-global-action-to-curtail-consumption-and-health-impacts-of-sugary-drinks

192. « Anses : les protéines » : https://www.anses.fr/fr/content/les-protéines

193. « Anses : les minéraux » : https://www.anses.fr/fr/content/les-minéraux

194. « Doper ses hormones du bonheur : la sérotonine » : https://lecanapecestlavie.fr/aliments-booster-niveau-de-serotonine/

195. « De la vitamine A pour protéger le cerveau âgé » : http://www.inra.fr/Grand-public/Alimentation-et-sante/Tous-les-dossiers/Cerveau-et-nutrition/Vitamine-A-pour-proteger-le-cerveau-age/(key)/4

196. « Children's healthy diets lead to healthier IQ » : https://www.adelaide.edu.au/news/print55161.html

197. « How sound affects our sense of taste »: https://www.troldtekt.com/News/Themes/Restaurants/Sound_and_taste

198. « La révolution néolithique » : https://www.scienceshumaines.com/la-revolution-neolithique_fr_27231.html

199. « Demain, des insectes et des microalgues dans nos assiettes ? » : https://www.sciencesetavenir.fr/nutrition/demain-des-insectes-et-des-microalgues-dans-nos-assiettes_116483

200. « Un robot-cuisinier étoilé » : https://www.ladn.eu/nouveaux-usages/maison-2050/robotique-robot-cuisinie-reproduit-100-recettes-etoilees/

201. « La grande famine en Irlande au XIXᵉ siècle, une catastrophe meurtrière » : https://ici. radio-canada. ca/premiere/emissions/aujourd-hui-l-histoire/segments/entrevue/55133/grande-famine-irlande-19e-siecle-grande-bretagne-laurent-colantonio

202. « Great Famine: FAMINE, IRELAND [1845–1849] » : https://www.britannica.com/event/Great-Famine-Irish-history

203. « The Irish Famine » : http://www.bbc.co.uk/history/british/victorians/famine_01.shtml

204. « Le monde à l'apogée égyptien. Égypte : la fin du nouvel empire » : https://www.herodote.net/Le_monde_a_l_apogee_egyptien-synthese-2019.php

205. « L'Égypte : Une civilisation multimillénaire » : https://www.clio.fr/CHRONOLOGIE/chronologie_legypte.asp

206. « Alimentation dans la Préhistoire » : https://www.hominides.com/html/dossiers/alimentation-prehistoire-nutrition-prehistorique.php

207. « Nos ancêtres étaient-ils cannibales ou végétariens ? » : https://www.sciencesetavenir.fr/archeo-paleo/les-dents-des-hommes-prehistoriques-revelent-l-alimentation-carnivore-ou-vegetarienne-de-nos-ancetres_119384

208. « Orthorexie : la peur au ventre » : https://www.sciencepresse.qc.ca/blogue/2015/03/07/orthorexie-peur-ventre

209. « Orthorexie : quand l'envie de manger sainement devient une maladie » : https://www.nouvelobs.com/rue89/sur-le-radar/20170517.OBS9533/orthorexie-quand-l-envie-de-manger-sainement-devient-une-maladie.html

210. « Le propulseur à la préhistoire » : https://www.hominides.com/html/dossiers/propulseur.php

211. « Les premières armes à la Préhistoire » : https://www.hominides.com/html/references/les-premieres-armes-de-l-homme-0782.php/

212. « Homo ergaster » : https://www.hominides.com/html/ancetres/ancetres-homo-ergaster.php

213. « Actualité du poivre dans le monde et en Côte d'Ivoire » : http://ekladata.com/ZGXOTq1FHF0Clp-j04K13CKvqRQ/Poivre2.pdf

214. « Une histoire riche et mouvementée » : http://www.cnipt-pommesdeterre.com/histoire/

215. « Histoire(s) de haricots » : https://www.graines-baumaux.fr/media/wysiwyg/HISTOIRE-DHARICOTS.pdf

216. « Le haricot au fil de l'histoire » : https://www.semencemag.fr/histoire-aricot-diversite.html/

217. « L'homme n'a pas créé le maïs tout seul » : http://archeo.blog.lemonde.fr/2014/02/13/lhomme-na-pas-cree-le-mais-tout-seul/

218. « Le maïs : son origine et ses caractéristiques » : https://www.gnis-pedagogie.org/mais-origine-et-caracteristiques.html

219. « L'histoire du maïs » : https://www.semencemag.fr/histoire-mais.html

220. « Quand le chocolat a-t-il été découvert ? » : https://www.castelanne.com/blog/decouverte-chocolat/

221. « Taco Bell: About us » : https://www.tacobell.com/about-us

222. « The story of how McDonald's first got its start » : https://www.smithsonianmag.com/history/story-how-mcdonalds-first-got-its-start-180960931/

223. « The McDonald's Story » : https://corporate. mcdonalds.com/corpmcd/about-us/history.html

224. « Obesity and overweight » : http://www.who.int/news-room/fact-sheets/detail/obesity-and-overweight

225. « L'augmentation de la consommation de fructose responsable du syndrome métabolique ? », https://medicalforum. ch/fr/article/doi/fms.2006.05793/

226. « Le fructose, un additif problématique ? », https://lejournal.cnrs.fr/billets/le-fructose-un-additif-problematique

227. « How the sugar industry shifted blame to fat » : https://www.nytimes.com/2016/09/13/well/eat/how-the-sugar-industry-shifted-blame-to-fat.html

228. « Sielaff: History » : http://www.sielaff.com/en/company/about-us/history/

229. « Restaurer » : http://www.cnrtl.fr/etymologie/restaurerrestaurer

230. « Stauro, as, are » : http://www.dicolatin.com/XY/LAK/0/STAURER/index.html

231. « Grand Marnier : les Marnier Lapostolle, à l'origine d'un succès planétaire » : https://www.capital.fr/entreprises-marches/grand-marnier-les-marnier-lapostolle-a-l-origine-d-un-succes-planetaire-1109386

232. « Cooking with Lightning: Helen Louise Johnson's Electric Oven Revolution » : http://www.thefeastpodcast.org/26cooking-with-wires/

233. « A brief history of the microwave oven » : https://spectrum.ieee.org/tech-history/space-age/a-brief-history-of-the-microwave-oven

234. « The microwave oven was invented by accident » : http://www.todayifoundout.com/index.php/2011/08/the-microwave-oven-was-invented-by-accident-by-a-man-who-was-orphaned-and-never-finished-grammar-school/

235. « L'invention de la pasteurisation » : https://www.histoire-pour-tous.fr/inventions/2620-la-pasteurisation.html

236. « Kraft Heinz: A global powerhouse » : http://www.kraftheinzcompany.com/company.html

237. « How was ketchup invented? » : https://www.nationalgeographic.com/people-and-culture/food/the-plate/2014/04/21/how-was-ketchup-invented/

238. « The Secret Ingredient in Kellogg's Corn Flakes Is Seventh-Day Adventism » : https://www.smithsonianmag.com/history/secret-ingredient-kelloggs-corn-flakes-seventh-day-adventism-180964247/

239. « La bataille du sucre » : https://www.napoleon.org/histoire-des-2-empires/articles/la-bataille-du-sucre/

240. « History of Lemonade » : https://web. archive.org/web/20151227070125/http://www.frontiercoop.com/learn/features/cool-drinks_lemonade.php

241. « Joseph Priestley » : http://www.societechimiquedefrance.fr/joseph-priestley-1733-1804.html

242. « A brief history of lemonade » : https://www.wsj.com/articles/a-brief-history-of-lemonade-1502383362

243. « History of lemonade » : http://www.cliffordawright.com/caw/food/entries/display.php/id/95/

244. « The unlikely origin of fish and chips » : http://news.bbc.co.uk/2/hi/8419026.stm

245. « A brief history of chocolate » : https://www.smithsonianmag.com/arts-culture/a-brief-history-of-chocolate-21860917/?no-ist

246. « L'extractum carnis de Justus von Liebig » : https://www.fondation-lamap.org/sites/default/files/upload/media/minisites/projet_europe/PDF/liebHistfr.pdf

247. « Définition d'un tranchoir » : https://www.meubliz.com/definition/tranchoir/

248. « La période préislamique en Arabie » : http://www.ledernier-prophete.info/la-periode-preislamique-en-arabie-1

249. « Mouvements à l'occasion des sucres » : http://lionel.mesnard.free.fr/Paris-revolution-1792-2.html

250. « 22 août 1791 : Révolte des esclaves à Saint-Domingue » : https://www.herodote.net/22_aout_1791-evenement-17910822.php

251. « Les banquets civiques » : http://www.cosmovisions.com/$BanquetCivique.htm

252. « 1900 predictions of the 1900 century » : https://abcnews.go.com/US/story ? id = 89969

253. « Predictions of the year 2000 » : http://yorktownhistory.org/wp-content/archives/homepages/1900_predictions.htm

254. « The UK's Hot New 5:2 Diet Craze Hits The U.S. » : https://www.forbes.com/sites/melaniehaiken/2013/05/17/hot-new-fasting-diet-from-europe-hits-the-u-s/#1c1d4b137327

255. « Can the science of autophagy boost your health? » : https://www.bbc.com/news/health-44005092

256. « L'eau, nouveau champ de bataille des géants du soda » : https://lexpansion.lexpress.fr/actualite-economique/l-eau-nouveau-champ-de-bataille-des-geants-du-soda_2031988.html

257. « A curious cuisine: Bengali culinary culture in Pre-modern Times » : https://www.sahapedia.org/curious-cuisine-bengali-culinary-culture-pre-modern-times «

258. Food habits in India in last 19th century » : http://www.gandhitopia.org/profiles/blogs/food-habits-in-india-in-last-19th-centuary-2

259. « Vegetable and meals of Daimyo Living in Edo » : https://www.kikkoman.co.jp/kiifc/foodculture/pdf_18/e_002_008.pdf

260. « The meat-eating culture of Japan at the beginning of westernalization » : https://www.kikkoman.co.jp/kiifc/foodculture/pdf_09/e_002_008.pdf

261. « A peek at the meals of the people of Edo » : https://www.kikkoman.co.jp/kiifc/foodculture/pdf_12/e_002_006.pdf

262. « Food in Qing dynasty China » : https://quatr.us/china/food-qing-dynasty-china.htm

263. « Alicament » : https://www.novethic.fr/lexique/detail/alicament.html

264. « Alicament, aliment miracle ? » : http://www.psychologies.com/Bien-etre/Prevention/Hygiene-de-vie/Articles-et-Dossiers/Alicament-aliment-miracle/4

265. « L'escroquerie des alicaments » : https://www.lepoint.fr/invites-du-point/laurent-chevallier/l-escroquerie-des-alicaments-04-06-2012-1469034_424.php

266. « Fast Food nation » : https://www.pbs.org/newshour/extra/2001/04/fast-food-nation/

267. « In-flight catering » : https://www.alimentarium.org/en/knowledge/flight-catering

268. « A brief history of airline food » : https://par-avion.co.za/a-brief-history-of-airline-food/

269. « Le vin Mariani, la boisson qui inspira Coca-Cola » : https://www.ouest-france.fr/leditiondusoir/data/895/reader/reader.html#!preferred/1/package/895/pub/896/page/9

270. « Escoffier in pictures » : https://www.bbc.co.uk/programmes/p0107wwq/p0107wsw

271. « Petite histoire du carême » : http://www.orthodoxa.org/FR/orthodoxie/traditions/histoireCareme.htm

272. « Sens, origines et histoire du Carême » : https://cybercure.fr/les-fetes-de-l-eglise/careme/jeune-abstinence/article/sens-origine-et-histoire-du-careme/

273. « Avant et après la Révolution : les changements gastronomiques des Français » : https://www.canalacademie.com/ida6555-Avant-et-apres-la-Revolution-les-changements-gastronomiques-des-Francais.html

274. « Le repas gastronomique des Français » : https://ich.unesco.org/fr/RL/le-repas-gastronomique-des-francais-00437

275. « La petite histoire de la cafétéria d'entreprise » : https://www.capital.fr/votre-carriere/la-petite-histoire-de-la-cafeteria-dentreprise-1272063

276. « La cantine d'entreprise veut faire oublier la cantoche » : https://www.lemonde.fr/m-perso/article/2016/03/25/la-cantine-d-entreprise-veut-faire-oublier-la-cantoche_4890166_4497916.html

277. « 09 février 1747 : Le second mariage du Dauphin de France » : http://louis-xvi.over-blog.net/article-09-fevrier-1747-mariage-de-louis-ferdinand-dauphin-de-france-64334093.html

278. « L'entrevue du camp du Drap d'or (1520) » : https://www.histoire-pour-tous.fr/dossiers/3681-lentrevue-du-camp-du-drap-dor-1520.html

279. « Les grands festins qui ont changé l'Histoire » : https://www.vanityfair.fr/actualites/diaporama/ces-repas-qui-ont-change-l-histoire/39060#un-mariage-gargantuesque-lunion-dhenri-iv-et-de-marie-de-medicis-le-17-decembre-1600-1

280. « Percentage of US agricultural products exported » : https://www.fas.usda.gov/data/percentage-us-agricultural-products-exported

281. « Sothis » : https://www.egyptologue.fr/art-et-mythologie/divinites/sothis-

282. « Talleyrand et Antoine Carême : la gastronomie au service de la diplomatie » : http://www.leparisien.fr/politique/talleyrand-et-antonin-careme-la-gastronomie-au-service-de-la-diplomatie-23-09-2018-7899591.php

283. « The Pure Food and Drug Act » : https://history.house.gov/Historical-Highlights/1901-1950/Pure-Food-and-Drug-Act/

284. « Règlement (UE) 2015/2283 du Parlement européen et du Conseil du 25 novembre 2015 relatif aux nouveaux aliments » :

https://eur-lex.europa.eu/legal-content/FR/TXT/?uri=CELEX%3A32015R2283

285. « 2017 Top 100 Food & Beverage companies of China » : https://fr.slideshare.net/FoodInnovation/2017-top-100-food-beverage-companies-of-china-87734127

286. « What are the most important staple foods in the world? » : https://www.worldatlas.com/articles/most-important-staple-foods-in-the-world.html

287. « The 10 most important crop in the world » : https://www.businessinsider.com/10-crops-that-feed-the-world-2011-9?IR=T

288. « Overall Context: Insects as Food or Feed » : http://ipiff.org/general-information/

289. « Sept insectes autorisés à partir du 1er juillet en aquaculture » : http://pdm-seafoodmag.com/lactualite/detail/items/sept-insectes-autorises-a-partir-du-1erjuillet-en-aquaculture.html

290. « Cancérogénicité de la viande rouge et de la viande transformée » : https://www.who.int/features/qa/cancer-red-meat/fr/

291. « Un cas atypique de variant de la maladie de Creutzfeld-Jacob » : https://www.lemonde.fr/sante/article/2017/01/24/un-cas-atypique-de-variant-de-la-maladie-de-creutzfeldt-jakob_5068519_1651302.html

292. « Anorexie mentale » : https://www.inserm.fr/information-en-sante/dossiers-information/anorexie-mentale

293. « Grippe porcine » : https://www.grain.org/article/entries/767-grippe-porcine-mise-a-jour

294. « First Global Estimates of 2009 H1N1 Pandemic Mortality Released by CDC-Led Collaboration » : https://www.cdc.gov/flu/spotlights/pandemic-global-estimates.htm

295. « Directive 95/2/CE su Parlement européen et du Conseil du 20 février 1995 concernant les additifs alimentaires autres que les colorants et les édulcorants » : https://eur-lex.europa.eu/LexUriServ/LexUriServ.do?uri=CONSLEG:1995L0002:19970404:FR:PDF

296. « Failure to lunch » : https://www.nytimes.com/2016/02/28/magazine/failure-to-lunch.html

297. « Eating occasions daypart: lunch » : https://www.hartman-group.com/acumenPdfs/lunch-daypart-compass-series-2015-04-16.pdf

298. « More than half of workers take 30 minutes or less for lunch, survey says » : http://rh-us.mediaroom.com/2018-09-10-More-Than-Half-Of-Workers-Take-30-Minutes-Or-Less-For-Lunch-Survey-Says

299. « Lunch breaks? Forget about it: 22 % of bosses believe lunch takers are lazy, survey finds » : https://www.fierceceo.com/human-capital/short-sighted-bosses-disinclined-to-see-workers-take-lunch-breaks-survey

300. « Longer hours, differences in office culture and time zones trigger burnout among foreigners working in China » : http://www.globaltimes.cn/content/975875.shtml

301. « China Factory Workers Encouraged to Sleep on the Job » : https://www.nbcnews.com/business/careers/china-factory-workers-encouraged-sleep-job-n266186

302. « China's tech work culture is so intense that people sleep and bathe in their offices » : https://www.businessinsider.fr/us/chinese-tech-workers-sleep-in-office-2016-5

303. « Herbalife's Nutrition At Work Survey Reveals Majority of Asia-Pacific's Workforce Lead Largely Sedentary Lifestyles, Putting Them at Risk of Obesity » : https://ir. herbalife.com/static-files/83f7f4c4-fbc4-465b-ba04-9725a1a2dc4f

304. « Le phosphore : une ressource limitée et un enjeu planétaire pour l'agriculture du XXIᵉ siècle » : http://www.inra.fr/Chercheurs-etudiants/Systemes-agricoles/Toutes-les-actualites/Le-phosphore-une-ressource-limitee-et-un-enjeu-planetaire-pour-l-agriculture-du-21eme-siecle

305. « Pénurie de phosphore, une bombe à retardement ? » : https://www.sciencepresse.qc.ca/blogue/valentine/2014/02/19/penurie-phosphore-bombe-retardement

306. « Le secret de l'exceptionnelle longévité des habitants d'Okinawa enfin découvert ? » : https://www.maxisciences.com/longevite/le-secret-de-l-exceptionnelle-longevite-des-habitants-d-okinawa-enfin-decouvert_art31666.html

307. « Principes du régime Okinawa » : http://www.regime-okinawa.fr/regime-okinawa-nutrition.html

308. « In China, Possibly the Earliest Attempt at Writing » : http://www.historyofinformation.com/detail.php?entryid=1579

309. « Écriture cunéiforme » : http://classes.bnf.fr/dossiecr/sp-cune1.htm

310. « Ancient Romans preferred fast food » : http://www.abc.net.au/science/articles/2007/06/20/1956392.htm

311. « Fish, Chips and Immigration » : https://telescoper. wordpress.com/tag/joseph-malin/

312. « La naissance du vitalisme » : http://www.histophilo.com/vitalisme.php

313. « Improved electrical heating apparatus » : https://patents. google.com/patent/US25532

314. « Improved electric cooking stove » : http://pericles.ipaustralia. gov.au/ols/auspat/pdfSource.do ; jsessionid=i58KgL-LQdEi0_fmiL-VwewHRSNaMK8tjfalBaonPsLiTdChufpRm!352194497

315. « Nutrition : pourquoi a-t-on tant de mal à étiqueter la malbouffe ? » : https://www.lejdd.fr/Societe/Sante/nutrition-pourquoi-a-t-on-tant-de-mal-a-etiqueter-la-malbouffe-3664964

316. « Le musée de la biscuiterie LU » : http://www.chateaudegoulaine.fr/le-musee-lu

317. « Les premières armes », Frédéric Beinet : https://www.hominides.com/html/references/les-premieres-armes-de-l-homme-0782.php

318. « Le Paléolithique » : https://www.inrap.fr/le-paleolithique-10196

319. « Homo erectus » : https://www.universalis.fr/encyclopedie/homo-erectus/

320. « Le régime alimentaire de Néandertal : 80 % de viande, 20 % de végétaux » : https://www.hominides.com/html/actualites/alimentation-neandertal-carnivore-et-vegetarien-1032.php

321. « Néandertal, le cousin réhabilité » : https://lejournal. cnrs.fr/articles/neandertal-le-cousin-rehabilite

322. « À quoi ressemblaient vraiment les Néandertaliens et qu'avons-nous hérité d'eux ? » : https://www.eupedia.com/europe/neanderthal_faits_et_mythes.shtml

323. « L'épaule-catapulte de l'homme » : https://www.pourlascience.fr/sd/biophysique/lepaule-catapulte-de-lhomme-11695.php

324. « Comment Homo sapiens a conquis la planète » : https://www.pourlascience.fr/sd/prehistoire/comment-homo-sapiens-a-conquis-la-planete-8796.php

325. « Toumaï : Sahelanthropus tchadensis » : https://www.hominides.com/html/ancetres/ancetres-tumai-sahelanthropus-tchadensis.php

326. « Toumaï » : https://www.futura-sciences.com/planete/definitions/paleontologie-toumai-17044/

327. « Assurbanipal » : http://antikforever.com/Mesopotamie/Assyrie/assurbanipal.htm

328. « Assurbanipal le lettré » : https://www.lemonde.fr/ete-2007/article/2007/08/17/assurbanipal-le-lettre_945245_781732.html

329. « Origine et histoire de la tomate » : https://jardinage. lemonde. fr/dossier-73-tomate-origine-histoire.html

330. « Assurnasirpal II » : http://oracc.museum.upenn.edu/nimrud/ ancientkalhu/thepeople/assurnasirpalii/index.html

331. « Cultes et rites en Grèce et à Rome » : https://www.louvre.fr/ sites/default/files/medias/medias_fichiers/fichiers/pdf/louvre-cultes-grece.pdf

332. « Le repas de tous les jours, leur déroulement chez les Romains » : http://www.antiquite.ac-versailles.fr/aliment/alimen06.htm

333. « Cuisines d'Afrique noire précoloniale » : http://www.oldcook. com/histoire-cuisines_afrique

334. « CRISPR-Cas, une technique révolutionnaire pour modifier le génome » : https://www.museum.toulouse.fr/-/crispr-cas-une-technique-revolutionnaire-pour-modifier-le-genome

335. « Women of the Conflict » : https://42265766.weebly.com/ women-involved.html

336. « The factory that Oreo built » : https://www.smithsonianmag. com/history/factory-oreos-built-180969121/

337. « How candy makers shape nutrition science » : https://apnews. com/f9483d554430445fa6566bb0aaa293d1

338. « Se conformer au nouveau tableau nutritionnel américain » : http://www.processalimentaire.com/Qualite/Export-se-conformer-au-nouveau-tableau-nutritionnel-americain-30003

339. « Étiquetage des denrées alimentaires » : https://www.eco-nomie.gouv.fr/dgccrf/Publications/Vie-pratique/Fiches-pratiques/ Etiquetage-des-denrees-alimentaires

340. « États-Unis : la révolte des élèves contre les légumes obli-gatoires de la cantine » : https://www.nouvelobs.com/rue89/ rue89-american-miroir/20140907.RUE0643/etats-unis-la-revolte-des-eleves-contre-les-legumes-obligatoires-de-la-cantine.html

341. « Des parents mécontents de la cantine jouent aux "limaces" avec les paiements » : http://www.lefigaro.fr/actualite-france/2014/0 2/24/01016-20140224ARTFIG00203-des-parents-mecontents-par-la-cantine-jouent-aux-limaces-avec-les-paiements.php

342. « Why Nestle is one of the most hated companies in the world » : https://www.zmescience.com/science/nestle-company-pollution-children/

343. « Le lait pour bébé, plaie des pays pauvres. 1,5 million de nourrissons meurent chaque année faute d'être alimentés au sein » :

https://www.liberation.fr/planete/1998/05/25/le-lait-pour-bebe-plaie-des-pays-pauvres-15-million-de-nourrissons-meurent-chaque-annee-faute-d-etre_236961

344. « Ces biberons qui tuent » : https://www.monde-diplomatique.fr/1997/12/BRISSET/5061

345. « Le retour des émeutes de la faim » : https://www.sciences-humaines.com/le-retour-des-emeutes-de-la-faim_fr_22389.html

346. « 1 % des denrées alimentaires contaminées par des métaux lourds » : http://www.lafranceagricole.fr/actualites/environnement-1-des-denrees-alimentaires-contaminees-par-des-metaux-lourds-1,2,2403411581.html

347. « Sugar's bitter aftertaste » : https://www.fortuneindia.com/macro/how-sugar-influences-politics-in-india/102326

348. « Biocarburant » : https://www.connaissancedesenergies.org/fiche-pedagogique/biocarburant

349. « Les biocarburants : une filière pas si bio » : https://www.lexpress.fr/actualite/societe/environnement/les-biocarburants-une-filiere-pas-si-bio_2016120.html

350. « Tableau de bord biocarburants 2018 » : http://www.panorama-ifpen.fr/tableau-de-bord-biocarburants-2018/

351. « Le mythe du sanglier gaulois » : http://nous-etions-gaulois.over-blog.com/2015/01/le-mythe-du-sanglier-gaulois-prefere-a-la-realite-du-chien-que-les-gaulois-mangeaient.html

352. « Histoire & vertus de l'ananas » : http://taxis.brousse.free.fr/ananas_histoire.htm

353. « Le repas gastronomique des Français » : https://ich.unesco.org/fr/RL/le-repas-gastronomique-des-francais-00437

354. « La restauration scolaire : évolution et contraintes réglementaires » : http://institutdanone.org/objectif-nutrition/la-restauration-scolaire-evolution-et-contraintes-reglementaires/dossier-la-restauration-scolaire-evolution-et-contraintes-reglementaires/

355. « A brief history of school lunch » : http://mentalfloss.com/article/86314/brief-history-school-lunch

356. « Nestlé, l'histoire d'un géant de l'agroalimentaire » : https://www.lsa-conso.fr/nestle-l-histoire-d-un-geant-de-l-agroalimentaire, 138832

357. « Du côté des bébés depuis 1881 » : https://www.bledina.com/une-belle-histoire/

358. « Unilever History 1871-2017 » : https://www.unilever.com/about/who-we-are/our-history/#

359. « Colonel Sanders Started With A Gas Station And A Shoot-Out » : https://knowledgenuts.com/2015/01/08/colonel-sanders-started-with-a-gas-station-and-a-shoot-out/

360. « World Beef production » : https://beef2live.com/story-world-beef-production-ranking-countries-247-106885

361. « Fritz Haber : l'homme le plus important dont vous n'avez jamais entendu parler » : https://blog.francetvinfo.fr/classe-eco/2018/02/10/fritz-haber-lhomme-le-plus-important-dont-vous-navez-jamais-entendu-parler.html

362. « The Ocean Is Losing Its Breath. Here's the Global Scope. » : https://serc.si.edu/media/press-release/ocean-losing-its-breath-heres-global-scope

363. « Histoire de la politique agricole commune » : https://www.touteleurope.eu/actualite/histoire-de-la-politique-agricole-commune.html

364. « Alimentation infantile : le marché de la baby food ne connaît pas la crise » : http://www.agro-media.fr/analyse/alimentation-infantile-marche-et-acteurs-de-l-alimentation-infantile-b-4699.html

365. « 10 faits sur l'allaitement maternel » : https://www.who.int/features/factfiles/breastfeeding/fr/

366. « The Vegan Society » : https://www.vegansociety.com/news/media/statistics

367. « Sept algues comestibles et leurs bienfaits » : https://www.santemagazine.fr/medecines-alternatives/approches-naturelles/phytotherapie/sept-algues-comestibles-et-leurs-bienfaits-198753

368. « Que vaut vraiment le fonio, la céréale à la mode ? » : https://www.ouest-france.fr/leditiondusoir/data/17221/reader/reader.html#!preferred/1/package/17221/pub/24760/page/9

369. « McDonald's championing research into insect feed for chickens » : https://www.feednavigator.com/Article/2018/03/27/McDonald-s-championing-research-into-insect-feed-for-chickens

370. « Les exosquelettes des insectes » : http://exosquelette1.e-monsite.com/pages/les-exosquelettes-des-insectes.html

371. « Innovafeed » : http://innovafeed.com/

372. « Les bienfaits des flavonoïdes » : https://www.futura-sciences.com/sante/actualites/medecine-bienfaits-flavonoides-22355/

373. « Alimentation des chimpanzés » : https://www.futura-sciences.com/planete/dossiers/zoologie-chimpanze-grand-singe-menace-1867/page/4/

374. « Ces animaux qui se soignent tout seuls » : https://lejournal.cnrs.fr/articles/ces-animaux-qui-se-soignent-tout-seuls

375. « Quand les insectes se soignent par les plantes » : http://www.humanite-biodiversite.fr/article/quand-les-insectes-se-soignent-par-les-plantes

376. « BioCultivator » : https://innovation.biomimicry.org/team/biocultivator/

377. « 8 Finalists Join First-Ever Biomimicry Accelerator on Mission to Feed 9 Billion » : https://sustainablebrands.com/read/product-service-design-innovation/8-finalists-join-first-ever-biomimicry-accelerator-on-mission-to-feed-9-billion

378. « Les plantes se parlent grâce à leurs racines » : https://www.futura-sciences.com/planete/actualites/botanique-plantes-parlent-grace-leurs-racines-71122/

379. « Étiquetage des denrées alimentaires » : http://www.fao.org/food-labelling/fr/

380. « Codex alimentarius: International food standards » : http://www.fao.org/fao-who-codexalimentarius/about-codex/en/#c453333

381. « FAO – Traditional crops – Moringa » : http://www.fao.org/traditional-crops/moringa/en/

382. « FAO – Cultures traditionnelles – Le pois bambara » : http://www.fao.org/traditional-crops/bambaragroundnut/fr/

383. « De la stevia, du tagatose ou du sucre ? Les avantages et les inconvénients des édulcorants » : https://www.pharmamarket.be/be_fr/blog/conseils-pour-le-sucre-et-les-edulcorants

384. « Semences : la biodiversité en danger ? » : https://www.lesechos.fr/17/11/2005/LesEchos/19542-044-ECH_semences-la-biodiversite-en-danger.htm

385. « Le monde protège désormais 15 % de ses terres, mais des zones cruciales pour la biodiversité restent oubliées » : https://www.iucn.org/fr/news/secretariat/201609/le-monde-prot%C3%A8ge-d%C3%A9sormais-15-de-ses-terres-mais-des-zones-cruciales-pour-la-biodiversit%C3%A9-restent-oubli%C3%A9es

386. « Les sols sont en danger, mais la dégradation n'est pas irréversible » : http://www.fao.org/news/story/fr/item/357221/icode/

387. « La fertilité des sols part en poussière » : https://www.lesechos.fr/10/01/2016/lesechos.fr/021608908597_la-fertilite-des-sols-part-en-poussiere.htm

388. « Nicolas Appert, l'inventeur de la conserve » : http://www.savoirs.essonne.fr/thematiques/le-patrimoine/histoire-des-sciences/nicolas-appert-linventeur-de-la-conserve/

389. « Appert et l'invention de la conserve » : https://www.napoleon.org/histoire-des-2-empires/articles/appert-et-linvention-de-la-conserve/

390. « Retrait des produits phytopharmaceutiques associant en coformulation glyphosate et POE-Tallowamine du marché français » : https://www.anses.fr/en/node/122964

391. « Fertilisants organiques » : https://fertilisation-edu.fr/production-ressources/fertilisants-organiques.html

392. « Alimentation saine » : https://www.who.int/fr/news-room/fact-sheets/detail/healthy-diet

393. « Les acides gras trans » : https://www.anses.fr/fr/content/les-acides-gras-trans

394. « Les graisses cis et trans » : https://www.lanutrition.fr/bien-dans-son-assiette/aliments/matieres-grasses/huiles/les-graisses-cis-et-trans

395. « InnovaFeed lève 40 millions pour produire ses protéines d'insectes » : https://business.lesechos.fr/entrepreneurs/financer-sa-creation/0600220354880-innovafeed-leve-40-millions-pour-produire-ses-proteines-d-insectes-325340.php

396. « Petite histoire du carême » : http://www.orthodoxa.org/FR/orthodoxie/traditions/histoireCareme.htm

397. « Sens, origine et histoire du carême » : https://cybercure.fr/les-fetes-de-l-eglise/careme/jeune-abstinence/article/sens-origine-et-histoire-du-careme

398. « 3 textes de cuisine dans un manuscrit de médecine de la Bibliothèque Nationale de Paris » : http://www.oldcook.com/medieval-livres_cuisine_liber_coquina#lib

399. « 11 Ways The Environment Can Affect Your Appetite & How To Use It To Your Advantage » : https://www.bustle.com/articles/160463-11-ways-the-environment-can-affect-your-appetite-how-to-use-it-to-your-advantage

400. « Le rôle de l'intestin grêle dans la digestion » : https://eurekasante.vidal.fr/nutrition/corps-aliments/digestion-aliments.html?pb = intestin-grele

401. « Microbiote intestinal (flore intestinale) : une piste sérieuse pour comprendre l'origine de nombreuses maladies » : https://www.

inserm.fr/information-en-sante/dossiers-information/microbiote-intestinal-flore-intestinale

402. « Quinoa 2013 : année internationale » : http://www.fao.org/quinoa-2013/what-is-quinoa/distribution-and-production/fr/

403. « Histoire de la cuisine chinoise » : https://chine. in/guide/histoire-cuisine_3785.html

404. « Horror of a hidden chinese famine » : https://www.nytimes.com/1997/02/05/books/horror-of-a-hidden-chinese-famine.html?mtrref=en.wikipedia.org&mtrref=www.nytimes.com&gwh= 80A73637F90530474BA6D8D940D798FC&gw =pay

405. « Violences de masse en République populaire de Chine depuis 1949 » : http://www.sciencespo.fr/mass-violence-war-massacre-resistance/fr/document/violences-de-masse-en-republique-populaire-de-chine-depuis-1949

406. « The Biafran War » : https://web.archive.org/web/20170214103207/http:/www1.american.edu/ted/ice/biafra.htm

407. « Un tiers des ménages français sont "flexitariens", 2 % sont végétariens » : https://www.lemonde.fr/planete/article/2017/12/01/un-tiers-des-menages-francais-sont-flexitariens-2-sont-vegetariens_5223312_3244.html

408. « L'évolution de l'agriculture et la différenciation entre les genres sont-elles liées ? » : http://archeoblogue.com/2017/antiquite-chinoise/levolution-de-lagriculture-et-la-differenciation-entre-les-genres-sont-elles-liees/

409. « Les jaïns : Peace & véganisme » : https://lecanardcurieux.wordpress.com/2016/04/02/les-jains-peace-veganisme/

410. « La Révolution verte en Inde : un miracle en demi-teinte » : https://les-yeux-du-monde.fr/histoires/2233-la-revolution-verte-en-inde-un-miracle-en-demi-teinte

411. « Indian farmers and suicide : How big is the problem ? » : https://www.bbc.com/news/magazine-21077458

412. « Ampleur des pertes et gaspillages alimentaires » : http://www.fao.org/3/i2697f/i2697f02.pdf

413. « Ayurvedic global market outlook » : https://www.wiseguyreports.com/reports/3079196-ayurvedic-global-market-outlook-2016-2022

414. « History of Tesco » : https://www.tescoplc.com/about-us/history/

415. « Genome News Network » : http://www.genomenewsnetwork.org/resources/timeline/1973_Boyer.php

416. « Flavr Savr Tomato » : https://biotechnologysociety.wordpress. com/2015/02/16/flavr-savr-tomato/

417. « Les insectes pollinisateurs, facteur le plus déterminant des rendements agricoles » : https://www.lemonde.fr/biodiversite/ article/2016/01/25/les-insectes-pollinisateurs-facteur-le-plus-deter-minant-des-rendements-agricoles_4853077_1652692.html

418. « La fin des abeilles coûterait 3 milliards d'euros à la France » : https://www.lesechos.fr/23/11/2016/lesechos.fr/0211524182817_ la-fin-des-abeilles-couterait-3-milliards-d-euros-a-la-france.htm# formulaire_enrichi ::bouton_google_inscription_article

419. « Faut-il s'inquiéter de la disparition des insectes ? » : https://www. la-croix.com/Sciences-et-ethique/Environnement/Faut-sinquieter-disparition-insectes-2017-10-31-1200888476

420. « Au Mexique, l'impact de la taxe sur les sodas fait polémique » : https://www.lemonde.fr/economie/article/2017/11/14/au-mexique-l-impact-de-la-taxe-sur-les-sodas-fait-polemique_5214624_3234.html

421. « Le Parlement estonien approuve une législation imposant une taxe sur les boissons sucrées » : http://www.euro.who.int/ fr/countries/estonia/news/news/2017/06/parliament-in-estonia-approves-legislation-taxing-soft-drinks

422. « Les superfruits, un concentré d'antioxydants » : https://blog. laboratoire-lescuyer.com/les-superfruits-un-concentre-antioxydants/

423. « Processed Superfruit Market » : https://www.futuremarketin-sights.com/reports/processed-superfruits-market

424. « The Oasis Aquaponic Food Production System » : http://www. bridge-communities.org/oasis.html

425. « Un comportement altruiste chez les plantes » : http://ethologie. unige.ch/etho1.09/par.date/2010.05.26.htm

426. « La symbiose » : https://www.futura-sciences.com/planete/ definitions/nature-symbiose-260/

427. « À Rennes, une imprimante 3D alimentaire fait des crêpes très design » : https://www.20minutes.fr/rennes/1998119-20170118-video-rennes-imprimante-3d-alimentaire-fait-crepes-tres-design

428. « L'agriculture industrielle est majoritairement responsable de la disparition alarmante des forêts » : https://trustmyscience.com/ nouvelle-etude-revele-role-agriculture-industrielle-disparition-forets/

429. « Découverte du plus ancien Homo sapiens hors d'Afrique » : https://www.lemonde.fr/sciences/article/2018/01/25/decouverte-en-

israel-du-plus-ancien-homo-sapiens-hors-d-afrique_5247195_1650
684.html

430. « Consommation de thé en Inde et en Chine » : http://www.
indiablognote.com/article-l-inde-dans-l-histoire-du-the-36809263.html

431. « Apicius premier cuisinier » : http://agora.qc.ca/dossiers/
Marcus_Gavius_Apicius

432. « Histoire des épices » : https://www.futura-sciences.com/planete/
dossiers/botanique-epices-histoire-senteurs-epices-858/page/2/

433. « Les banquets romains » : https://amis-chassenon.org/71
+les-banquets-romains.html

434. « Histoire du safran » : http://www.safrandustival.fr/le-safran/
histoire

435. « La quête des épices, moteur de l'Histoire » : http://ericbir-
louez.fr/files/CONFERENCE_La_Quete_des_Epices.pdf

436. « Histoire du fast-food White Castle » : https://www.rd.com/
food/fun/white-castle-burger-facts/

437. « Biggest farms in the world » : https://www.worldatlas.com/
articles/biggest-farms-in-the-world.html

438. « 11 countries that kill over 25 million dogs a year » : https://
foreverinmyheartjewelry.com/blogs/news/11-countries-that-kill-over-
25-million-dogs-a-year

439. « L'UE reste en tête du commerce agroalimentaire mondial » :
https://ec.europa.eu/luxembourg/news/lue-reste-en-t %C3 %
AAte-du-commerce-agroalimentaire-mondial_fr

440. « La consommation d'aliments ultra-transformés est-elle liée
aux risques de cancer ? » : https://www.inserm.fr/actualites-et-eve-
nements/actualites/consommation-aliments-ultra-transformes-est-
elle-liee-risque-cancer

441. « Quels insectes comestibles mange-t-on en Amérique du
Sud ? » : http://www.insecteo.com/conseils/insectes-comestibles-
mange-t-on-amerique-sud/

442. « Les insectes, incontournable de la gastronomie thaïlandaise » :
https://www.geo.fr/voyage/incontournables-en-thailande-les-insectes-
comestibles-193085

443. « Feed » : https://www.feed.co/fr/

444. « Slant » : https://www.slant.co/

445. « Le monde selon Subway » : https://www.youtube.com/
watch?v=QvwQH5e7A3A

446. « FAOSTAT » : http://www.fao.org/faostat/en/#data

447. « Goodbye mozzarella : du fromage sans lait pour des pizzas moins chères » : https://www.nouvelobs.com/rue89/rue89-consommation/20120526.RUE0209/goodbye-mozzarella-du-fromage-sans-lait-pour-des-pizzas-moins-cheres.html

448. « Les Français, champions du monde du temps passé à table » : https://fr.statista.com/infographie/13223/les-francais-champions-du-temps-passe-a-table/

449. « Enterra receives new approvals to sell sustainable insect ingredients for animal feed in USA, Canada and EU » : https://globenewswire.com/news-release/2018/02/21/1372806/0/en/Enterra-receives-new-approvals-to-sell-sustainable-insect-ingredients-for-animal-feed-in-USA-Canada-and-EU.html

450. « Sugar and sweetener yearbook tables » : https://www.ers.usda.gov/data-products/sugar-and-sweeteners-yearbook-tables/sugar-and-sweeteners-yearbook-tables/#U.S.%20Consumption%20of%20Caloric%20Sweeteners

451. « Les États-Unis sont le premier pays consommateur de sucre » : https://www.aa.com.tr/fr/sante/les-%C3%A9tats-unis-sont-le-premier-pays-consommateur-de-sucre/75800

452. « India sees decline in per capita sugar consumption » : https://mumbaimirror.indiatimes.com/mumbai/other/india-sees-decline-in-per-capita-sugar-consumption/articleshow/66336704.cms

453. « Raising concern about the safety of food, medicine » : http://www.pewglobal.org/2016/10/05/chinese-public-sees-more-powerful-role-in-world-names-u-s-as-top-threat/10-4-2016-9-38-34-am-2/

454. « How Instagram transformed the restaurant industry for millennials » : https://www.independent.co.uk/life-style/food-and-drink/millenials-restaurant-how-choose-instagram-social-media-where-eat-a7677786.html

455. « First lab-grown hamburger gets full marks for "mouth feel" » : https://www.theguardian.com/science/2013/aug/05/world-first-synthetic-hamburger-mouth-feel

456. « Agroalimentaire : Bill Gates et Richard Branson misent sur la viande "propre" » : https://www.latribune.fr/entreprises-finance/industrie/agroalimentaire-bill-gates-et-richard-branson-misent-sur-la-viande-propre-747891.html

457. « Regulation of cell-cultured meat » : https://fas.org/sgp/crs/misc/IF10947.pdf

458. « Catalogue officiel » : http://cat.geves.info/Page/ListeNationale

459. « Une "ruche de table" financée avec succès sur Kickstarter » : https://www.sciencesetavenir.fr/nature-environnement/agriculture/une-ruche-de-table-financee-avec-succes-sur-kickstarter_101282

460. « À Bruxelles, le lobby du sucre très énergique contre les taxes » : https://www.lepoint.fr/societe/a-bruxelles-le-lobby-du-sucre-tres-energique-contre-les-taxes-19-10-2017-2165834_23.php

461. « Oldest noodles unearthed in China » : http://news.bbc.co.uk/2/hi/science/nature/4335160.stm

462. « L'origine des pâtes ou la fin d'un mythe » : https://www.lalibre.be/lifestyle/food/l-origine-des-pates-ou-la-fin-d-un-mythe-51b8eae5e4b0de6db9c69694

463. « L'histoire des pâtes italiennes » : http://www.food-info.net/fr/products/pasta/history.htm

464. « La fascinante histoire de la baguette, "reine" des pains français » : https://www.epochtimes.fr/la-fascinante-histoire-de-la-baguette-reine-des-pains-francais-7739.html

465. « Qui a inventé la baguette de pain ? » : https://www.caminteresse.fr/questions/la-baguette-nest-pas-si-vieille-que-ca/

466. « Le "décret pain", qui protège la baguette traditionnelle, fête ses 22 ans » : https://www.rtl.fr/actu/debats-societe/le-decret-pain-qui-protege-la-baguette-traditionnelle-fete-ses-22-ans-7779706523

467. « Réserve mondiale de semences du Svalbard : un million de graines déposées » : https://www.futura-sciences.com/planete/actualites/developpement-durable-reserve-mondiale-semences-svalbard-million-graines-deposees-13590/#xtor=RSS-8

468. « Cinq pesticides classés cancérogènes "probables" par l'OMS » : https://www.lesechos.fr/20/03/2015/lesechos.fr/0204242732661_cinq-pesticides-classes-cancerogenes--probables--par-l-oms.htm

469. « Le suicide de Vatel – la véritable lettre de Mme de Sévigné » : http://atelier-ecriture-lagord.over-blog.com/2018/01/la-veritable-lettre-de-mme-de-sevigne.html

470. « 09 février 1747 : Le second mariage du Dauphin de France » : http://louis-xvi.over-blog.net/article-09-fevrier-1747-mariage-de-louis-ferdinand-dauphin-de-france-64334093.html

471. « The Guy who invented chewing gum – A life of many firsts » : http://www.truetreatscandy.com/the-guy-who-invented-chewing-gum-a-life-of-many-firsts/

472. « The story of instant coffee » : https://www.thespruceeats.com/instant-coffee-guide-764526

473. « Le Ritz : "Un chef-d'œuvre" selon *Le Figaro* de 1898 » : http://www.lefigaro.fr/histoire/archives/2016/06/03/26010-20160603ART-FIG00284-le-ritz-un-chef-d-oeuvre-selon-le-figaro-de-1898.php

474. « Agriculture. La longue histoire de la chimie aux champs » : https://www.articles-epresse.fr/article/27239

475. « Lyophilisation » : https://www.universalis.fr/encyclopedie/lyophilisation/1-origine-et-developpement/

476. « Percentage of U.S. agricultural products exported » : https://www.fas.usda.gov/data/percentage-us-agricultural-products-exported

477. « Chine : contexte agricole et relations internationales » : https://agriculture.gouv.fr/chine-contexte-agricole-et-relations-internationales

478. « La Chine n'a jamais importé autant de soja » : https://www.lesechos.fr/19/06/2017/LesEchos/22468-152-ECH_la-chine-n-a-ja-mais-importe-autant-de-soja.htm

479. « Aperçu du marché – Chine » : http://www.agr.gc.ca/fra/industrie-marches-et-commerce/renseignements-sur-les-marches-internationaux-de-lagroalimentaire/rapports/apercu-du-marche-chine/?id=1530811718505

480. « La Chine exploite 10 millions d'hectares de terres agricoles hors de ses frontières » : http://www.leparisien.fr/espace-premium/fait-du-jour/10-millions-d-hectares-de-terres-cultivees-hors-de-leurs-frontieres-30-06-2016-5926767.php

481. « Consommation mondiale de pizza » : https://www.planetoscope.com/Autre/1605-consommation-mondiale-de-pizzas.html

482. « Americans consume about 3 billion pizzas a year (and 15 other pizza facts) » : https://aghires.com/pizza-facts/

483. « Pizza : une consommation en repli » : https://www.avise-info.fr/alimentaire/pizza-une-consommation-en-repli

484. « Top 10 Wheat Producing States of India » : https://www.mapsofindia.com/top-ten/india-crops/wheat.html

485. « Top 10 Rice Producing States of India » : https://www.mapsofindia.com/top-ten/india-crops/rice.html

486. « L'alimentation représente 62,3 % des dépenses totales des ménages congolais » : http://www.economico.cd/2018/05/10/lalimentation-represente-623-des-depenses-totales-des-menages-congolais/

487. « Unhealthy diet linked to more than 400,000 cardiovascular deaths » : https://newsarchive.heart.org/unhealthy-diets-linked-to-more-than-400000-cardiovascular-deaths/

488. « Qui mange encore de la viande en France ? » : http://www.lefigaro.fr/conso/2015/10/26/05007-20151026ARTFIG00240-qui-mange-encore-de-la-viande-en-france.php

489. « Vegan food sales topped \$3.3 bn in 2017 » : https://www.livekindly.co/vegan-food-sales-3-3-billion-2017/

490. « Diabetes » : https://www.who.int/news-room/fact-sheets/detail/diabetes

491. « Nutrition, surcharge pondérale et obésité – Stratégie de l'Union européenne » : https://eur-lex.europa.eu/legal-content/FR/TXT/?uri=LEGISSUM%3Ac11542c

492. « Protect the last of the wild » : https://www.nature.com/articles/d41586-018-07183-6

493. « Les zones humides : pourquoi m'en soucier ? » : https://www.ramsar.org/sites/default/files/151105_fiche_technique_1-4_fra_2.pdf

494. « Article R214-63 » : https://www.legifrance.gouv.fr/affichCodeArticle.do?cidTexte=LEGITEXT000006071367&idArticle=LEGIARTI000006587902&dateTexte=&categorieLien=cid

495. « Changement climatique : un défi de plus pour l'agriculture en Afrique » : http://www.fondation-farm.org/zoe/doc/notefarm8_climatdefi_oct2015.pdf

496. « Composting with worms - Oregon State University » : https://www.google.com/search?q=oregon+worm+intestines+fertilizers&rlz=1C1CHBF_frFR813FR813&oq=oregon+worm+intestines+fertilizers&aqs=chrome..69i57.12081j0j9&sourceid=chrome&ie=UTF-8

497. « The food free diet » : http://www.technoccult.net/tag/biohacking/

498. « On current trends, almost a quarter of people in the world will be obese by 2045, and 1 in 8 will have type 2 diabetes » : https://www.eurekalert.org/pub_releases/2018-05/eaft-oct052118.php

499. « La population mondiale au 1er janvier 2019 » : http://economiedurable.over-blog.com/2018/12/la-population-mondiale-au-1er-janvier-2019.html

499'. « Brève histoire de la civilisation Étrusque » : https://www.anticopedie.fr/mondes/mondes-fr/etrusques-doc.html

500. « Terres agricoles (% du territoire) » : https://donnees.banque-mondiale.org/indicateur/ag.lnd.agri.zs

500'. « Étrusques, un hymne à la vie » : https://www.herodote.net/etrusques-enjeu-595.php

501. « Les chiffres-clés de la planète terre » : https://www.notre-planete.info/terre/chiffres_cle.php

501'. « L'histoire de l'alimentation de l'homme » : http://www.montignac.com/fr/l-histoire-de-l-alimentation-de-l-homme/

502. « Agriculture; plantations; autres secteurs ruraux » : https://www.ilo.org/global/industries-and-sectors/agriculture-plantations-other-rural-sectors/lang--fr/index.htm

502'. « La vie quotidienne, les repas et l'alimentation sous Auguste » : https://education.francetv.fr/matiere/antiquite/sixieme/video/la-vie-quotidienne-les-repas-et-l-alimentation-sous-auguste

503. « Coca-Cola: la gamme » : https://cocacolaweb.fr/coca-cola/la-gamme/

503'. « Histoire des pâtes » : https://www.casadalmasso.com/pates-italiennes

504. « Le pain de mie : moelleux, pratique mais est-il vraiment bon pour notre santé ? » : https://www.lesdelicesdalexandre.fr/pain-de-mie-moelleux-pratique-vraiment-sante/

504'. « À la découverte de la gastronomie et de la cuisine vénitienne » : https://www.vivre-venise.com/cuisine-venitienne-gastronomie/

505. http://www.bbc.com/future/story/20170114-the-125-year-old-network-that-keeps-mumbai-going

505'. « Quelle cuisine est la plus appréciée dans le monde ? » : https://fr.yougov.com/news/2019/04/10/quelle-cuisine-est-la-plus-appreciee-dans-le-monde/

506. « Pesticides : les pays les plus gros consommateurs » : https://www.futura-sciences.com/planete/questions-reponses/agriculture-pesticides-pays-plus-gros-consommateurs-10757/

506'. « L'émigration italienne de 1830 à 1914. Causes, conditions et conséquences socio-économiques » : http://www.procida-family.com/docs/publications/emigration-italienne.pdf

507. « Il ne faut pas diaboliser le sucre » : http://sante.lefigaro.fr/actualite/2012/02/07/17237-il-ne-faut-pas-diaboliser-sucre

507'. « Pourquoi la cuisine italienne est la plus populaire du monde » : https://www.ouest-france.fr/leditiondusoir/data/47020/reader/reader.html#! preferred/1/package/47020/pub/68198/page/9

508. « L'éducation thérapeutique : une partie qui se joue à 4 » : http://www.institut-benjamin-delessert.net/fr/prix/presentation/Leducation-therapeutique-une-partie-qui-se-joue-a-4/?displayreturn=true

508'. « Gastronomie. France-Italie : un duel à couteaux tirés » : https://www.courrierinternational.com/article/2014/10/18/france-italie-un-duel-a-couteaux-tires

509. « Le « lait » de cafard est bien plus nutritif qu'on ne l'imagine » : https://abonnes.lemonde.fr/big-browser/article/2016/07/27/le-lait-de-cafard-est-bien-plus-nutritif-qu-on-l-imagine_4975504_4832693.html

509'. Organisation internationale de la vigne et du vin : http://www.oiv.int/statistiques/recherche

510. « Des ménages toujours plus petits. Projection de ménages pour la France métropolitaine à l'horizon 2030 » : https://www.insee.fr/fr/statistiques/1280856

510'. « Eataly fête ses 10 ans : comment la chaîne de magasins d'alimentation italienne a conquis le monde » : http://www.italianmade.com/ca/eataly-fete-ses-10-ans-comment-la-chaine-de-magasins-dalimentation-italienne-a-conquis-le-monde/?lang=fr

Émissions radiophoniques

511. Jean-Noël Jeanneney, Florian Quellier, « Le sucre, doux et mortel », *Concordance des temps*, France Culture, 2018.

512. Nicolas Martin, Bernard Pellegrin, Anne-Françoise Burnol, « Sucre : la dose de trop », *La Méthode scientifique*, France Culture, 2017.

513. Marie Richeux, Claude Fischler, « Le repas : manger ensemble », *Pas la peine de crier*, France Culture, 2014.

514. Marie Richeux, Vincent Robert, « Le repas : parler politique à table », *Pas la peine de crier*, France Culture, 2014.

515. Jacques Attali, Stéphanie Bonvicini, Michel Serres, « De quoi manger est-il le nom ? », *Le Sens des choses*, France Culture, 2017.

516. Jacques Attali, Stéphanie Bonvicini, Natacha Polony, « Le sucré, le salé, et la fonction politique de l'alimentation », *Le Sens des choses*, France Culture, 2017.

517. Jacques Attali, Stéphanie Bonvicini, Pierre Rabhi, « Manger, boire et méditer », *Le Sens des choses*, France Culture, 2017.

518. Jacques Attali, Stéphanie Bonvicini, Michel-Édouard Leclerc, « Comment la distribution influe sur la production », *Le Sens des choses*, France Culture, 2017.

519. Jacques Attali, Stéphanie Bonvicini, Edgar Morin, « La planète doit-elle nourrir les hommes ou les hommes doivent-ils nourrir la planète ? », *Le Sens des choses*, France Culture, 2017.

520. Jacques Attali, Stéphanie Bonvicini, Frédéric Saldmann, « Comment faudrait-il manger aujourd'hui pour tirer le meilleur de son corps et de son esprit ? », *Le Sens des choses*, France Culture, 2017.

521. Jacques Attali, Stéphanie Bonvicini, Pierre-Henry Salfati, Pascal Picq, « Le sens religieux de la nourriture : cannibalisme et interdits religieux », *Le Sens des choses*, France Culture, 2017.

522. Dorothée Barba, Véronique Pardo, Claude Fischler, Sophie Briand, « Le futur à table ! », *Demain la veille*, France Inter, 2017.

523. Mathieu Vidard, Gilles Fumey, Christophe Lavelle, Daniele Zappala, « L'alimentation de demain », *La Tête au carré*, France Inter, 2017.

524. François-Régis Gaudry, Thierry Charrier, Bruno Fuligni, « À la table des diplomates », *On va déguster*, France Inter, 2016.

525. Gérald Roux, « Les sacs plastique en Irlande », C'est comment ailleurs ?, France Info, 2 janvier 2017.

Discours

526. Guy Savoy, « Le futur de la gastronomie française, l'un des plus grands patrimoines à l'échelle mondiale », Institut de France, 2019.

527. Indra Nooyi, Discours prononcé à l'occasion du symposium international Noman E. Borlaug, Des Moines, Iowa, 2009.

Affiche

528. Mariani & Company, *La Coca du Pérou et le Vin Mariani*, 1878.

Index

Remerciements

Merci à tous ceux qui ont bien voulu débattre avec moi de ces sujets, parfois pendant ou depuis de longues années, dont Idriss Aberkane, Jérémie Attali, Fernand Braudel, Richard C. Delerins, Pierre Gagnaire, Hervé Le Bras, Michel-Édouard Leclerc, Thierry Marx, Edgar Morin, Indra Nooyi, Pascal Picq, Natacha Polony, Pierre Rabhi, Antoine Riboud, Joël de Rosnay, le docteur Frédéric Saldmann, Pierre-Henry Salfati, Guy Savoy, Michel Serres, Stefano Volpi. Et tant d'autres, cuisiniers, restaurateurs, agriculteurs, industriels, historiens, médecins. Merci aussi à Sandrine Treiner, qui a rendu possible la série d'émissions que j'ai animées sur ces sujets, avec Stéphanie Bonvicini, sur France Culture, à l'été 2017.

Merci encore à ceux qui ont bien voulu relire, les multiples versions successives de ce manuscrit et m'aider à préciser des faits, à compléter des sources et à vérifier la bibliographie : Raphael Abensour, Belal Ben Amara, Quentin Boiron, Adèle Gaillot, Charles Papin, Pierre Plasmans et Thomas Vonderscher.

Merci enfin à Sophie de Closets et Diane Feyel, pour leur relecture si attentive et leur soutien dans tout ce long travail.

Comme toujours, je serai heureux de dialoguer avec les lecteurs qui m'écriront à j@attali.com.

Table des matières

Du même auteur

Essais

Analyse économique de la vie politique, PUF, 1973, 2015.

Modèles politiques, PUF, 1974.

L'Anti-économique (avec Marc Guillaume), PUF, 1975, 2015.

La Parole et l'Outil, PUF, 1976.

Bruits. Économie politique de la musique, PUF, 1977 ; Fayard, 2000 ; Le Livre de poche, 2007.

La Nouvelle Économie française, Flammarion, 1978.

L'Ordre cannibale. Histoire de la médecine, Grasset, 1979.

Les Trois Mondes, Fayard, 1981.

Histoires du temps, Fayard, 1982.

La Figure de Fraser, Fayard, 1984.

Une histoire de la propriété. Au propre et au figuré, Fayard, 1987 ; Le Livre de poche, 1995.

Lignes d'horizon, Fayard, 1990 ; Le Livre de poche, 2004.

1492, Fayard, 1991 ; Le Livre de poche, 2004.

Économie de l'Apocalypse, Fayard, 1994.

Chemins de sagesse. Traité du labyrinthe, Fayard, 1996 ; Le Livre de poche, 1998.

Fraternités. Une nouvelle utopie, Fayard, 1999 ; Le Livre de poche, 2002.

La Voie humaine, Fayard, 2000 ; Le Livre de poche, 2006.

Les Juifs, le Monde et l'Argent, Fayard, 2002 ; Le Livre de poche, 2007.

L'Homme nomade, Fayard, 2003 ; Le Livre de poche, 2009.

Raison et Foi. Averroès, Maïmonide, Thomas d'Aquin, Bibliothèque nationale de France, 2004.

Une brève histoire de l'avenir, Fayard, 2006, 2009, 2015 ; Le Livre de poche, 2010, 2011.

La Crise, et après ?, Fayard, 2008 ; Le Livre de poche, 2009.

Le Sens des choses, avec Stéphanie Bonvicini et 32 auteurs, Robert Laffont, 2009, 2012 ; Le Livre de poche, 2010.

Survivre aux crises, Fayard, 2009 ; rééd. sous le titre *Sept leçons de vie*, Le Livre de poche, 2010.

Tous ruinés dans dix ans ?, Fayard, 2010 ; Le Livre de poche, 2011.

Demain, qui gouvernera le monde ?, Fayard, 2011 ; Pluriel, 2012.

Candidats, répondez ! Précis à l'usage des électeurs, Fayard, 2012.

La Consolation, avec Stéphanie Bonvicini et 18 auteurs, Naïve, 2012.

Avec nous, après nous… Apprivoiser l'avenir, avec Shimon Peres, Fayard-Baker Street, 2013.

Histoire de la modernité. Comment l'humanité pense son avenir, Robert Laffont, 2013 ; Flammarion, coll. « Champs essais », 2015.

Urgences françaises, Fayard, 2013 ; Pluriel, 2014.

Devenir soi, Fayard, 2014 ; Pluriel, 2018.

Peut-on prévoir l'avenir ?, Fayard, 2015 ; Pluriel, 2016.

100 jours pour que la France réussisse, Fayard, 2016.

Le Destin de l'Occident (avec Pierre-Henry Salfati), Fayard, 2016.

Vivement après-demain !, Fayard, 2016 ; Pluriel, 2016.

Histoires de la mer, Fayard, 2017 ; Pluriel, 2018.

Les Chemins de l'essentiel, Fayard, 2018 ; Pluriel, 2019.

Comment nous protéger des prochaines crises, Fayard, 2018.

Histoires des médias, Fayard, 2021.

Dictionnaires

Dictionnaire du XXIᵉ siècle, Fayard, 1998 ; Le Livre de poche, 2000.

Dictionnaire amoureux du judaïsme, Plon/Fayard, 2009 ; rééd. intégrale sous le titre *Petit dictionnaire amoureux du judaïsme*, Pocket, 2014.

Romans

La Vie éternelle, Fayard, 1989 ; Le Livre de poche, 1990.
Le Premier Jour après moi, Fayard, 1990 ; Le Livre de poche, 2004.
Il viendra, Fayard, 1994 ; Le Livre de poche, 1995.
Au-delà de nulle part, Fayard, 1997 ; Le Livre de poche, 1999.
La Femme du menteur, Fayard, 1999 ; Le Livre de poche, 2001.
Nouv'Elles, Fayard, 2002 ; Le Livre de poche, 2004.
La Confrérie des Éveillés, Fayard, 2004 ; Le Livre de poche, 2008.
Notre vie, disent-ils, Fayard, 2014 ; Le Livre de poche, 2016.
Premier Arrêt après la mort, Fayard, 2017 ; Le Livre de poche, 2018.
Meurtres, en toute intelligence, Fayard, 2018.

Biographies

Siegmund Warburg, un homme d'influence, Fayard, 1985 ; Le Livre de poche, 1986.
Blaise Pascal ou le Génie français, Fayard, 2000 ; Le Livre de poche, 2010.
Karl Marx ou l'Esprit du monde, Fayard, 2005 ; Le Livre de poche, 2007.
Gândhî ou l'Éveil des humiliés, Fayard, 2007 ; Le Livre de poche, 2009.
Phares. 24 destins, Fayard, 2010 ; Le Livre de poche, 2012.
Les Penseurs du monde : Pascal, Marx, Gândhî, Robert Laffont, 2012.

Diderot ou le Bonheur de penser, Fayard, 2012 ; Pluriel, 2013.

Théâtre

Les Portes du Ciel, Fayard, 1999.
Du cristal à la fumée, Fayard, 2008.
Théâtre (réunissant *Les Portes du Ciel* et *Du Cristal à la fumée*, ainsi que *Il m'a demandé de l'attendre ici* et *Présents parallèles*), Fayard, 2016.

Contes pour enfants

Manuel, l'enfant-rêve (ill. par Philippe Druillet), Stock, 1995.

Mémoires

Verbatim I, Fayard, 1993 ; Le Livre de poche, 1998 ; Robert Laffont, 2011.
Europe(s), Fayard, 1994 ; Le Livre de poche, 2002.
Verbatim II, Fayard, 1995 ; Le Livre de poche, 1998 ; Robert Laffont, 2011.
Verbatim III, Fayard, 1995 ; Le Livre de poche, 1998 ; Robert Laffont, 2011.
C'était François Mitterrand, Fayard, 2005 ; Le Livre de poche, 2007 ; Fayard-*Le Nouvel Observateur*, 2012 ; Pluriel, 2016.
L'Intégrale des chroniques, volume I, L'Express éditions, 2011.

Rapports

Pour un modèle européen d'enseignement supérieur, Stock, 1998.
L'Avenir du travail, Fayard-Institut Manpower, 2007.

300 décisions pour changer la France, rapport au président de la République de la Commission pour la libération de la croissance française, XO-La Documentation française, 2008.

Paris et la Mer. La Seine est Capitale, Fayard, 2010.

Une ambition pour 10 ans, rapport au président de la République de la Commission pour la libération de la croissance française, XO-La Documentation française, 2010.

Pour une économie positive, rapport au président de la République, Fayard-La Documentation française, 2013.

Francophonie et francophilie, moteurs de croissance durable, rapport au Président de la République, La Documentation française, 2014.

Vers une révolution positive, groupe de réflexion de Positive Planet présidé par Jacques Attali, Fayard, 2018.

Beaux livres

Mémoire de sabliers. Collections, mode d'emploi, Éditions de l'Amateur, 1997.

Amours. Histoires des relations entre les hommes et les femmes (avec Stéphanie Bonvicini), Fayard, 2007 ; Le Livre de poche, 2010.

Achevé d'imprimer en Espagne par
Liberdúplex
08791 St. Llorenç d'Hortons

pour le compte des Éditions Fayard,
13 rue de Montparnasse, 75006 Paris

5242774/01